Schrot statt Schrott:
365 mal Frischkorn zum vollwertigen Frühstück

Ute-Marion Wilkesmann

Bibliografische Information Der Deutschen Bibliothek:
Die Deutsche Bibliothek verzeichnet diese Publikation in der Deutschen Nationalbibliografie; detaillierte bibliografische Daten sind im Internet über <http://dnb.ddb.de> abrufbar.

Lektorat: Petra Arnemann, Eric Mark Charlton
Fotos & Design: Ute-Marion Wilkesmann

Herstellung und Verlag: Books on Demand GmbH, Norderstedt
ISBN 9783837041491

Schrot statt Schrott:
365 mal Frischkorn zum vollwertigen Frühstück

Ute-Marion Wilkesmann

Inhaltsverzeichnis

Prolog: Juliane und Stefanie

Marianne, seit fast zwei Jahren auf dem vollwertigen Weg, isst gerne das Frischkorngericht, etwas, das sie besonders im Urlaub schmerzlich vermisst. Ihre beiden heranwachsenden Töchter Juliane und Stefanie haben das anfangs auch gerne gegessen, zicken jetzt aber häufig rum und verdrehen die Augen, wenn ihre Mutter sie morgens mit der gesunden Kost für den Tag stärken möchte. Wenn Juliane oder Stefanie mich besuchen, essen sie das Frühstück gerne. Und schwärmen ihrer Mutter vor, wie lecker das bei mir ist. Dabei mache ich gar nicht so viel anders. Es ist der „Fremdheitseffekt". Kennen wir das nicht selbst auch, dass es woanders besser schmeckt? Mit ein Grund ist auch, dass wir in der Routine des Alltags gerade beim Frühstücksmüsli in den üblichen Trott fallen. Dabei macht Abwechslung Appetit und kostet gar nicht immer viel mehr Aufwand.

Als ich die Idee „ein Buch mit verschiedenen Frischkostgerichten für jeden Tag..." hatte, war mir selbst noch gar nicht bewusst, wie viel wir daran ändern können. Ich gebe zu, manchmal musste ich auch überlegen „Hmmm, was kann ich denn jetzt mal machen, dass ich mich nicht wiederhole?" Meist aber kamen die Ideen dann ganz spontan. Denn auch Abwechslung lässt sich üben! Mein Kollege, der in der Woche im Büro frühstückt, bedauert es sehr, dass das Buch nun fertig ist, weil er sich auch an die Abwechslung gewöhnt hat.

Einleitung

Das Frühstück mit dem frischen Korn ist ein zentraler Punkt im Leben jedes Vollwertlers. Es ist meist das Erste, mit dem sich „Normalos" für die Vollwert begeistern lassen, weil es innerhalb kurzer Zeit einen deutlichen Energieschub verleiht. Es ist auch das, von dem viele sagen „Egal, wie ich es mit Vollwert halte – das Frühstück werde ich immer beibehalten". Dr. Max Otto Bruker hat eine Grundform für dieses Frischkorngericht vorgegeben, das schmackhaft ist und alles beinhaltet, was wir zum Start in einen energiereichen Tag brauchen. Warum also jetzt ein Buch mit 365 verschiedenen Möglichkeiten?

Weil es eben alles in der Theorie einfacher ist als in der Praxis. Nicht jeder verträgt am Anfang die brukersche Variante (weil Reste von konventioneller Ernährung die Vollwert unverträglich machen können), nicht jeder mag es so und gerade Kinder und Jugendliche knatschen gerne und verweigern das Frühstück, weil sie den „Pamp" nicht schon wieder essen wollen. Auch wer auf dem Weg zur Vollwerternährung ist oder wer sich schon länger vollwertig ernährt, seufzt irgendwann und denkt „Jaja, es mag ja gesund sein - aber immer dasselbe. Irgendwie öde."

Vollwert in wenigen Worten

Nicht jeder, der dieses Buch in die Hand nimmt, ist schon mit den Begriffen der vollwertigen Ernährung vertraut. Wunderbar erklärt hat dies Dr. Max O. Bruker in seinem Buch „Unsere Nahrung, unser Schicksal" (emu Verlag). Hier daher nur wenige Wort zum besseren Verständnis:

Die vollwertige Ernährung fußt auf dem berühmten Satz des Ernährungsforschers W. Kollath, dass die Nahrung so natürlich wie möglich sein soll. Daraus hat dann Dr. Bruker die vier „Ja's" und die vier „Nein's" abgeleitet, mit denen sich die Vollwertkost charakterisieren lässt:

Nein:

- Industriezucker (d.h. alle industriell verarbeiteten Süßstoffe: weißer Zucker, Dicksäfte, Ahornsirup, Rohrzucker)
- Auszugsmehl (Mehl ohne die Bestandteile des vollen Korns)
- Industriefette (Margarine, erhitzte Öle, gehärtete Fette) und
- Säfte (gilt besonders für empfindliche Menschen)

Ja: (jeden Tag)

- Frischkorngericht (darum geht es in diesem Buch)
- Vollkornbrot
- Frischkost (frisches Obst und Gemüse) und
- gesunde Fette (Butter, Sahne, kaltgepresste native Öle)

Zentraler Punkt des Frischkorngerichts sind drei Esslöffel Getreide, die am besten geschrotet und eingeweicht werden. So erhält unser Körper viel Vitamin B und reichlich andere Vitalstoffe.

Die Rezepte

Wenn Sie sich einige Rezepte durchlesen, werden Sie sich sagen: „Ach du je, diese ganzen Zutaten, wie soll ich die besorgen? Und überhaupt mag ich kein süßes Frühstück." Natürlich können Sie versuchen, sich 365 Tage lang exakt an dieses Buch zu halten. Genauso gut kann es Ihnen jedoch einfach als Anregung für Ihre eigenen Ideen und als Beweis dafür dienen, dass auch das Frischkorngericht sehr abwechslungsreich sein kann, und zwar sowohl für die Augen als auch für den Gaumen.

Ich habe mich im Übrigen für die Bezeichnung Frischkorngericht entschieden. Die von den „Brukerianern" bevorzugte Benennung als Frischkornbrei finde ich eher abstoßend. „Frischkornmüsli" wird in abgelehnt, weil der eine oder

andere das dann mit einem Fertigmüsli (mit Zucker) verwechseln könnte. Der Logik kann ich nicht folgen – denn dann kann ich Frischkornbrei ebenfalls mit einem Brei aus der Tüte verwechseln. Die Bezeichnung Frischkorngericht bevorzuge ich auch deshalb, weil dann auch nicht sofort die Assoziation „süß" auftaucht. Häufig wird nämlich vergessen, dass wir bei der Auswahl unseres Frischkorngerichtes auch herzhafte Varianten einschließen können und auch frei sind, es mittags oder abends zu essen. Wichtig ist: Einmal am Tag essen wir ein Frischkorngericht. Und ich denke, dass in diesem Buch jeder etwas finden kann, was ihm schmeckt. Gleichzeitig hoffe ich, dass es Ihre Phantasie angeregt, selbst Dinge zu schaffen und Geschmacksvarianten und Dekorationen auszuprobieren.

Wert habe ich außerdem darauf gelegt, dass auch eilige Leser sofort ein Rezept nacharbeiten können. Das heißt, manche Formulierungen tauchen immer wieder auf.

Ich habe genau über ein Jahr alle diese Frühstücke hergestellt und protokolliert. Das hat zur Folge, dass identische Arbeitsvorgänge vielleicht auch einmal anders beschrieben sind. Und es hat noch eine Konsequenz: Die aufgeführten Geräte sind nicht verpflichtend! Gerade der Thermomix, der nun wirklich nicht in jedem Haushalt steht, lässt sich für das Pürieren, Zerkleinern und Rühren auch durch andere Geräte ersetzen. Die Küchenmaschine mit Hackmesser, der Mixer, eine Moulinette, ein Zerkleinerer, ein Pürierstab – sie alle erfüllen den Zweck genauso gut, auch wenn es vielleicht ein paar Sekunden länger dauert.

Zeit- und Mengenangaben

Insgesamt brauche ich für ein Frühstück – abgesehen von den abendlichen Vorbereitungen usw. – zwischen 10 und 20 Minuten. Ich habe hier keine Zeitangaben gemacht, da die Unterschiede nicht groß genug sind, als dass sie dem Leser wirklich eine Hilfe sein könnten. „Nicht im Kühlschrank" steht beim Einweichen des Schrots: Die Temperaturen im Kühlschrank verhindern die Bildung bestimmter wichtiger Enzyme, die sich während des Einweichens nur bei Raumtemperatur bilden können. Auch bei warmem Wetter ist kein Sauerwerden oder Verderben des Schrots zu befürchten.

Die Frühstücksmengen sind für 1 oder 2 (selten 3) Personen angegeben, denn einmal versorge ich keine Großfamilie und zum anderen beginnen Vollwertler selten in ganzen Familien, meist fangen einer oder zwei Personen an. Die Mengen zu vergrößern ist meist einfacher als sie herunterzurechnen.

Die Grammangaben gerade bei den Obstmengen sind eher eine Orientierungshilfe speziell für Küchenanfänger. Ich ärgere mich immer über Angaben wie „eine kleine Banane" oder „ein Apfel". Äpfel können zwischen 75 und 500 Gramm wiegen. Wenn ich also in einem Rezept schreibe „1 Apfel (100 g)" so weiß ich, wenn ich einen Apfel von 250 g vor mir liegen habe, dass ich etwas weniger als die Hälfte davon brauche.

Bei dem Obst, das ich schäle, habe ich häufig zur Gewichtsangabe „brutto" (mit Schale, d.h. Gewicht vor dem Schälen) oder „netto" (Gewicht von bereits geschältem Obst) gesetzt. Manchmal steht auch „Gewicht mit Schale", „Gewicht ohne Schale".

Übersichtstabellen

In der kleinen Tabelle rechts neben dem Rezeptnamen sind einige wichtige Angaben auf einen Blick zusammengefasst. Die erste Reihe gibt eine Abkürzung, in der zweiten Reihe ist diese Abkürzung näher erläutert, soweit es der Platz zulässt, damit Sie nicht alle Abkürzungen auswendig lernen müssen. In der dritten Zeile ist groß der Tag des Monats angegeben. Dies ist einfach, wenn Sie ein Rezept wiederfinden wollen, denn „Tag 3 im November" merke ich mir besser als „Seite x-y-z".

S	—	V	M+T	S	2
Süß	Roh	Vegan	Geräte	Schrot	Person
Tag 1					

Viele Kochbücher arbeiten mit Piktogrammen, kleinen Bildchen. Ich empfinde das immer als sehr lästig, da ich spätestens nach zwei Tagen vergessen habe, was denn dieser kleine Hammer oder diese Erdbeere bedeuten sollen.

Die Spalten im Einzelnen:

S	—	V	M+T	S	2
Süß	Roh	Vegan	Geräte	Schrot	Person
Tag 1					

In Spalte 1 gibt es zwei Möglichkeiten:

S (für Süß)
– Nicht süß, d.h. herzhaft oder eher neutral im Geschmack

S	—	V	M+T	S	2
Süß	Roh	Vegan	Geräte	Schrot	Person
Tag 1					

Spalte 2 gibt an, ob das Frühstück für Rohköstler (R) geeignet ist. (Rohkost bedeutet, dass ein Lebensmittel in keinem Verarbeitungsschritt über 43 °C erhitzt wurde). Ein Gedankenstrich bedeutet, dass das Frühstück keine Rohkostqualität hat.

S	—	V	M+T	S	2
Süß	Roh	Vegan	Geräte	Schrot	Person
Tag 1					

Spalte 3 gibt an, ob das Frühstück für Veganer (V) geeignet ist. (Veganer essen keinerlei tierische Produkte, also auch keine Sahne und keinen Honig). Ein Gedankenstrich bedeutet, dass das Frühstück nicht vegan ist, ein „T" heißt, das es tierisches Eiweiß wie Joghurt oder Käse enthält.

Die meisten Rezepte sind übrigens tiereiweißfrei im Brukerschen Sinne (d.h. Sahne, Creme fraiche, Schmand und Butter sind erlaubt, da der Tiereiweißanteil hier vernachlässigbar klein ist).

S	—	V	M+T	S	2
Süß	Roh	Vegan	Geräte	Schrot	Person
Tag 1					

Spalte 4 führt die Geräte auf, die ich verwendet habe. Diese sind, das sei noch einmal erwähnt, nicht zwingend. Ob ich eine Küchenmaschine, einen Zerkleinerer oder den Thermomix verwende, liegt bei mir manchmal auch einfach nur daran, was gerade zur Hand ist. In dieser Spalte können auch schon einmal zwei oder drei Abkürzungen stehen, wenn ich z.B. erst abends das Schrot mahle (M), dann morgens noch ein paar Flocken hinzugebe (F) und das Obst im Zerkleinerer püriere (Z) – ergibt „MFZ"

–	Ohne Geräte
F	Flocker
K	Küchenmaschine mit Hackmesser
M	Getreidemühle
T	Thermomix
Z	Zerkleinerer

S	—	V	M+T	S	2
Süß	Roh	Vegan	Geräte	Schrot	Person
Tag 1					

Spalte 5 sagt uns, in welcher Form das Getreide hier eingesetzt wurde:

F	in Flocken
G	als unzerkleinertes Getreide
K	als gekeimtes Getreide
M	als Mehl
S	in Form von Schrot

S	—	V	M+T	S	2
Süß	Roh	Vegan	Geräte	Schrot	Person
Tag 1					

Spalte 6 nennt die Anzahl der Personen, für die dieses Rezept erstellt wurde.

Zutaten

- Häufig verwende ich *Sechskorngetreide* (Weizen, Roggen, Gerste, Hafer, Dinkel und Buchweizen), das es als Fertigmischung zu kaufen gibt. Wer das nicht hat oder nicht nehmen möchte, sollte dennoch versuchen, das Getreide von Tag zu Tag zu wechseln, damit die Vorzüge der einzelnen Getreidesorten genutzt werden können.
- Bruker hält nicht viel von *Trockenfrüchten* im Frischkorngericht, er sagt, sonst hätte er es ja Trockenfruchtmüsli nennen können. Ich persönlich finde Trockenfrüchte wichtig, um Abwechslung in das Essen zu bringen und auch, um gelegentlich zu süßen, ohne gleich zum Honig zu greifen. Wobei es immer empfehlenswert ist, Trockenfrüchte über Nacht einzuweichen, sie sind dann weniger zahnschädlich.
- Bei empfindlichen Menschen können *Trockenfrüchte (und Honig)* auch zu Blähungen führen.
- Ein Kochbuch für den Alltag sollte Zutaten aufführen, die ich überall kaufen kann. Aber Sie werden hier vielleicht auch Dinge sehen, von denen Sie denken „Wo soll ich DAS denn herbekommen?“. Nehmen wir das Beispiel geriebene Mandarinenschale. Die können Sie meines Wissens gar nicht kaufen, ich stelle sie selbst her. Nun hängt das Gelingen eines Rezeptes natürlich nicht ausdrücklich von der Mandarinenschale ab. Der geübte Rezeptenutzer weiß das. Der Anfänger aber weiß dies nicht, und deshalb stelle ich den Rezepten auf der übernächsten Seite eine Austauschtabelle voraus, in der Sie sehen können, was Sie nehmen können, wenn einmal die eine oder andere Zutat nicht vorhanden ist.
- Die Zutaten sind meist aus Bio-Herstellung. Nur bei manchen Dingen (Pistazien, Pinienkerne) habe ich „normal“ eingekauft, weil es diese Dinge nur selten in Bioqualität gibt oder sie mir persönlich einfach zu teuer sind.
- Obst und Gemüse sind immer ungeschält zu verwenden, es sei denn, es ist im Rezept anders erwähnt.
- Creme fraiche kaufe ich nur aus Bioproduktion, da herkömmliche Ware mit 10 % Zucker versetzt sein kann, ohne dass dies auf dem Produkt angegeben sein muss.
- Bei Ölen nehme ich ausschließlich native Öle aus kalter Pressung.
- Bei Honig ist es wichtig, dass wir kaltgeschleuderten Honig kaufen.
- Bei der Bezeichnung „Rohkost“ halte ich mich an die Definition, das alles dazu zählt, was nicht über 40-43 °C erhitzt wurde. Deshalb z.B. zählen Cashewnüsse nicht zur Rohkost (weil sie üblicherweise blanchiert werden), auch Milch und Joghurt zählen nicht hierzu (Milch ist laut ge-

setzlicher Vorschrift „pasteurisiert" und damit auf mindestens 70 °C erhitzt). Bei manchen Dingen wie Sesam oder Kürbiskernen kommt es auch auf den Hersteller an. Wer also Wert darauf legt, wirklich nur Rohkostqualität zu essen, sollte sich beim Hersteller erkundigen. Gekauftes Nussmus, Kokosflocken, Nüsse aus „normalen" Supermärkten u.ä. haben keine Rohkostqualität. In Öl eingelegte Bio-Oliven haben Rohkostqualität, in Wasser eingelegte Oliven wurden vorher pasteurisiert – so lauteten meine ersten Informationen. Mittlerweile habe ich von routinierten Rohköstlern gehört, dass auch in Olivenöl eingelegte Oliven nicht mehr Rohkostqualität haben. Hier ist also besondere Vorsicht geboten.
Im Übrigen habe ich Dingen, die selten oder nur sehr teuer als Rohkost zu erhalten sind (Pistazien, Macadamianüsse, Cashewnüsse), als „Nicht-Rohkost" klassifiziert.

Im Kapitel „Basisrezepte" können Sie nachlesen, wie Sie einige Dinge selbst herstellen können. Ich bemühe mich verstärkt, möglichst viel in eigener Herstellung zu machen - da weiß ich nämlich wirklich, was „drin" ist. Wer möchte, kann natürlich auch Fertigprodukte wählen, solange er sich darüber im Klaren ist, dass sie die Konsistenz des Endprodukts unter Umständen verändern und auch die Qualität eine andere ist. In den wenigen Rezepten, in denen ich Fertigprodukte wie Honigmarzipan usw. verwendet habe, ist das dann auch angemerkt.

Geräte

Beim Frühstück möchten wir häufig Zutaten zerkleinern, pürieren oder musen. Ich benutze hierfür in vielen Fällen einen Thermomix (ein Gerät, das viele Dinge auf einmal kann: zerhacken, mixen, rühren und gleichzeitig erhitzen). Bei den meisten Rezepten lässt sich dieser Vorgang auch mit einem Zerkleinerer, Pürierstab, Mixer oder ähnlichem durchführen.

Für mich als Vollwertlerin gehört eine Getreidemühle zur normalen Küchenausstattung. Wer (noch) keine Mühle hat, kann auf fertig geschrotetes Getreide zurückgreifen, muss sich jedoch darüber im Klaren sein, dass der Gesundheitswert niemals mit frisch gemahlenem Schrot vergleichbar ist, da schon wenige Stunden nach Schroten des Korns der Abbau der wertvollen Vitalstoffe beginnt. Dasselbe gilt auch für Flocken – selbst Fertigflocken aus dem Bioladen sind der Haltbarkeit halber stark erhitzt worden.

Anfängern empfehle ich immer, sich das Getreide im Bioladen frisch schroten zu lassen und dann portionsweise einzufrieren. Wer noch einen kleinen Schritt weitergehen möchte, kann es auch erst einmal mit einer alten Kaffeemühle oder einem Zerkleinerer schroten. Ich habe beides nicht ausprobiert, im Zerkleinerer soll es mit Hafer und anderen weichen Getreiden funktionieren.

Austauschtabelle

Statt der links aufgeführten Zutaten können Sie die Lebensmittel in der rechten Spalte verwenden. Getreide sind immer nur Vorschläge. Mit * markiert bedeutet: Hier findet sich eine Anleitung im Kapitel „Basisrezepte“.

Ananaschips	Kokoschips oder weglassen
Apfelsauerkraut	Sauerkraut oder Sauerkraut und 1 Esslöffel Apfelstücke
Bärlauchcreme	frischer oder getrockneter Bärlauch und etwas Öl (Bärlauchcreme ist pürierter Bärlauch mit Salz und Öl)
Birnensauerkraut	Sauerkraut oder Sauerkraut mit einigen Stücken klein geschnittener Birne
Cashewnussmus	fein gemahlene Cashewnüsse oder irgendein Nussmus*
Clemenvilla	Mandarinen, Clementinen
Creme fraiche	Schmand, saure Sahne
Delifrut	Zimt oder ähnliche Gewürze, oder: weglassen
Einweichwasser	Wasser (und evtl. etwas Honig)*
Erdnussmus	fein gemahlene Erdnüsse oder irgendein Nussmus*
Gemüsesalz*	Kräutersalz; Salz
Gojibeeren	Rosinen o.ä.
Grapefruit	Pampelmuse (es gibt einen biologischen Unterschied, praktisch macht das für den Verbraucher aber keinen Unterschied)
Haselnussmus	feingemahlene Haselnüsse oder irgendein Nussmus*
Ingwerat	(In Honig eingelegter Ingwer): etwas frischer Ingwer und ein bis zwei Teelöffel Honig
Kakaobohnen	Kakao- oder Carobpulver (die sind aber beide normalerweise nicht von Rohkostqualität)
Kohlrabisauerkraut	Sauerkraut* und frische, fein geraspelte Kohlrabi
Kokosstreifen	Kokoschips (diese sind jedoch im Gegensatz zu den Kokosstreifen nicht rohkostgeeignet)
Korinthen	Rosinen, Sultanine, Weinbeeren
Kürbiskernmus	fein gemahlene Kürbiskerne oder irgendein Nussmus*
Likör	weglassen oder durch frischen Saft und etwas Honig ersetzen
Mandarinen	Clementinen usw.
Mandarinenschale	Zitronen- oder Orangenschale*
Mandelmus	feingemahlene Mandeln oder irgendein Nussmus*
Maulbeeren	Rosinen

milchsaurer Spitzkohl	Sauerkraut*
Orangeat	Zitronat*
Orangenschale	Zitronenschale*
Pampelmusat	Zitronat / Orangeat*
Pampelmuse	Grapefruit (s. dort)
Papaya getrocknet	getrocknete Aprikosen
Pomelo	Grapefruit oder Apfelsine
Rosenblätter	weglassen
Rosenwasser	Likör oder weglassen
Rosinen	Sultaninen, Weinbeeren, Korinthen
Rotwein	roter Fruchtsaft
saurer Rettich	Sauerkraut*
Saures Rotkraut mit Kern	Sauerkraut* oder frischer Rotkohl
scharfes Rotkraut	Sauerkraut* mit Chili
Schmand	Creme fraiche, saure Sahne
Schokolade 100% Kakao	Kakao oder Carob
Sonnenblumenkernmus	fein gemahlene Sonnenblumenkerne oder irgendein Nussmus*
Sultaninen	Rosinen, Weinbeeren, Korinthen
Trinkschokolade 100%	Kakao oder Carob
Twinsauerkraut	(= Sauerkraut aus China- und Weißkohl); einfaches Sauerkraut
Walnussmus	fein gemahlene Walnüsse oder irgendein Nussmus*
Walnusspaste	sehr fein gemahlene Walnüsse
Weinbeeren	Sultaninen, Rosinen, Korinthen
Wirsingsauerkraut	Sauerkraut*
Zitronat	Orangeat*
Zitronenlikör *	anderer Likör / durch Saft und Honig ersetzen
Zitronenmelissenhonig*	Honig
Zitronenöl*	Öl
Zitronenschale	Orangenschale*
Zitruspulver	Mischung aus geriebenen und getrocknen Schalen von verschiedenen Zitrusfrüchten

Bezugsquellen

Auch für Dinge, die schwieriger zu bekommen sind, habe ich keine Bezugsquellen angegeben, denn die können sich rasch ändern. Ein Lieferant, mit dem ich gestern noch zufrieden war, hat mich vielleicht heute enttäuscht. Aktuelle Empfehlungen finden sich auf meiner Webseite www.vollwertkochbuch.de. Ich beantworte auch gerne Ihre Anfragen per E-Mail an vitalstoffreich@vollwertkochbuch.de. Allerdings verwende ich nur solche Zutaten, die jedermann im Internet ohne Probleme beziehen kann.

Basisrezepte

Einweichwasser

Meist stelle ich das mit Rosinen her. Es eignet sich auch zum dezenten Süßen von Salatsoßen:

1-2 Esslöffel Rosinen in ein leeres Honigglas (o.ä.) geben. Mit Wasser auffüllen, verschließen und mindestens 12 Stunden ziehen lassen. Nach Bedarf entnehmen. Hält sich bis zu 2 Wochen im Kühlschrank. Die Rosinen können dann in einem Frühstück verwendet werden.

Gemüsesalz

Über einige Wochen immer Gemüse-, Petersilien- und Kräuterreste sammeln und trocknen (entweder an der Luft oder jeweils über mehr als 24 Stunden bei 40 °C im Dörrautomaten, damit sie wirklich trocken sind). Getrocknetes Gemüse im Thermomix oder Mixer fein zerhacken lassen, Salz hinzugeben und laufen lassen. In Gläser füllen. Dabei mit einem Verhältnis von 1 Teil getrocknetes Gemüse zu 4,5 Teilen Salz arbeiten (80 g getrocknetes Gemüse / 320 g Salz).

In Öl eingelegte Zitrone = Zitronenöl

Eine große Zitrone schälen wie eine Apfelsine, d.h. nicht nur die obere Schicht fein abtrennen, sondern richtig „schälen". Die Schalen in ein leeres Honigglas o.ä. legen. Mit Sonnenblumenöl (oder auch Olivenöl) auffüllen. Erfahrungsgemäß halten sich diese Öle locker ein halbes Jahr.

Keime bzw. Sprossen

- 3 Esslöffel Getreide
- Wasser

Zum Sprossen/Keimen eignen sich: Ölsaaten (z.B. Sonnenblumenkerne), Hülsenfrüchte (Linsen, Erbsen, Bohnen),

Kräutersamen (Alfalfa, Radieschen) und Getreide. Es gibt noch mehr, aber dies sind die Dinge, mit denen ich persönlich Erfahrungen gesammelt habe. Hülsenfrüchte sind nicht alle gekeimt roh genießbar – aber eine Erbsensuppe aus Erbsensprossen ist in einer halbe Stunde fertig und schmeckt köstlich.

Sprossen geht auch ohne komplizierte Geräte. Die einfachste Methode ist (demonstriert an Dinkel):

- In einer kleinen Schüssel drei Esslöffel Dinkel gut mit Wasser bedecken und über Nacht einweichen.
- Morgens die Körner in einem Sieb abspülen und ohne Wasser in der Schüssel stehen lassen.
- Abends noch einmal 1-2 Stunden einweichen, dann abspülen und wieder bis zum nächsten Tag stehen lassen.
- Dann immer abends und morgens in einem Sieb gut durchspülen, bis die Keime lang genug sind (die Keime haben idealerweise eine Länge von 1-2 mm; eine andere Faustregel besagt: Keimlänge = Länge des Korns).

Nussmus

Herstellung im Thermomix: 500 g Nüsse, unbehandelt und ungeschält, solange auf Einstellung 10 mahlen, bis das Gerät „37 °C" zeigt. Sofort abdrehen. Topf bis fast zur Oberkante in kaltes Wasser stellen und 30-45 Minuten warten. Immer wieder, auch während des Mahlens, die Masse mit dem Spatel herunterdrücken. Wenn sich die Masse reduziert hat, lässt sich auch der Gartopf einsetzen. So oft wiederholen, bis die Masse die gewünschte flüssige Konsistenz hat. So hergestellt, hat das Nussmus Rohkostqualität, wenn die Nüsse rohköstlich sind (Cashewnüsse sind das beispielsweise in der Regel nicht). Wem das nicht wichtig ist, der kann auch einfach solange mahlen, bis die gewünschte Festigkeit erreicht ist. Wer Wert auf Rohkost legt und fertig gekauftes Nussmus verwendet, beachte bitte: Nur ausdrücklich als rohköstig ausgezeichnetes Nussmus hat die erforderliche Qualität.

Sauerkraut

- 2 kg Kohl (Weißkohl, Rotkohl, Wirsing, Spitzkohl usw.)
- 40 g Salz

Kohl in 4 Portionen teilen, diese jeweils grob zerschneiden und raffeln (im Thermomix: 4-5 Sekunden auf Stufe 6). Portionsweise in eine große Schüssel geben, jeweils mit dem entsprechendem Anteil Salz vermischen. Dann alles zusammen mit der Hand einmal gut durchkneten. Mit einem Tuch abdecken und eine Stunde stehen lassen.

Ein 2-Liter Glas mit kochendem Wasser ausspülen. Weißkohl hineingeben, zwischendurch Wacholderbeeren und Lorbeerblätter einstreuen. Zwischendurch immer wieder gut zusammendrücken. Einen Stößel (oder ein kleines Gläschen) auf die Oberfläche drücken, verschließen. Zwei Tage dunkel (z.B. in einem Schrank) bei Zimmertemperatur aufbewahren, dann etwa 6 Wochen im Keller dunkel stehen lassen.

- Kohlrabisauerkraut: aus Kohlrabi
- milchsaurer Spitzkohl: aus Spitzkohl
- Sauerkraut (klassisch): aus Weißkohl, mit Lorbeerblättern und Wacholderbeeren
- saurer Rettich: aus Rettich
- saures Rotkraut mit Kern: aus Rotkohl; mit Sonnenblumenkernen und Kümmel
- scharfes Rotkraut: aus Rotkohl; mit Chilischoten, Knoblauch und grünem Pfeffer
- Thymiansauerkraut: aus Weißkohl mit frischem Thymian
- Wirsingsauerkraut: aus Wirsing

Zitronat

- 250 g Schalen (mit dem Weißen!) von unbehandelten Bio-Zitrusfrüchten
- 300 g Honig

Schalen mit dem Messer in grobe Stücke schneiden, dann im Zerkleinerer (oder Thermomix) klein schlagen lassen und mit so viel Honig verrühren, dass alles damit gut benetzt ist. Im Thermomix lässt sich die Masse bei 37 °C erwärmen, dann verteilt sich der Honig besonders gut.

Ein Honig- oder Marmeladenglas mit kochendem Wasser ausspülen, Masse hineinfüllen. Kann nach 2 Wochen verwendet werden und hält sich im Kühlschrank gut ein Jahr.

Zitronenlikör

- 1 Zitrone
- 150 g Honig
- 150 g Weinbrand
- 40-50 g Rum

In einem leeren Honigglas Honig im Weinbrand verrühren. Die ungespritzte Zitrone schälen, die Schale in Stücke schneiden und in den Weinbrand geben. Mit Rum auffüllen. Haltbarkeit: mindestens ein halbes Jahr.

Zitronenmelissenhonig

- Eine Handvoll Zitronenmelissenblättchen
- 350 g Honig

Die Zitronenmelissenblättchen von den Stengeln zupfen, in ein leeres Glas geben. Mit Honig aufgießen. Verrühren und gut schließen. Wahlweise im Kühlschrank aufbewahren. Leider sieht das nur am Anfang hübsch aus – die Blättchen klumpen nachher zusammen.

Zitronenschale gerieben

Unbehandelte Zitronen (aus biologischem Anbau) mit einem Spargel- oder Kartoffelschäler dünn abschälen (ohne das Weiße). Die Schale auf einem Teller oder Brettchen ausbreiten und auf einem Heizkörper oder in einem Dörrautomaten (bei 40 °C) etwa 12 Stunden trocknen. Wenn sie trocken und hart sind, in ein Schraubglas geben. Über einige Tage / Wochen genug Schalen sammeln, bis zwei Honiggläser voll sind. In den Thermomix geben, und zweimal 10 Sekunden auf Stufe 10 laufen lassen. In ein Schraubglas schütten. Die fertige Menge entspricht etwa einem Viertel der Schalenmenge.

Januar

Jetzt gibt es reichlich und günstig: Äpfel, Birnen, Bananen, Mandarinen, Kiwis und Orangen

Kiwi-Iglu, Tag 3

Struwwelpetra, Tag 9

Sauerkrautschiffchen, Tag 14

Kunterbuntate, Tag 21

Happy-Birthday-To-U-Traum, Tag 23

Yellow Morning, Tag 25

Sauerbuch

—	R	V	—	G	1
Süß	Roh	Vegan	Geräte	Getreide	Person
Tag 1					

- 3 Esslöffel Buchweizen
- 5 Esslöffel Wasser
- 1 Apfel (110 g)
- 100 g Thymiansauerkraut
- 1 Esslöffel großblättrige Petersilie
- 4 Walnusshälften (12 g)

Abends: Buchweizen über Nacht im Wasser einweichen (nicht im Kühlschrank).

Morgens: Apfel kleinschneiden und mit dem Sauerkraut unter den Buchweizen mischen. Gehackte Petersilie in die Mitte legen, die Walnusshälften am Rand verteilen.

Pfefferminzlawine

S	R	V	M	S	1
Süß	Roh	Vegan	Mühle	Schrot	Person
Tag 2					

- 3 Esslöffel Sechskorngetreide
- 6 Esslöffel Wasser
- 1 Esslöffel Macadamianussöl
- 1 Esslöffel Zitronensaft
- 1 Banane (195 g brutto)
- 1 Apfel (115 g)
- 6 Blätter frische Pfefferminze
- 1 Esslöffel Sesam (ungeschält)
- Spitze eines Pfefferminzästchens

Abends: Sechskorngetreide grob schroten und im Wasser über Nacht einweichen (nicht im Kühlschrank).

Morgens: Schrot mit Öl und Zitronensaft verrühren. Banane mit einer Gabel zerquetschen und ebenfalls untermischen. Apfel würfeln, Pfefferminze feinhacken, beides unter den Schrot ziehen. Das Pfefferminzästchen in die Mitte stecken und den Rand mit Sesam bestreuen.

Kiwi-Iglu

S	—	V	M+Z	S	1
Süß	Roh	Vegan	Geräte	Schrot	Person
Tag 3					

- 3 Esslöffel Sechskorngetreide
- 5 Esslöffel Wasser
- 1 Esslöffel Zitronensaft
- 2 Äpfel (200 g)
- 34 g Kokoscreme (Coconut Butter)
- 2 Esslöffel Kokosraspeln
- 1 Kiwi (90 g)

Abends: Sechskorngetreide grob schroten und im Wasser über Nacht einweichen (nicht im Kühlschrank).

Morgens: Schrot mit Zitronensaft verrühren. Äpfel vierteln und mit der Kokoscreme gut pürieren (Zerkleinerer) und ebenfalls untermischen. Oberfläche glatt streichen, mit Kokosraspeln bestreuen. Kiwi schälen, längs halbieren. Die runde Seite in den Kokosraspeln drehen, sodass sie leicht bedeckt sind. In Scheiben schneiden (jetzt quer) und als „Hälften" mit der Schnittkante nach unten auf die Kokosraspeln setzen.

Apfelsinenrondell

S	—	V	M	S	1
Süß	Roh	Vegan	Mühle	Schrot	Person
Tag 4					

- 1 Esslöffel Sechskorngetreide
- 2 Esslöffel Emmer
- 75 g Wasser
- 30 g Rosinen
- Saft von 1/2 Limette (1,5 EL)
- 1 Apfel (95 g)
- 1 Apfelsine (280 g brutto)
- 20 g Cashewnüsse

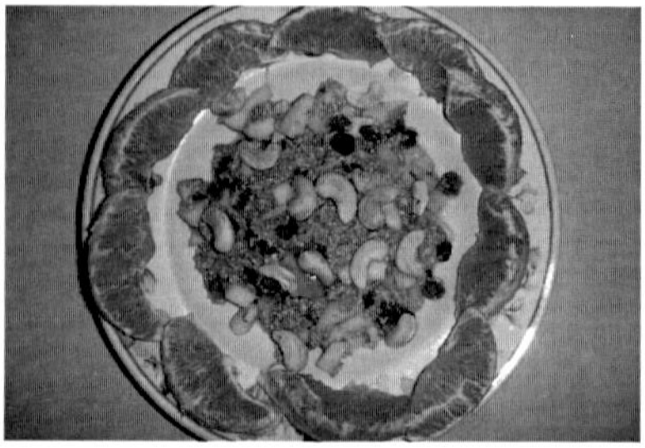

Abends: Sechskorngetreide und Emmer grob schroten und im Wasser über Nacht einweichen (nicht im Kühlschrank). Rosinen getrennt in etwas Wasser einweichen.

Morgens: Schrot mit Limettensaft verrühren. Apfel kleinschneiden und mit den Rosinen (mit Einweichwasser) ebenfalls unter den Schrot rühren. Die Schrotmischung in einen Suppenteller füllen. Die Apfelsine schälen und die einzelnen Segmente auf den Rand des Tellers legen. Die Cashewnüsse auf den Schrot streuen.

Apfelsinini

—	—	V	M	S	1
Süß	Roh	Vegan	Mühle	Schrot	Person
Tag 5					

- 3 Esslöffel Sechskorngetreide
- 6 Esslöffel Wasser
- Saft von 1/2 Limette
- 1 Esslöffel Mandelöl
- 1 Apfelsine (brutto 185 g)
- 1/2 Zucchini (90 g)
- 12 g Cashewnüsse (8 Stück)
- 1 Teelöffel Mohn

Abends: Sechskorngetreide grob schroten und im Wasser über Nacht einweichen (nicht im Kühlschrank).

Morgens: Limettensaft und Mandelöl unter den Getreidebrei rühren. Apfelsine schälen und würfeln, Zucchini in kleine Stücke schneiden und ebenfalls unterrühren. Oberfläche glattstreichen, die Cashewnüsse regelmäßig am Rand verteilen. Mit dem Mohn die freie Mitte bestreuen.

Bananenziegel

S	R	V	M	S	1
Süß	Roh	Vegan	Mühle	Schrot	Person
Tag 6					

- 3 Esslöffel Dinkel
- 6 Esslöffel Wasser
- 20 g getrocknete Maulbeeren
- 1 Apfel (115 g)
- 1 Banane (180 g brutto)
- Saft von 1/2 Limette
- 20 g Walnüsse

Abends: Sechskorngetreide grob schroten und im Wasser über Nacht einweichen (nicht im Kühlschrank). Maulbeeren getrennt einweichen.

Morgens: Maulbeeren mit Einweichwasser und feingeschnittenem Apfel unter den Dinkelschrot rühren. Bananen in schräge Scheiben schneiden, die Oberfläche des Müslis damit ziegelartig belegen und mit den Walnüssen bestreuen.

Walnougat

S	—	—	M+Z	M	1
Süß	Roh	Vegan	Mühle	Mehl	Person
Tag 7					

- 30 g Walnusspaste
- 15 g Honig (2 Teelöffel)
- 15 g Carob (1 Esslöffel)
- 10 g Sahne (1 Esslöffel)
- 3 Esslöffel Nackthafer
- 1 Banane (160 g brutto)
- 1 kleiner Apfel (80 g)

Morgens: Walnusspaste, Honig, Carob und Sahne zu einer geschmeidigen Creme verrühren. Hafer in der Getreidemühle möglichst fein mahlen. Obst im Zerkleinerer fein pürieren und unter den Hafer rühren. Hafer auf einen Dessertteller häufeln, die Nougatcrememasse in kleinen Häufchen an den Rand legen.

Sonnenrasen

S	—	—	M	K+S	1
Süß	Roh	Vegan	Mühle	Schrot	Person
Tag 8					

- 18 g Sonnenblumenkerne
- 3 Esslöffel Sechskorngetreide
- 6 Esslöffel Wasser
- 1 Clemenvilla (180 g brutto)
- 1 Apfel (95 g)
- 20 g Kokoschips
- 2 Esslöffel Sahne

Vorher: Sonnenblumenkerne keimen lassen; etwa 18 g Rohware ergeben 36 g Sprossen, also in etwa das Doppelte.

Abends: Sechskorngetreide grob schroten und im Wasser über Nacht einweichen (nicht im Kühlschrank).

Morgens: Clemenvilla schälen, kleinschneiden. Apfel würfeln. Obst, Kokoschips und Sahne unter das Getreide rühren. Die Sprossen nochmals mit Wasser abbrausen und locker auf der Oberfläche verteilen.

Struwwelpetra

S	—	—	M	S	1
Süß	Roh	Vegan	Mühle	Schrot	Person
Tag 9					

- 3 Esslöffel Dinkel
- 6 Esslöffel Wasser
- 1 Esslöffel Sonnenblumenkerne
- 20 g Creme fraiche
- 1 Teelöffel Lindenblütenhonig
- 1 Prise Anis
- 1 Apfelsine (200 g brutto)
- 1 Apfel (100 g)
- 1 Teelöffel Zitronensaft

Abends: Dinkel fein schroten und im Wasser über Nacht einweichen (nicht im Kühlschrank). Sonnenblumenkerne getrennt einweichen.

Morgens: Mehlbrei mit Creme fraiche, Honig und Anis verrühren. Auf einem großen flachen Teller in der Mitte einen Kreis ausstreichen. Apfelsine schälen und in Stücke zerlegen. 3 Stücke als Augen und Mund auf den Mehlbrei legen, den Rest oben als Haarbüschel stecken. Apfel halbieren, jede Hälfte in Spalten schneiden, mit Zitronensaft einreiben und als Spalten wie Ohrringe an den „Kopf“ hängen. Die Sonnenblumenkerne abtropfen lassen, einige als Pupillen in die Augen setzen, die anderen unten an den „Hals“ legen.

Maulbeerkrönchen

S	—	—	M	K+S	1
Süß	Roh	Vegan	Mühle	Schrot	Person
Tag 10					

- 20 g Sonnenblumenkerne
- 1,5 Esslöffel Dinkel
- 1,5 Esslöffel Buchweizen
- 5 Esslöffel Wasser
- Saft von 1/2 Limette
- 1 Apfel (90 g)
- 1 Kiwi
- 1 Esslöffel Sahne
- 10 g getrocknete Maulbeeren

Vorher: Sonnenblumenkerne keimen lassen; 20 g Rohware ergeben 40 g Sprossen (siehe Basisrezepte).

Abends: Dinkel schroten und mit dem Buchweizen im Wasser über Nacht einweichen (nicht im Kühlschrank).

Morgens: Limettensaft mit dem Schrot verrühren. Apfel in feine Streifen schneiden und mit den Sonnenblumensprossen ebenfalls unterrühren. Kiwi schälen und halbieren, eine Hälfte würfeln und unter das Schrot ziehen. Oberfläche glätten, Sahne darüber gießen. Kiwi halbieren und in Scheiben schneiden, am Rand gleichmäßig verteilen. Maulbeeren in die Mitte schütten.

Flockenpyramide

S	R	V	F	F	1
Süß	Roh	Vegan	Flocker	Flocken	Person
Tag 11					

- 2 Esslöffel Nackthafer
- 1 Esslöffel Einkorn
- 1 Esslöffel Mandelöl
- 4 Esslöffel Einweichflüssigkeit von Trockenfrüchten
- 1 Apfel (95 g)
- Saft von 1/2 Limette
- 1 Apfelsine (195 g brutto)
- 1 Esslöffel Sonnenblumenkerne
- 1 Teelöffel getrocknete Maulbeeren (oder Rosinen)
- 1 Mandel

Morgens: Getreide flocken. Mit Mandelöl und Einweichflüssigkeit verrühren und etwas zum Quellen stehen lassen. Apfel kleinschneiden, auf einem flachen Essteller verteilen und mit dem Limettensaft beträufeln. Flockenmasse so darauf streichen, dass am Rand nicht alle Äpfel bedeckt sind (ergab sich bei mir flächenmäßig automatisch). Apfelsine schälen, würfeln und auf die Flockenmasse geben, wieder einen Rand stehen lassen. Die Sonnenblumenkerne (ebenfalls mit Rand) darauf streuen, darauf den Teelöffel Maulbeeren und in die Mitte eine Mandel stecken. Mit Gabel und Löffel servieren.

All-In-One-Frischkorngericht

S	—	—	F+T	F	2
Süß	Roh	Vegan	Geräte	Flocken	Person
Tag 12					

- 4 Esslöffel Nackthafer
- 2 Esslöffel Einkorn
- 2 Birnen (400 g)
- 1 Apfelsine (220 g brutto)
- 1 Banane (160 g brutto)
- 1/2 geschälte Zitrone
- 20 g Erdnüsse
- 30 g Schmand
- 2 TL getrocknete Maulbeeren

Morgens: Getreide flocken. Apfelsine und Banane schälen. Obst grob zerkleinern und alles zusammen pürieren (Thermomix: 1 Minute Stufe 4, 13 Sekunden Stufe 8). Auf zwei Schüsselchen verteilen, in die Mitte je einen Teelöffel Maulbeeren geben.

Orange im Carob-Mäntelchen

S	—	—	T	M	1
Süß	Roh	Vegan	Thermo	Mehl	Person
Tag 13					

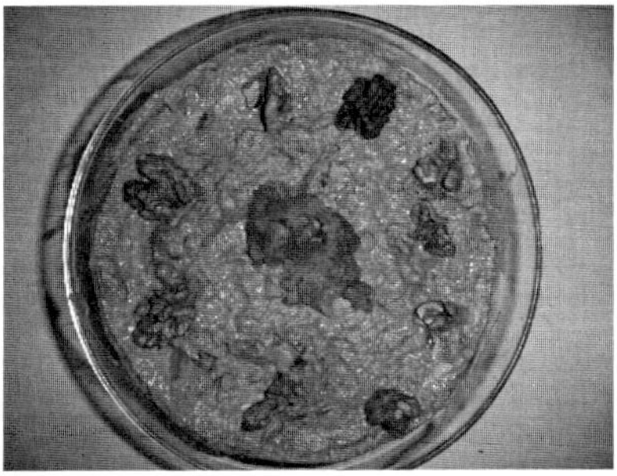

- 3 Esslöffel Buchweizen
- 20 g Walnusspaste
- 2 Äpfel (190 g)
- 1 Orange
  (280 g brutto bzw. 180 g netto)
- 2 Esslöffel Sahne
- 14 g Carob
- 10 g Walnüsse
- 1 Teelöffel Orangeat

Morgens: Buchweizen im Thermomix fein mahlen (40 Sekunden Stufe 10). Äpfel vierteln, Orange schälen und ein Viertel beiseite legen. Walnusspaste, Äpfel, Orange, Sahne und gesiebten Carob zum Buchweizen geben und pürieren (Thermomix: 20 Sekunden Stufe 4, 5 Sekunden Stufe 10). In eine Schüssel füllen. Das übrige Orangenviertel klein schneiden und unterziehen. Walnüsse auf den Rand legen, Orangeat in die Mitte häufeln.

Sauerkrautschiffchen

—	R	V	M	S	1
Süß	Roh	Vegan	Mühle	Schrot	Person
Tag 14					

- 3 Esslöffel Roggen
- 5 Esslöffel Wasser
- 1 Prise gemahlene Muskatnuss
- 100 g Apfelsauerkraut
- 10 g Sonnenblumenkerne (1 EL)
- 1 Esslöffel Sonnenblumenöl
- 1 Blatt Weißkohl (möglichst mit dem Sauerkraut „eingelegt")
- etwas Dill
- 1-2 Esslöffel Schnittlauchröllchen
- 4 dünne Scheiben Möhre

Abends: Roggen mittelgrob schroten und im Wasser über Nacht einweichen (nicht im Kühlschrank).

Morgens: Roggenschrot mit Muskatnuss, Apfelsauerkraut, Sonnenblumenkernen und Öl verrühren. Apfelstücke aus dem Sauerkraut durchschneiden. Weißkohlblatt auf einen Dessertteller legen, die Masse in das Weißkohlblatt füllen. Dill oben in den Schrot stecken, den Teller mit Schnittlauch bestreuen. Möhrenscheiben in das Schrot stecken - gibt nett Farbe! Mit Messer und Gabel servieren.

Papayaglitzer

S	R	V	F+T	F	2
Süß	Roh	Vegan	Geräte	Flocken	Person
Tag 15					

- 6 Esslöffel Sechskorngetreide
- 175 g Wasser
- 40 g getrocknete Papaya
- 2 kleine Äpfel (180 g)
- 1 Apfelsine (180 g brutto)
- 1 Banane (170 g brutto)
- 30 g Walnusspaste
- 1/2 Zitrone

Abends: Das Sechskorn-Getreide flocken und im Wasser über Nacht einweichen (nicht im Kühlschrank).

Morgens: Papaya in kleine Würfel hacken (Thermomix 10 Sekunden Turbo) und zur Seite legen. Restliche Zutaten außer dem Getreide pürieren (1 Minute Stufe 4, 10 Sekunden Stufe 8), mit den eingeweichten Flocken mischen und auf zwei Schüsseln verteilen. Papaya in die Mitte streuen, ist sehr farbenfroh.

Feigenhöcker

S	—	—	M+K	S	2
Süß	Roh	Vegan	Geräte	Schrot	Person
Tag 16					

- 3 Esslöffel Roggen
- 3 Esslöffel Buchweizen
- 150 g Wasser
- 4 getrocknete Feigen (75 g)
- 1/2 geschälte Zitrone
- 2 Äpfel (190 g)
- 1 Banane (150 g brutto)
- 1 Apfelsine (160 g brutto)
- 20 g Cashewnüsse
- 30 g Schmand
- 2 Mandeln

Abends: Roggen grob schroten und mit dem Buchweizen im Wasser über Nacht einweichen (nicht im Kühlschrank). Feigen getrennt in etwas Wasser einweichen.

Morgens: Zitrone in der Küchenmaschine mit Hackmesser zerkleinern, noch intakte Kerne entfernen. Das restliche Obst grob zerkleinern (Banane und Apfelsine vorher schälen), zu der Zitrone geben und gut zerhacken. Zum Schluss noch kurz die Cashewnüsse mit zerkleinern. Mit dem Schrot mischen, auf zwei Schüsselchen verteilen. Die Feigen abtropfen lassen (Einweichwasser für Salatsoßen o.ä. aufbewahren), halbieren und mit der Schnittfläche nach unten jeweils vier Stück an den Rand des Müslis legen, leicht eindrücken. In die Mitte einen Klecks Schmand geben, eine Mandel hineinstecken.

Schmandapfel

S	—	—	M+T	S	2
Süß	Roh	Vegan	Geräte	Schrot	Person
Tag 17					

- 6 Esslöffel Sechskorngetreide
- 160 g Wasser
- 5 kleine Äpfel (480 g)
- 1/2 geschälte Zitrone
- 30 g Kürbiskernmus
- 50 g Schmand
- 1 Clemenvilla (brutto 180 g)

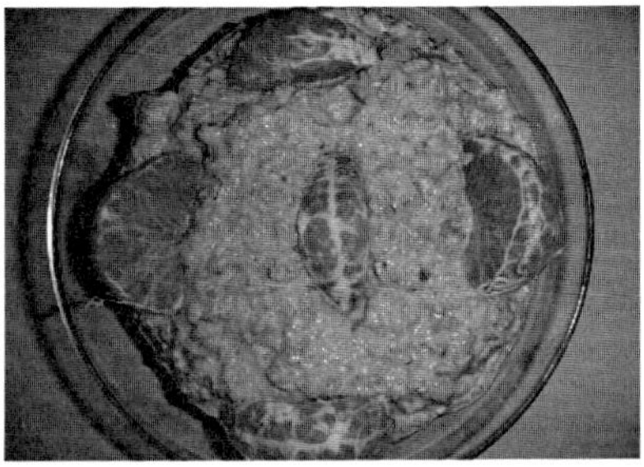

Abends: Getreide grob schroten und im Wasser über Nacht einweichen (nicht im Kühlschrank).

Morgens: Äpfel halbieren und Zitrone vierteln, beides mit dem Kürbiskernmus fein raffeln (Thermomix 1 Minute Stufe 4). Schmand und geraffeltes Obst unter den Schrot rühren. Auf zwei Schüsseln verteilen, Oberfläche glätten. Clemenvilla schälen und in Stücke teilen (gab bei mir je 10 Stück, 5 für jede Schüssel), vier Stück mit der Rundung nach oben an den Rand, eins in die Mitte stecken.

Weiche Papaya

S	—	—	M+K	S	2
Süß	Roh	Vegan	Geräte	Schrot	Person
Tag 18					

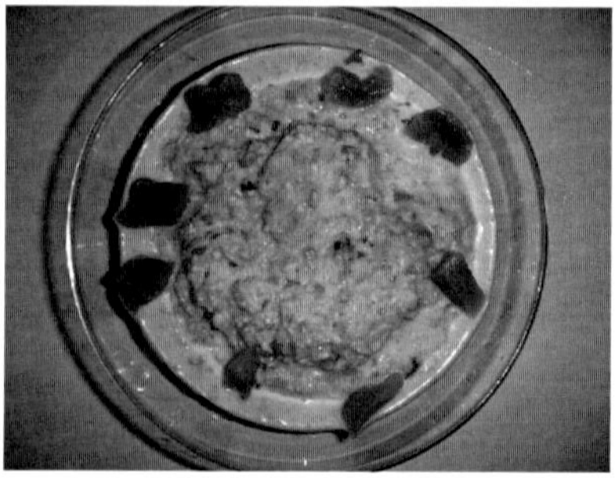

- 3 Esslöffel Sechskorngetreide
- 3 Esslöffel Dinkel
- 160 g Wasser
- 25 g getrocknete Papayastücke
- 1 Apfelsine (260 g brutto)
- 2 Äpfel (200 g)
- 35 g Rosinen
- 40 g Sonnenblumenkerne
- 60 g Sahne

Abends: Getreide grob schroten und über Nacht im Wasser einweichen (nicht im Kühlschrank). Papaya getrennt in Wasser einweichen.

Morgens: Apfelsine schälen und grob zerkleinern, Äpfel halbieren, beides mit Rosinen und Sonnenblumenkernen in der Küchenmaschine raffeln. Sahne und geraffeltes Obst unter den Schrot rühren. Auf zwei Schüsseln verteilen, Oberfläche glätten. Papaya abtropfen lassen (Saft ist lecker-süß), in Stücke schneiden und an den Rand des Müslis legen.

Batatenrad

S	R	V	F+Z	F	1
Süß	Roh	Vegan	Geräte	Flocken	Person
Tag 19					

- 3 Esslöffel Gerste
- 8 Esslöffel Wasser
- 1 Stück Batate (95 g)
- 1 kleiner Apfel (100 g)
- 1 Banane (205 g brutto)
- 20 g Haselnüsse
- 1 Esslöffel Zitronensaft
- 1 Esslöffel Mandelöl

Abends: Gerste flocken und über Nacht im Wasser einweichen (nicht im Kühlschrank).

Morgens: Von der Batate zwei dünne runde Scheiben abschneiden und für die Dekoration zur Seite legen. Banane schälen. Obst und Batate (= Süßkartoffel) grob zerkleinern, alles im Zerkleinerer fein raffeln. Zum Schluss die Haselnüsse noch kurz mitlaufen lassen. Mit Zitronensaft und Mandelöl unter den Schrot rühren. Die Batatenscheiben vierteln und die Viertel übereinanderlappend wie ein Windrad auf das Müsli legen.

Chou chinois au naturelle

—	R	V	F	F	1
Süß	Roh	Vegan	Flocker	Flocken	Person
Tag 20					

- 3 kleine Blätter Chinakohl (65 g)
- 1 Apfelsine (netto 150 g)
- 1 kleiner Apfel (100 g)
- 1 Esslöffel Mandelöl
- 3 Esslöffel Nackthafer
- 1 Esslöffel Sonnenblumenkerne

Morgens: Blätter des Chinakohls (französisch: Chou chinois) waschen und gut abtropfen lassen. Am unteren Ende überlappend, mit der „Öffnung“ nach oben auf einen flachen großen Teller legen. Apfelsine schälen, halbieren, Hälften in dünne Scheiben schneiden. Je eine Hälfte leicht gefächert rechts und links auf den Kohl legen. Apfel halbieren, ebenfalls in Scheiben schneiden, ähnlich wie die Apfelsine auffächern und oben hinlegen. Mit Mandelöl beträufeln. Hafer flocken, im Kreis am Rand darauf streuen, die Sonnenblumenkerne ebenfalls darauf streuen.

Kunterbuntate

S	—	—	M+T	S	2
Süß	Roh	Vegan	Geräte	Flocken	Person
Tag 21					

- 6 Esslöffel Sechskorngetreide
- 160 g Wasser
- 30 g Haselnüsse
- 1 Birne (150 g)
- 3 Äpfel (290 g)
- 100 g Batate
- 50 g Schmand

Abends: Getreide grob schroten und über Nacht im Wasser einweichen (nicht im Kühlschrank). Haselnüsse getrennt einweichen.

Morgens: Von der Batate eine dünne Scheibe abschneiden. Obst und Rest Batate grob zerkleinern und mit dem Schmand raffeln (Thermomix 1 Min Stufe 4). 8 der abgetropften Haselnüsse beiseite legen, den Rest mit dem Obst unter den Schmand rühren. Auf zwei Schüsselchen verteilen, Oberfläche leicht glätten. In die Mitte je eine halbe Batatenscheibe stecken und je vier Haselnüsse davor legen.

Obstengpass

S	—	V	—	G	2
Süß	Roh	Vegan	Geräte	Getreide	Person
Tag 22					

- 50 g Sultaninen
- 50 g schwarze Feigen
- 3 Esslöffel Nackthafer
- 3 Esslöffel Buchweizen
- 3 Esslöffel Sonnenblumenkerne
- 200 g Wasser
- 2 kleine Äpfel (220 g)
- 20 g Kokosraspeln
- 1 gestr. TL Johannisbrotkernmehl

Abends: Sultaninen und Feigen in eine kleine Schüssel geben, mit Wasser übergießen, bis sie bedeckt sind. Hafer, Buchweizen und Sonnenblumenkerne in einer eigenen Schüssel mit den 200 g Wasser verrühren und über Nacht einweichen lassen (nicht im Kühlschrank)

Morgens: Trockenobst abtropfen lassen, Feigen und Äpfel würfeln und mit dem gequollenen Getreide mischen. Auf zwei Schüsseln verteilen. Kokosraspeln und Johannisbrotkernmehl in der übrig gebliebenen Einweichflüssigkeit verrühren. Einige Minuten stehen lassen, damit die Masse etwas dicklich wird und jeweils die Hälfte oben auf das Müsli streichen.

Happy-Birthday-To-U-Traum

S	—	—	F+T	F	2
Süß	Roh	Vegan	Geräte	Flocken	Person
Tag 23					

- 6 Esslöffel Sechskorn
- 170 ml Wasser
- 2 Bananen (440 g brutto)
- 1 Apfel (110 g)
- 2 Birnen (250 g)
- 20 Mandeln
- 50 g geschlagene Sahne
- 50 g Honigmarzipan (gekauft)
- 10 g geriebene Schokolade (100% Kakao)

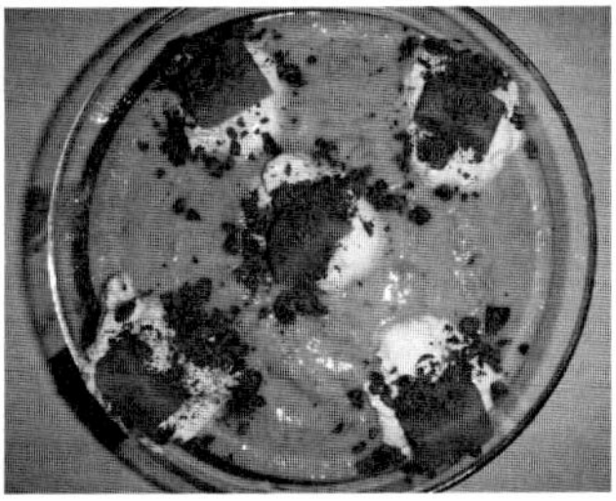

Abends: Getreide flocken und über Nacht im Wasser einweichen (nicht im Kühlschrank).

Morgens: Bananen schälen. Obst grob in Stücke schneiden. Mit den eingeweichten Flocken zusammen pürieren, zum Schluss noch die Mandeln hinzugeben (Thermomix: 1 Minute Stufe 4). Auf zwei Schüsseln verteilen. Die Sahne mit einem Teelöffel in vier oder fünf Häufchen auf dem Rand verteilen (das sieht auch ohne Sahnespritze nett aus). Das Marzipan in genauso viele Stücke schneiden, wie Sahnetupfer vorhanden sind und je eins in einen Sahnetupfer stecken. Mit der Schokolade bestreuen.

Frühlingsrauschen

S	R	V	M+T	S	2
Süß	Roh	Vegan	Geräte	Schrot	Person
Tag 24					

- 6 Esslöffel Sechskorngetreide
- 150 ml Wasser
- 7 kleine rotbackige Äpfel (600 g)
- 1/2 geschälte Zitrone
- 1 Prise Piment
- 2 Esslöffel Sonnenblumenkerne
- 2 Kiwi

Abends: Getreide grob schroten und über Nacht im Wasser einweichen (nicht im Kühlschrank).

Morgens: Halbierte Äpfel mit klein geschnittener Zitrone und Piment raffeln (Thermomix: 1 Minute Stufe 4). Unter den Getreideschrot rühren. Kiwis schälen, 1/4 Kiwi zur Seite legen, den Rest würfeln und unter das Müsli ziehen. Auf zwei Schüsselchen verteilen, den Kiwirest in 8 „Halbmond"-Scheiben schneiden und jede Schüssel mit 4 Scheibchen dekorieren.

Yellow Morning

S	—	—	MFT	S	2
Süß	Roh	Vegan	Geräte	Schrot	Person
Tag 25					

- 3 Esslöffel Sechskorngetreide
- 75 ml Wasser
- 1 Blutorange (180 g netto)
- 3 Esslöffel Nackthafer
- 2 Äpfel (180 g)
- 1 Birne (135 g)
- 1/2 geschälte Zitrone
- 30 g Kokosnusscreme
- 20 g Kokosraspeln
- 1 Esslöffel Honig (30 g)
- 2 gelbe Kiwi

Abends: Getreide grob schroten und über Nacht im Wasser einweichen (nicht im Kühlschrank).

Morgens: Hafer flocken und zu dem Schrot geben. Blutorange schälen. Grob zerkleinertes Obst mit Kokoscreme und Kokosraspeln pürieren (Thermomix 1 Min Stufe 4, 13 Sek Stufe 8). Püree, Schrot und Honig mischen und auf zwei Schüsselchen verteilen. Kiwis schälen, jede in 5 Scheiben schneiden und die Scheiben oben auf das gelblich scheinende Müsli geben.

Pampelfruit

S	R	V	F	F	1
Süß	Roh	Vegan	Flocker	Flocken	Person
Tag 26					

- 3 Esslöffel Nacktgerste
- 90 g Wasser
- 1/2 Grapefruit (110 g netto)
- 1 kleiner Apfel (85 g)
- 1 Esslöffel Mandelöl
- 20 g Kürbiskerne (Rohkostqualität)

Abends: Gerste flocken und über Nacht im Wasser einweichen (nicht im Kühlschrank).

Morgens: Ein Stück von der Grapefruit als Dekoration zur Seite legen. Den Rest würfeln, Apfel kleinschneiden. Zerkleinertes Obst und Mandelöl unter den Schrot rühren. Mit Kürbiskernen bestreuen und das Grapefruitstück in die Mitte stecken.

Pampelige Loretta

S	R	V	M+T	S	2
Süß	Roh	Vegan	Geräte	Schrot	Person
Tag 27					

- 3 Esslöffel Sechskorngetreide
- 3 Esslöffel Buchweizen
- 2 Esslöffel Sonnenblumenkerne
- 150 ml Wasser
- 5 schwarze Feigen (50 g)
- 1 Apfelsine (225 g brutto)
- 1 Pampelmuse (255 g brutto)
- 2 Äpfel (160 g)
- 1/2 geschälte Zitrone

Abends: Sechskorngetreide schroten und mit Buchweizen und Sonnenblumenkernen im Wasser über Nacht einweichen (nicht im Kühlschrank). Feigen getrennt einweichen.

Morgens: Apfelsine und Pampelmuse schälen und vierteln, Äpfel vierteln. Von jeder Obstsorte ein Viertel kleinschneiden und zum Schrot geben. Den Rest mit der Zitrone pürieren (Thermomix: 1 Minute Stufe 4, 6 Sekunden Stufe 7). Obstpüree zum Schrot geben und alles gründlich verrühren. Auf zwei Schüsselchen verteilen. Feigen abtropfen lassen und längs halbieren. Die Hälften als Dekoration mit der Schnittfläche nach oben auf das Müsli legen.

Maulbeerennest

S	—	—	M+K	S	2
Süß	Roh	Vegan	Geräte	Schrot	Person
Tag 28					

- 6 Esslöffel Sechskorngetreide
- 150 g Wasser
- 20 Mandeln
- 1 Birne (200 g)
- 4 Äpfel (350 g)
- 1/2 geschälte Zitrone
- 4 Esslöffel Sahne
- 4 Teelöffel Leinsamen
- 2 Teelöffel getr. Maulbeeren

Abends: Sechskorngetreide schroten und im Wasser über Nacht einweichen (nicht im Kühlschrank). Mandeln getrennt einweichen.

Morgens: Obst grob zerteilen und in der Küchenmaschine mit dem Hackmesser fein zerhacken. Zum Schluss noch die Mandeln hinzugeben. Auf zwei Schüsselchen verteilen, in der Mitte dabei einen kleinen Hügel bilden. Leinsamen an den Rand streuen. In die Mitte ein kleine Delle drücken und diese mit Maulbeeren füllen.

Gesteckte Blutorangen

S	R	V	T+F	F	2
Süß	Roh	Vegan	Geräte	Flocken	Person
Tag 29					

- 180 g Steckrübe
- 2 Äpfel (170 g)
- 1 Blutorange (180 g brutto)
- 1 kleine Pampelmuse (285 g brutto)
- 30 g Haselnüsse
- 3 Esslöffel Nackthafer
- 3 Esslöffel Dinkel
- 2 Teelöffel Orangeat

Morgens: Orange und Pampelmuse schälen, von der Orange 8 Stück für die Dekoration zur Seite legen. Obst grob zerteilen und dann mit den Haselnüssen pürieren (Thermomix 1 Minute Stufe 4 [jetzt erst Haselnüsse zugeben], 10 Sekunden Stufe 8). Getreide flocken und gut mit dem Obstpüree verrühren. Auf zwei Schüsselchen verteilen, in der Mitte je einen Teelöffel Orangeat geben. Die Blutorangenstücke quer durchschneiden und in „Paaren" an vier Stellen am Rand auf das Müsli legen (siehe Foto).

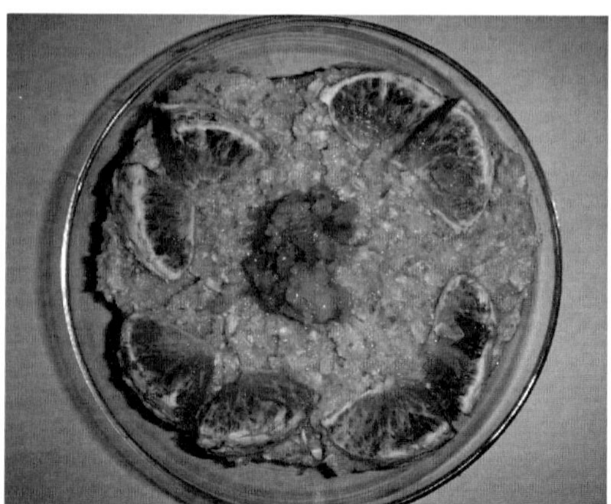

Citrusfest

S	R	V	M+Z	S	1
Süß	Roh	Vegan	Geräte	Schrot	Person
Tag 30					

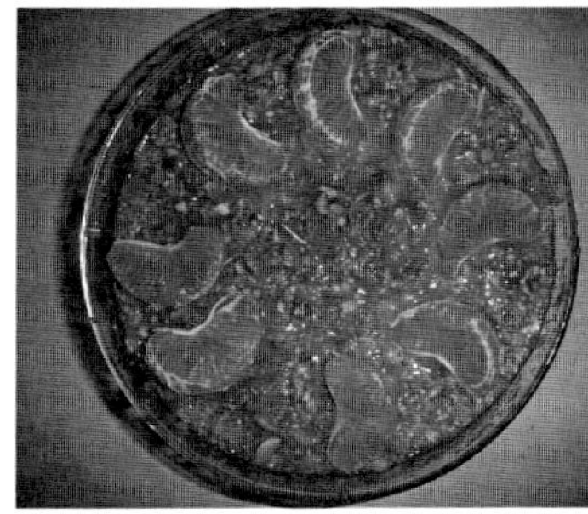

- 3 Esslöffel Roggen
- 65 g Wasser
- 1/2 geschälte Pampelmuse (125 g netto)
- 1 geschälte Blutorange (140 g)
- 1 kleiner Apfel (85 g)
- 2 Esslöffel Sonnenblumenkerne
- 1 Mandarine (75 g ungeschält)

Abends: Roggen schroten und im Wasser über Nacht einweichen (nicht im Kühlschrank).

Morgens: Pampelmuse, Orange und Äpfel vierteln. Mit den Haselnüssen im Zerkleinerer fein hackseln, wird ziemlich flüssig. Unter den Roggenschrot mischen. Mandarine schälen und die einzelnen Segmente im Kreis auf das Frühstück legen.

A Pair of Pears

S	—	—	M+T	S	2
Süß	Roh	Vegan	Geräte	Schrot	Person
Tag 31					

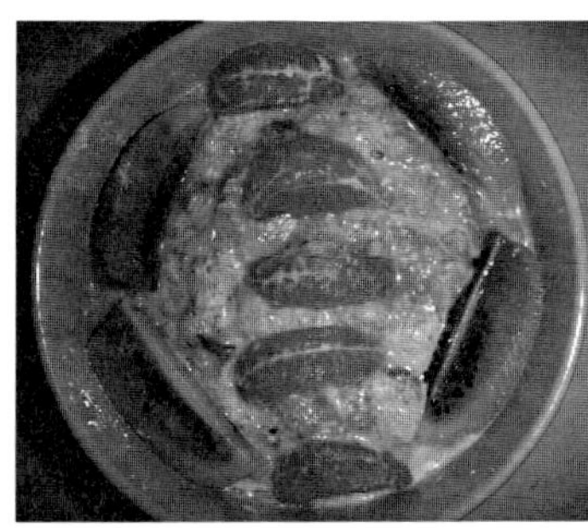

- 6 Esslöffel Sechskorngetreide
- 150 ml Wasser
- 2 Birnen (390 g)
- 1 Apfel (95 g)
- 1/2 geschälte Zitrone
- 30 g Sonnenblumenkerne (2 EL)
- 2 Esslöffel Sahne
- 1 geschälte Mandarine
- 1 geschälte Kiwi

Abends: Getreide schroten und im Wasser über Nacht einweichen (nicht im Kühlschrank).

Morgens: Birnen, Apfel und Zitrone grob zerkleinern, Zitronenkerne „rausfischen". Obst mit den Sonnenblumenkernen mittelfein raffeln (Thermomix 1 Minute Stufe 4). Mit Schrot und Sahne verrühren. Auf zwei Schüsselchen verteilen. Die Mandarine in Stücke zerteilen, die Stücke einer Hälfte in einer Linie über das Müsli legen. Die Kiwi in 8 Spalten teilen, die Spalten an den Rand des Müslis legen.

Februar

Früchte der Saison sind Äpfel, Bananen, Clementinen, Mandarinen, Kiwis und Orangen.

Obstrotunde, Tag 1

Guten Morgen!, Tag 9

Apfel under Cover, Tag 11

Verfremdetes Bircher-Müsli, Tag 12

Ein-Rot-Rabi, Tag 14

Birne Helena, Tag 24

Obstrotunde

S	—	—	M+T	S	2
Süß	Roh	Vegan	Geräte	Schrot	Person
Tag 1					

- 3 Esslöffel Sechskorngetreide
- 3 Esslöffel Hirse
- 140 ml Wasser
- 2 kleine Bananen (260 g brutto)
- 4 Esslöffel Sahne
- 2 kleine Äpfel (165 g)
- 2 Mandarinen (o.ä.)
- 2 gelbe Kiwi
- 20 Haselnüsse

Abends: Sechskorngetreide grob schroten und zusammen mit der Hirse im Wasser über Nacht einweichen (nicht im Kühlschrank).

Morgens: Bananen schälen. Mit Sahne, Äpfeln und Getreideschrot pürieren (Thermomix: 1 Minute Stufe 4, 13 Sekunden Stufe 8). Auf zwei Schüsselchen verteilen. Mandarinen schälen, die einzelnen Segmente als Ringe auf das Müsli legen. Kiwis schälen und in Scheiben schneiden, die Scheiben zwischen die Mandarinenstücke stecken. Dazwischen auch noch die 9 Haselnüsse verteilen, eine Haselnuss in die Mitte legen.

Roter Kern

—	—	—	M+Z	S	1
Süß	Roh	Vegan	Geräte	Schrot	Person
Tag 2					

- 3 Esslöffel Sechskorngetreide
- 75 g Wasser
- 1 Esslöffel saure Sahne
- 1 Apfel (90 g)
- 10 g Rucola
- 20 Haselnüsse
- 50 g Saures Rotkraut mit Kern
- 1 Haselnuss

Abends: Getreide grob schroten und im Wasser über Nacht einweichen (nicht im Kühlschrank).

Morgens: Schrot mit Sahne verrühren. Apfel würfeln, Rucola in feine Streifen schneiden, Haselnüsse grob hacken (im Zerkleinerer 2-3 mal drücken) und alles unter den Schrot rühren. In die Mitte eine Kuhle bis zum Boden freimachen und mit Rotkraut locker auffüllen. In die Mitte noch eine Haselnuss setzen.

Griechisches Bauernfrühstück

—	—	T	—	G	1
Süß	Roh	T-Eiweiß	Geräte	Getreide	Person
Tag 3					

- 2 Esslöffel Nackthafer
- 1 Esslöffel Buchweizen
- 1 Esslöffel Sonnenblumenkerne
- 75 g Wasser
- 80 g Petersilienwurzel
- 75 g Kohlrabisauerkaut
- 75 g Schlangengurke
- 25 g Schafskäse
- 10 Mandeln

Abends: Getreide und Sonnenblumenkerne über Nacht im Wasser einweichen (nicht im Kühlschrank).

Morgens: Petersilienwurzel evtl. unter laufendem Wasser abbürsten und würfeln. Mit dem Sauerkraut unter das Getreide mischen und auf einen Dessertteller häufeln. Die Gurke in Scheiben schneiden, am Rand des Berges „anlegen". Den gewürfelten Schafskäse auf die Mitte streuen. Zwischen die Gurkenscheiben die Mandeln legen.

CarobCranz

S	—	—	M+K	S	2
Süß	Roh	Vegan	Geräte	Schrot	Person
Tag 4					

- 6 Esslöffel Sechskorngetreide
- 150 ml Wasser
- 1 halbe Zitrone
- 1 Apfelsine (235 g brutto)
- 1 Birne (165 g)
- 2 Äpfel (185 g)
- 30 g Kokosraspeln
- 10 g Carob
- 30 g Honig (1 Esslöffel)
- Kokoschips

Abends: Getreide fein mahlen und über Nacht im Wasser einweichen (nicht im Kühlschrank).

Morgens: Zitrone und Apfelsine schälen. Das Obst zusammen grob zerkleinert in die Küchenmaschine mit dem Hackmesser geben und raffeln. Auf einen Suppenteller geben. Kokosraspeln, gesiebten Carob und Honig unter das Getreide rühren. Diese Masse im Kreis um das Obst auf den Teller geben. Mit einigen Kokoschips dekorieren.

Weißer Pfefferminzhut

S	—	T	M+T	S	2
Süß	Roh	T-Eiweiß	Geräte	Schrot	Person
Tag 5					

- 6 Esslöffel Sechskorngetreide
- 2 Esslöffel Sonnenblumenkerne
- 160 g Wasser
- 1 Birne (180 g)
- 3 Äpfel (265 g)
- 8 g frischer Ingwer
- 1 halbe geschälte Zitrone
- 150 g Joghurt (3,7 %)
- 1 Esslöffel Sahne
- 1 Teelöffel Pfefferminz getrocknet
- 1 Teelöffel Honig (ca. 25 g)
- 1 Teelöffel Sonnenblumenkerne

Abends: Getreide grob schroten und mit den 2 Esslöffel Sonnenblumenkernen über Nacht im Wasser einweichen (nicht im Kühlschrank).

Morgens: Ungeschältes Obst, Ingwer und Zitrone grob zerkleinern, dann pürieren (Thermomix: 1 Minute Stufe 4, 13 Sekunden Stufe 8). Unter den Getreideschrot mischen und auf zwei Schüsselchen verteilen. Joghurt, Sahne, Pfefferminz und Honig verrühren, jeweils eine Schicht auf das Müsli geben. In die Mitte einige Sonnenblumenkerne streuen.

Joghurinde und Kürbangel

S	—	T	M+T	S	2
Süß	Roh	T-Eiweiß	Geräte	Schrot	Person
Tag 6					

- 6 Esslöffel Sechskorngetreide
- 150 g Wasser
- 2 kleine Bananen (220 g netto)
- 3 Äpfel (280 g)
- 1 halbe geschälte Zitrone
- 120 g Joghurt (3,7 %)
- 40 g Sahne
- 2 Esslöffel Kürbiskerne

Abends: Getreide grob schroten und über Nacht im Wasser einweichen (nicht im Kühlschrank).

Morgens: Bananen schälen. Obst grob zerkleinern und dann raffeln (Thermomix: 1 Minute Stufe 4). Mit Joghurt und Sahne unter das Schrot rühren. Auf zwei Schüsselchen verteilen und den Rand dünn mit Kürbiskernen bestreuen.

Mandelregen

S	—	—	MTZ	S	3
Süß	Roh	Vegan	Geräte	Schrot	Person
Tag 7					

- 9 Esslöffel Sechskorngetreide
- 225 g Wasser
- 9 Trockenpflaumen (45 g)
- 1 Pampelmuse (400 g ungeschält)
- 1 halbe geschälte Zitrone
- 4 Äpfel (365 g)
- 150 g saure Sahne
- 45 g Mandeln

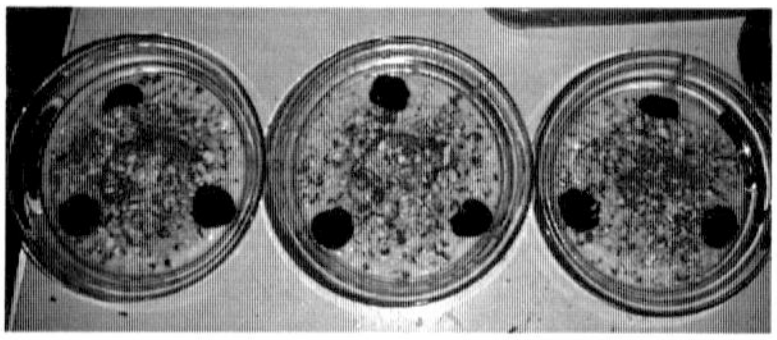

Abends: Getreide grob schroten und über Nacht im Wasser einweichen (nicht im Kühlschrank). Pflaumen getrennt einweichen.

Morgens: Pampelmuse schälen, drei Stücke für die Dekoration zur Seite legen. Das Obst bis auf die Dekorationsstücke grob zerkleinern und dann pürieren (Thermomix: 1 Minute Stufe 4, 14 Sekunden Stufe 6). Sahne einrühren. Auf drei Schüsselchen verteilen. Die drei Grapefruitstücke von der Haut befreien und jeweils in die Mitte eines Frühstücks legen. Die Pflaumen abtropfen lassen (Einweichwasser für Salatsoßen u.ä. verwenden), an den Rand der beiden Müslis geben. Mandeln mittelfein hacken (Zerkleinerer) und über die Müslis streuen.

Bircher-Müsli

S	—	T	F+K	F	2
Süß	Roh	T-Eiweiß	Geräte	Flocken	Person
Tag 8					

- 6 Esslöffel Nackthafer
- 150 g Wasser
- 1/2 Zitrone
- 470 g Äpfel (5 kleine)
- 30 g Haselnüsse
- 1 Esslöffel Honig (25 g)
- 150 g Joghurt
- 2 Esslöffel Sahne
- 20 g Sultaninen

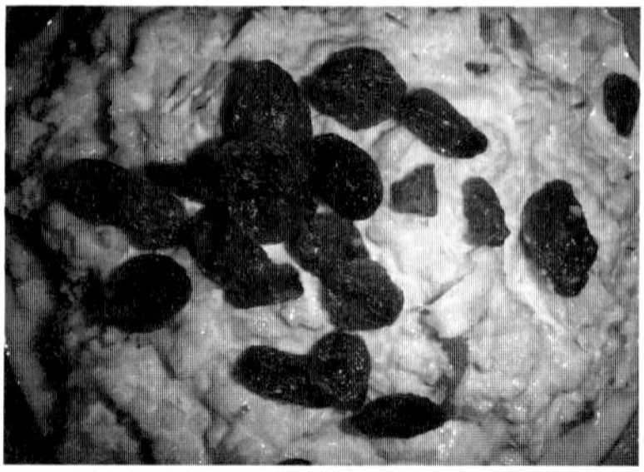

Abends: Hafer flocken und über Nacht im Wasser einweichen (nicht im Kühlschrank).

Morgens: Kerne aus der Zitrone kratzen. Obst grob zerkleinern und mit den Haselnüssen fein in der Küchenmaschine (Hackmesser) raffeln. Mit Honig und Joghurt unter die eingeweichten Flocken rühren. Auf zwei Schüsselchen verteilen. Je einen Esslöffel Sahne darüber gießen und die Sultaninen in die Mitte streuen.

Guten Morgen!

S	—	—	M+Z	S	2
Süß	Roh	Vegan	Geräte	Schrot	Person
Tag 9					

- 6 Esslöffel Sechskorngetreide
- 150 g Wasser
- 75 g Sonnenblumenkerne
- 35 g Lindenblütenhonig
- 1 Teelöffel Sahne
- Saft einer halben Zitrone
- 1/2 geschälte Pampelmuse (100 g)
- 3 kleine Äpfel (270 g)
- 1 geschälte Banane (135 g)
- 1 getrocknete Pflaume

Abends: Getreide grob schroten und über Nacht im Wasser einweichen (nicht im Kühlschrank).

Morgens: Sonnenblumenkerne im Zerkleinerer fein mahlen, dann mit dem Honig verschlagen. Einen Teelöffel Sahne hinzugeben. Diese Masse auf einen Teller legen. Obst grob würfeln und im Zerkleinerer (kann ruhig noch von der Masse vorher enthalten) zerschlagen. Mit Zitronensaft und Schrot verrühren. Auf zwei Schüsselchen verteilen. Das Sonnenblumenkernmarzipan halbieren, mit jeder Hälfte wie folgt vorgehen: Die Portion in drei Teile schneiden, zwei Teile zu Kugeln drehen, als „Augen" auf die Müslioberfläche legen. Das letzte Drittel länglich rollen, zu einem offenen U formen und als lächelnden Mund unter die Augen legen. Die getrocknete Pflaume vierteln und als Pupillen einsetzen.

Unterm Pflaumenplaid

S	—	—	MTZ	S	2
Süß	Roh	Vegan	Geräte	Schrot	Person
Tag 10					

- 6 Esslöffel Sechskorngetreide
- 150 g Wasser
- 44 g getrocknete Pflaumen
- 30 g Mandeln
- 65 g Wasser
- Saft von 1/2 Zitrone
- 50 g saure Sahne (2 Esslöffel))
- 2 kleine Äpfel (180 g)
- 1/2 Pampelmuse (100 g netto)
- 1 Birne (155 g)

Abends: Sechskorngetreide grob schroten und über Nacht in 150 g Wasser einweichen (nicht im Kühlschrank). Pflaumen mit den Mandeln getrennt in 65 g Wasser einweichen.

Morgens: Pflaumen und Mandeln mit Einweichwasser und Zitronensaft im Zerkleinerer zerhacken, dann die saure Sahne hinzugeben und möglichst fein schlagen. Einen halben Apfel zur Seite legen, den Rest Äpfel, Birne und Pampelmuse würfeln und mit dem ausgetretenen Saft unter den Schrot rühren. Auf zwei Schüsselchen verteilen. Die Pflaumenmasse auf der Oberfläche glattstreichen. Den halben Apfel in Spalten schneiden, je 3 bzw. 4 Spalten fächerartig in die Mitte legen.

Apfel under Cover

S	—	—	M+T	S	2
Süß	Roh	Vegan	Geräte	Schrot	Person
Tag 11					

- 2 Esslöffel Sechskorngetreide
- 4 Esslöffel Emmer
- 150 g Wasser
- 1/2 geschälte Zitrone
- 5 Äpfel (450 g)
- 1/2 Teelöffel Zimt
- 20 g süße Sahne
- 30 g saure Sahne
- 35 g Sonnenblumenkerne
- 1 Mandarine

Abends: Getreide grob schroten und über Nacht im Wasser einweichen (nicht im Kühlschrank).

Morgens: Zitrone und Äpfel grob zerteilen. Mit dem Zimt im Thermomix raffeln (1 Minute Stufe 4). Mit süßer und saurer Sahne unter den Schrot rühren. Auf zwei Schüsselchen verteilen und glatt streichen. Mit einer Schicht Sonnenblumenkerne bestreuen. Mandarine schälen und in Segmente aufteilen. Mit 4 oder 5 (je nach Zahl) Segmenten eine Art Stern bilden und in die Mitte des Müslis legen.

Verfremdetes Bircher-Müsli

S	—	T	F	F	2
Süß	Roh	T-Eiweiß	Flocker	Flocken	Person
Tag 12					

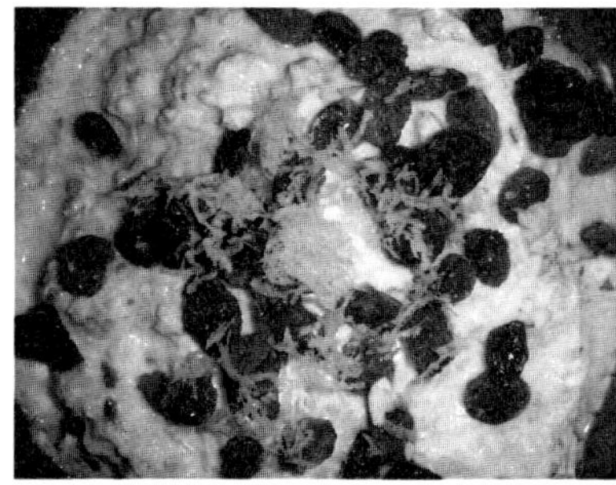

- 3 Esslöffel Nackthafer
- 2 kleine Äpfel (200 g)
- 1 Esslöffel Zitronensaft
- 2 Esslöffel Sonnenblumenkerne
- 125 g (1/8 Liter) Joghurt
- 20 g Rosinen
- frisch abgeriebene Zitronenschale

Morgens: Hafer flocken. Apfel würfeln. Beides mit Saft, Kernen und Joghurt gut verrühren. Mit Rosinen bestreuen, darauf die Zitronenschale reiben.

Quak-Quak-Ducky-Wucky

S	—	T	M	S	1
Süß	Roh	T-Eiweiß	Mühle	Schrot	Person
Tag 13					

- 3 Esslöffel Sechskorngetreide
- 75 g Wasser
- 1/2 Apfelsine (100 g netto)
- 1 kleiner Apfel (90 g)
- 3 Esslöffel Sahne (30 g)
- 50 g Quark
- 1 Esslöffel Zitronensaft
- 1 Mandarine (80 g brutto)
- 10 Mandeln

Abends: Sechskorngetreide grob schroten und über Nacht im Wasser einweichen (nicht im Kühlschrank).

Morgens: Geschälte Apfelsine und Apfel würfeln, mit Sahne, Quark und Zitronensaft unter den Schrot mischen. Die Mandarinensegmente „aufrecht“ an den Rand des Müslis stecken. Die Mandeln in die Mitte legen.

Ein-Rot-Rabi

—	R	V	F	F	1
Süß	Roh	Vegan	Flocker	Flocken	Person
Tag 14					

- 3 Esslöffel Einkorn
- 2 Esslöffel Haselnussöl
- 2 Esslöffel Rosineneinweichwasser
- Saft von 1/2 Zitrone
- 75 g saures Rotkraut mit Kern
- 12 g Walnüsse
- 1/2 geschälte Apfelsine (95 g)
- 70 g Kohlrabi

Morgens: Einkorn flocken. Die Flocken mit Öl, Wasser, Zitronensaft und Rotsauerkraut verrühren. Die Walnüsse grob hacken und ebenfalls untermischen. Die Apfelsine in Spalten teilen, auf einem Dessertteller im Kranz auslegen. Kohlrabi in dünne Scheiben schneiden und in die Mitte des Tellers und zwischen die Apfelsinenspalten legen. Rotkrautmischung in die Mitte häufeln.

Kohlrabi der II.

—	—	—	M+Z	S	1
Süß	Roh	Vegan	Mühle	Schrot	Person
Tag 15					

- 1,5 Esslöffel Sechskorngetreide
- 1,5 Esslöffel Gerste
- 75 g Wasser
- 30 g grüne Oliven
- 10 g Mandeln
- 1 Apfel (85 g)
- 100 g Kohlrabi (ungeschält)
- 30 g saure Sahne (1 Esslöffel)
- ein bisschen Petersilie

Abends: Getreide grob schroten und im Wasser über Nacht einweichen (nicht im Kühlschrank).

Morgens: Oliven, Mandeln, geviertelten Apfel und grob zerkleinerten Kohlrabi im Zerkleinerer raffeln. Mit der sauren Sahne unter den Schrot ziehen. Oberfläche glatt streichen und mit ein paar Büschel Petersilie symmetrisch dekorieren.

Grapekos-Mischung

S	—	V	M+T	S	2
Süß	Roh	Vegan	Geräte	Schrot	Person
Tag 16					

- 6 Esslöffel Sechskorngetreide
- 150 g Wasser
- 16 Haselnüsse
- 1/2 geschälte Zitrone
- 50 g Kokoscreme (Coconut butter)
- 30 g Kokosraspeln oder Kokoschips
- 2 Äpfel (185 g)
- 1 Grapefruit (geschält 265 g)
- 1 Kiwi

Abends: Getreide grob schroten, im Wasser über Nacht einweichen (nicht im Kühlschrank). Haselnüsse getrennt in Wasser einweichen.

Morgens: Zitrone, Kokoscreme, Kokosraspeln, halbierte Äpfel und geschälte, grob zerteilte Grapefruit pürieren (Thermomix: 1 Minute Stufe 4, 13 Sekunden Stufe 8). Unter das Schrot rühren. Auf zwei Schüsselchen verteilen und glatt streichen. Kiwi schälen, längs halbieren und jede Hälfte in 4 Spalten schneiden. Gleichmäßig auf die Müslis legen, in jeden Zwischenraum zwei Haselnüsse setzen.

Bongo in the Congo

S	—	—	M+Z	S	2
Süß	Roh	Vegan	Geräte	Schrot	Person
Tag 17					

- 3 Esslöffel Sechskorngetreide
- 3 Esslöffel Roggen
- 150 g Wasser
- Saft von 1/2 Zitrone
- 20 g Mandeln
- 1 Banane (170 g brutto)
- 2 Äpfel (180 g)
- 50 g saure Sahne
- 15 g Honig (1 flacher Esslöffel)
- 200 g geschälte Ananas (1 dicke Scheibe)
- 10 g geriebene Schokolade (100 % Kakao)
- 1 Mandarine

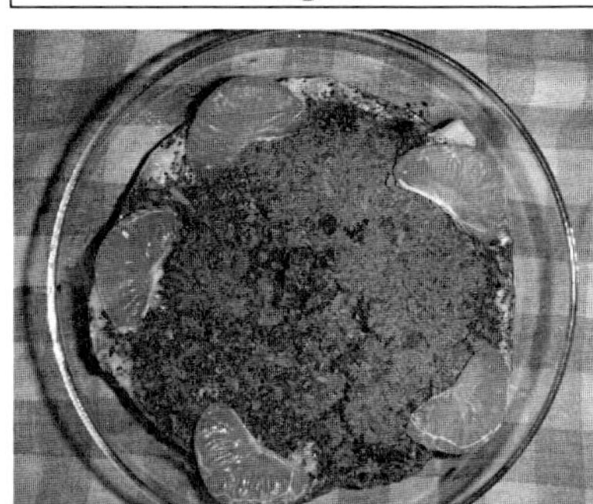

Abends: Getreide grob schroten und im Wasser über Nacht einweichen (nicht im Kühlschrank).

Morgens: Zitronensaft, Mandeln, geschälte und grob zerteilte Banane sowie Apfelviertel im Zerkleinerer gut zerschlagen. Mit der sauren Sahne und dem Honig unter den Schrot rühren. Ananas fein würfeln, ebenfalls unterziehen. Auf zwei Schüsselchen verteilen. Die Oberfläche mit der Schokolade bestreuen. Die Mandarine schälen und die Segmente am Rand der Schüsseln verteilen.

Orangenschmetterling

S	—	—	MZF	S	2
Süß	Roh	Vegan	Geräte	Schrot	Person
Tag 18					

- 6 Esslöffel Sechskorngetreide
- 150 g Wasser
- 2 Apfelsinen (brutto 415 g)
- 1/2 Zitrone
- 2 Äpfel (160 g)
- 2 Esslöffel Sahne
- 2 Mandarinen
- 2 Esslöffel Leinsamen (30 g)

Abends: Getreide grob schroten und im Wasser über Nacht einweichen (nicht im Kühlschrank).

Morgens: Apfelsinen und Zitrone schälen. 4 Apfelsinensegmente für die Dekoration beiseite legen. Äpfel halbieren, Zitronen vierteln und mit einer halben Orange im Zerkleinerer pürieren. Restliche Apfelsinenstücke klein schneiden und mit der Sahne und dem Obstpüree unter den Schrot rühren. Leinsamen flocken und ebenfalls einrühren. Auf zwei Schüsselchen verteilen, je zwei Apfelsinenscheiben, die „mit dem Rücken“ unten aneinander stoßen, als Dekoration auflegen.

Peh auf Peh

S	—	—	M+Z	S	2
Süß	Roh	Vegan	Geräte	Schrot	Person
Tag 19					

- 3 Esslöffel Sechskorngetreide
- 75 g Wasser
- 3 Esslöffel Nackthafer
- 35 g Pecannüsse
- 1/2 geschälte Zitrone
- 2 Äpfel (200 g)
- 22 g Ingwerat (mit Honig)
- 2 Esslöffel Sahne
- 1/2 geschälte Pampelmuse (140 g)
- 10 g Pecannüsse

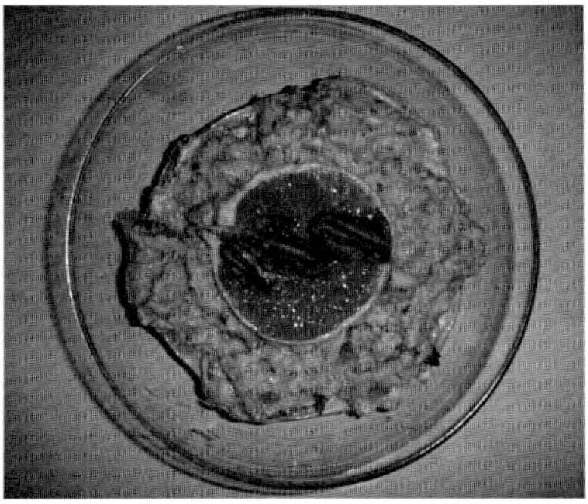

Abends: Getreide grob schroten und im Wasser über Nacht einweichen (nicht im Kühlschrank).

Morgens: Hafer im Zerkleinerer fein zerschlagen. Pecannüsse, geviertelte Zitronenhälfte, geviertelte Äpfel und Ingwerat im Zerkleinerer fein hacken. Mit der Sahne unter den Schrot rühren. Von der Pampelmuse 4 Segmente zur Seite legen, den Rest würfeln und unter das Müsli ziehen. Auf zwei Schüsselchen verteilen. Die Haut von den 4 Pampelmusensegmenten abziehen, jeweils 2 Hälften mit der geraden Kante zueinander auf die Müslis legen. Die „Schnittkante" mit Pecannüssen belegen.

Rote Klötzchen

—	R	V	Z	S	1
Süß	Roh	Vegan	Zerkl.	Schrot	Person
Tag 20					

- 3 Esslöffel Einkorn
- 1/2 geschälte Zitrone
- 1 gut gehäufter Esslöffel Sonnenblumenkerne
- 2 Esslöffel Sonnenblumenöl
- 3 Esslöffel Wasser
- 100 g saures Rotkraut mit Kern
- 1 Apfel (95 g)
- 2 kleine Radieschen

Morgens: Einkorn im Zerkleinerer fein hacken. Geviertelte Zitronenhälfte, Sonnenblumenkerne, Öl und Wasser hinzugeben und gut miteinander verhacken. Zum Schluss auch das Rotkraut noch mit hacken. Apfel halbieren. Dann quer in schmale Streifen schneiden, diese dann noch mal längs in Streifen schneiden – dabei gut festhalten –, sodass sich quasi Quader ergeben. Die beiden Hälften intakt anheben und auf einen flachen Teller legen. Die Rotkrautmasse zu Quadern und Kugeln formen und um die Äpfel legen. Neben die Äpfel die Radieschen stecken.

Nutty Orange

S	—	—	M+Z	S	1
Süß	Roh	Vegan	Geräte	Schrot	Person
Tag 21					

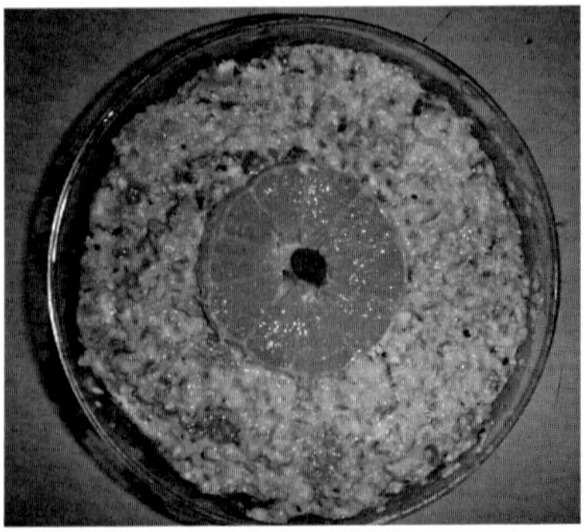

- 3 Esslöffel Sechskorngetreide
- 75 g Wasser
- 1/2 geschälte Zitrone
- 1 Apfel (100 g)
- 35 g eingeweichte Rosinen
- 1 Esslöffel Kürbiskerne
- 1 Esslöffel Sonnenblumenkerne
- 1 Esslöffel Erdnüsse
- 1 Esslöffel Mandeln
- 1 Esslöffel Sahne
- 1 Apfelsine (190 g brutto)
- 1 Mandel

Abends: Getreide grob schroten und im Wasser über Nacht einweichen (nicht im Kühlschrank).

Morgens: Zitrone und Apfel vierteln, zusammen mit den abgetropften Rosinen, den Nüssen und der Sahne im Zerkleinerer zerschlagen. Die geschälte Apfelsine in Scheiben schneiden, eine Scheibe beiseite legen, die anderen Scheiben kleinschneiden und zusammen mit dem Obst unter den Schrot rühren. Oberfläche glatt streichen, in die Mitte die Apfelsinenscheibe legen, in deren Zentrum eine Mandel stecken

Papaya-Randerscheinung

S	R	V	M+T	S	2
Süß	Roh	Vegan	Geräte	Schrot	Person
Tag 22					

- 6 Esslöffel Sechskorngetreide
- 150 g Wasser
- 1 Banane (135 g brutto)
- 1 Birne (210 g)
- 2 Äpfel (200 g)
- 50 g Sonnenblumenkerne
- 2 Esslöffel Haselnussöl
- 30 g getrocknete Papaya

Abends: Getreide grob schroten und im Wasser über Nacht einweichen (nicht im Kühlschrank).

Morgens: Alle Zutaten außer der Papaya miteinander gut pürieren (Thermomix: 1 Minute Stufe 4, 13 Sekunden Stufe 8). Auf zwei Schüsselchen verteilen, die Papaya in kleine Stücke schneiden, den Rand damit belegen.

Verhüllte Pflaumen

S	R	—	T	M	2
Süß	Roh	Vegan	Thermo.	Mehl	Person
Tag 23					

- 40 g Trockenpflaumen
- 3 Esslöffel Nackthafer
- 3 Esslöffel Einkorn
- 3 kleine Äpfel (270 g)
- 1 Banane (140 g netto)
- Saft von 1/2 geschälte Zitrone
- 30 g Zitronenmelissenhonig (oder anderen Honig)
- 1/2 geschälte Grapefruit (125 g netto)
- 14 Stück Pecannusskerne (25 g)

Abends: Pflaumen in etwas Wasser über Nacht einweichen.

Morgens: Pflaumen abtropfen Lassen. Hafer und Einkorn fein mahlen (Thermomix: 1 Minute Stufe 10). Äpfel vierteln, Banane schälen und mit dem Getreide pürieren (1 Minute Stufe 4). Zitronensaft und Zitronenmelissenhonig unterrühren. Grapefruit würfeln und unter das Müsli rühren (10 Sekunden rückwärts, Stufe 1). Auf zwei Schüsselchen verteilen, die Pecannüsse im Kreis auf das Müsli legen.

Birne Helena

S	—	—	M+T	S	2
Süß	Roh	Vegan	Geräte	Schrot	Person
Tag 24					

- 6 Esslöffel Sechskorngetreide
- 30 g Sonnenblumenkerne
- 180 g Wasser
- 2 Äpfel (190 g)
- 2 Birnen (430 g)
- 2 Esslöffel Sahne
- 1 Teelöffel Honig (22 g)
- 2 Teelöffel Carob
- 2 Teelöffel Kokosraspeln
- 2 Teelöffel geriebene Schokolade 100% Kakao

Abends: Getreide grob schroten und mit den Sonnenblumenkernen im Wasser über Nacht einweichen (nicht im Kühlschrank).

Morgens: Äpfel und Birnen in grobe Stücke schneiden. Mit Sahne, Honig und gesiebtem Carob pürieren (Thermomix: 1 Minute Stufe 4, 13 Sekunden Stufe 8). Auf zwei Schüsselchen verteilen, die Kokosraspeln in der Mitte zu einem Halbring ausstreuen, die Schokolade rechts daneben.

Kürbiscreme

S	—	—	M+T	S	2
Süß	Roh	Vegan	Geräte	Schrot	Person
Tag 25					

- 6 Esslöffel Sechskorngetreide
- 150 ml Wasser
- 30 g Creme fraiche
- 1/2 geschälte Zitrone
- 2 Bananen (300 g netto)
- 1 Apfel (100 g)
- 20 g Kürbiskernmus
- 25 g Kokoscreme (Coconut Butter)
- 2 Esslöffel Kürbiskerne
- 1 Esslöffel Coconut Chips
- 2 Kürbiskerne

Abends: Getreide grob schroten und im Wasser über Nacht einweichen (nicht im Kühlschrank).

Morgens: Creme fraiche mit dem Schrot verrühren. Bananen schälen. Das gesamte Obst grob zerteilen und mit Kürbiskernmus und Kokoscreme pürieren (Thermomix: 1 Minute Stufe 4, 13 Sekunden Stufe 8). Püree und Kürbiskerne unter den Schrot rühren. Auf zwei Schüsselchen verteilen, in die Mitte Coconut Chips streuen, je einen Kürbiskern hineinstecken.

Orangenkamm auf viel Nuss

S	—	—	M	S	2
Süß	Roh	Vegan	Mühle	Schrot	Person
Tag 26					

- 6 Esslöffel Sechskorngetreide
- 2 Esslöffel Mandeln
- 2 Esslöffel Sonnenblumenkerne
- 2 Esslöffel Erdnüsse (ungesalzen, geschält)
- 250 g Wasser
- Saft von 1/2 Zitrone
- 40 g Creme fraiche
- 25 g Honig (= 1 Esslöffel)
- 1 Apfelsine (190 g brutto)
- 2 Äpfel (180 g)
- 15 g Kokoschips

Abends: Getreide grob schroten und mit den Nüssen im Wasser über Nacht einweichen (nicht im Kühlschrank).

Morgens: Zitronensaft, Creme fraiche und Honig unter die Getreide-Nussmischung rühren. Apfelsine schälen, zwei Segmente beiseite legen, den Rest würfeln und mit den kleingeschnittenen Äpfeln ebenfalls unterrühren. Auf zwei Schüsselchen verteilen, mit Kokoschips bestreuen. In die Mitte jeweils ein Apfelsinensegment setzen, die obere Seite 4-5 mal einschneiden und das Segment wie einen Hahnenkamm leicht auseinander ziehen.

Mangosand

S	—	—	F+T	F	2
Süß	Roh	Vegan	Geräte	Flocken	Person
Tag 27					

- 6 Esslöffel Buchweizen
- 1/2 geschälte Zitrone
- 2 Äpfel (195 g)
- 1 Birne (185 g)
- 1 Mango (340 g brutto)
- 2 Esslöffel Sonnenblumenkerne
- 2 Esslöffel Sahne
- evtl. 1-2 Teelöffel Honig

Morgens: Buchweizen flocken. Zitrone, Äpfel und Birne in grobe Stück schneiden. Mango schälen und Fruchtfleisch vom Stein abschneiden. 2 Scheiben Mango beiseite legen. Das restliche Obst pürieren (Thermomix 1 Minute Stufe 4, 13 Sekunden Stufe 8). Sonnenblumenkerne und Obstpüree unter die Buchweizenflocken mischen. Auf zwei Schüsselchen verteilen. Die Mangoscheiben in Streifen schneiden, Streifen dekorativ in Sternform auf das Müsli legen. Je nach Reifegrad der Mango und dem Süßigkeitenhunger der Frühstücksempfänger noch einen Teelöffel flüssigen Honig auf den Müslirand tropfen.

GrapeRice

S	—	—	M+T	S	2
Süß	Roh	Vegan	Geräte	Schrot	Person
Tag 28					

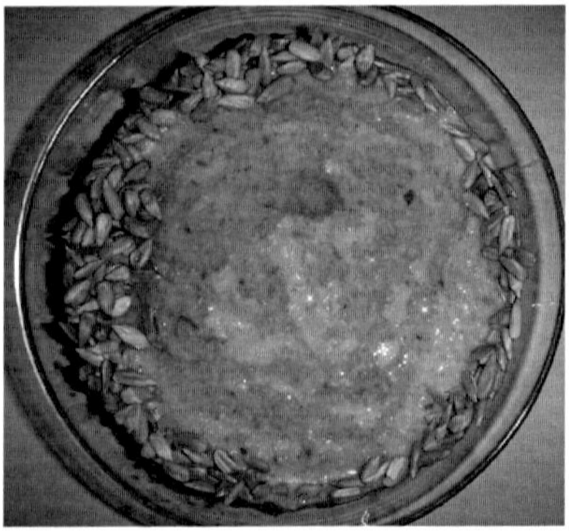

- (3 Esslöffel Kamut)
- 4 Esslöffel Sechskorngetreide
- 2 Esslöffel Naturreis
- 150 ml Wasser
- 1 Grapefruit (285 g brutto)
- 110 g Kamutsprossen (s.o.)
- 1/2 geschälte Zitrone
- 2 Äpfel (200 g)
- 2 Esslöffel saure Sahne
- 1-3 Teelöffel Honig
- 3 Esslöffel Sonnenblumenkerne

Vorher: 4 Tage vorher Kamut zum Keimen ansetzen (s. Basisrezepte)

Abends: Das Sechskorngetreide mit dem Reis mittelfein schroten und im Wasser über Nacht einweichen (nicht im Kühlschrank).

Morgens: Grapefruit schälen, in Stücke teilen. Mit den Sprossen, der Zitrone, den geviertelten Äpfeln, der sauren Sahne und 1 Teelöffel Honig pürieren (Thermomix 1 Minute Stufe 4, 13 Sekunden Stufe 8). Unter den Schrot rühren und auf zwei Schüsselchen verteilen. Je 1,5 Esslöffel Sonnenblumenkerne an den Rand streuen, für Süßschnäbel noch einen Teelöffel flüssigen Honig oben in die Mitte tropfen lassen.

Schokobällchen

S	—	—	M+T	S	2
Süß	Roh	Vegan	Geräte	Schrot	Person
Tag 29					

- 3 Esslöffel Sechskorngetreide
- 75 ml Wasser
- 3 Esslöffel Hirse
- 2 Birnen (310 g)
- 2 Äpfel (185 g)
- 1/2 geschälte Zitrone
- 4 Esslöffel Sahne
- 30 g Mandelmus
- 20 g Honig
- 10 g Trinkschokolade 100% Kakao
- evtl. 1-2 Teelöffel Honig

Abends: Sechskorngetreide mittelfein schroten und im Wasser über Nacht einweichen (nicht im Kühlschrank).

Morgens: Hirse fein mahlen (Thermomix: 1 Minute Stufe 10). Grob zerkleinertes Obst und 3 Esslöffel Sahne hinzugeben und pürieren (1 Minute Stufe 4, 13 Sekunden Stufe 8). Mit dem Schrot verrühren und auf zwei Schüsselchen verteilen. In einer kleinen Schale Mandelmus, 1 Esslöffel Sahne, Honig und Schokolade miteinander gründlich verrühren. Mit einem Löffel kleine Stücke abstechen und auf das Müsli legen. Für Süßspechte auf die Oberfläche vorher 1 Teelöffel Honig träufeln.

März

Saisonfrüchte sind: Ananas, Äpfel, Avocado, Apfelsinen, Bananen, Birnen, Clementinen, Mandarinen, Kiwi, Rhabarber

Orangenflossen, Tag 3

Getreidenocken, Tag 8

Banane mit Getreidedip, Tag 9

Roher Schokoschmaus, Tag 19

Hidden Cauliflower, Tag 21

Winterhimbären, Tag 26

Dreifach-Sonnenblume

—	R	V	M	K	1
Süß	Roh	Vegan	Mühle	Keime	Person
Tag 1					

- 90 g Sprossen von 3 Esslöffeln Sonnenblumenkerne
- 3 Esslöffel Sechskorngetreide
- 75 ml Wasser
- Saft von 1/2 Zitrone
- 1 Esslöffel Sesamöl
- 90 g Saures Rotkraut mit Kern
- 1 Apfel (100 g)
- 1-2 Esslöffel Sonnenblumenkerne

Vorher: 3-4 Tage vorher: Sonnenblumenkerne zum Keimen ansetzen.

Abends: Sechskorngetreide grob schroten und im Wasser über Nacht einweichen (nicht im Kühlschrank).

Morgens: Getreideschrot mit Sprossen, Zitronensaft, Öl und Rotkraut vermischen. Apfel klein schneiden und unterziehen. Den Rand mit Sonnenblumenkernen bestreuen.

Obstsalat in Hafersoße

S	R	—	M	M	1
Süß	Roh	Vegan	Mühle	Mehl	Person
Tag 2					

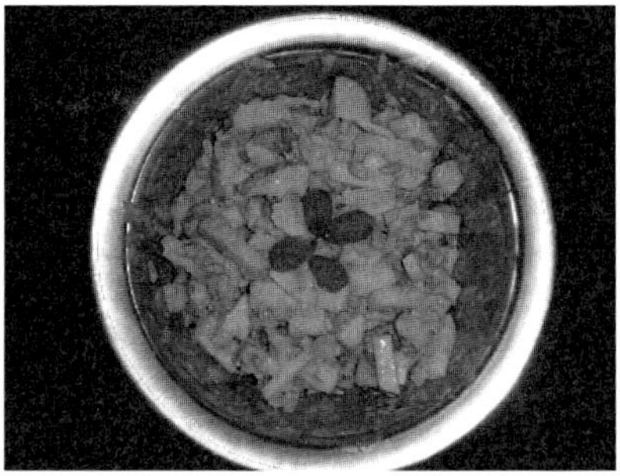

Soße:
- 3 Esslöffel Hafer
- Saft von 1/2 Zitrone
- 1 Esslöffel Sonnenblumenöl
- 1 Esslöffel Honig (28 g)
- 3 Esslöffel Wasser

Obstsalat:
- 90 g Ananas (netto)
- 1 Apfel (85 g)
- 1 Birne (190 g)
- 50 g Sonnenblumenkerne
- 4 Mandeln

Morgens: Hafer fein mahlen. Mit den anderen Soßenzutaten gut verrühren. Obst klein schneiden und mit den Sonnenblumenkernen unter die Soße mischen. Oberfläche etwas glätten und mit 4 Mandeln dekorieren.

Orangenflossen

S	R	V	M+Z	S	2
Süß	Roh	Vegan	Geräte	Schrot	Person
Tag 3					

- 6 Esslöffel Sechskorngetreide
- 150 ml Wasser
- 30 g Mandeln
- 1/2 geschälte Zitrone
- 2 Bananen (375 g brutto)
- 2 Äpfel (175 g)
- 2 Esslöffel Sonnenblumenöl
- 1 Apfelsine (235 g brutto)
- einige Kokosnussstreifen

Abends: Getreide grob schroten und im Wasser über Nacht einweichen (nicht im Kühlschrank). Mandeln getrennt einweichen.

Morgens: Zitrone, geschälte Bananen und Äpfel grob zerkleinern, mit den abgetropften Mandeln (acht beiseite legen) im Zerkleinerer pürieren, mit Öl und Schrot verrühren. Auf zwei Suppenteller verteilen. Apfelsine schälen, in Segmente teilen und einmal in der Mitte durchschneiden. Am Rand des Obstgemischs drapieren, in die Mitte vier Mandeln legen, diese mit einem Kreis von Kokosnussstreifen umranden.

Doppelgeleinte Möhren

—	R	V	F+Z	F	1
Süß	Roh	Vegan	Geräte	Flocken	Person
Tag 4					

- 3 Esslöffel Roggen
- 75 ml Wasser
- 2 Möhren (180 g)
- 1 kleiner Apfel (90 g)
- 2 Esslöffel Leinsamen
- 2 Esslöffel Leinöl
- 1/2 Paprikaschote (80 g netto)

Abends: Roggen flocken und im Wasser über Nacht einweichen (nicht im Kühlschrank).

Morgens: Möhren und Apfel grob zerkleinern und im Zerkleinerer fein raspeln. Unter die eingeweichten Flocken rühren. Leinsamen flocken und mit dem Leinöl ebenfalls unterziehen. Oberfläche glatt streichen. Die Paprika in Streifen schneiden, leicht nach oben aufgefächert auf die Oberfläche legen.

Ana-Ana-Di-Di

S	R	V	M+T	K+S	2
Süß	Roh	Vegan	Geräte	Getreide	Person
Tag 5					

- 3 Esslöffel Dinkel (zum Sprossen)
- 6 Esslöffel Dinkel
- 150 ml Wasser
- 1/2 geschälte Zitrone
- 2 Esslöffel Sonnenblumenöl
- 2 Äpfel (180 g)
- 1 Banane (170 g brutto
- 20 g Sonnenblumenkerne
- 120 g-Scheibe Ananas (netto)
- 20 g trocknete Ananas (auf Rohkostqualität achten!)

Vorher: Etwa 3-5 Tage vorher Dinkel zum Sprossen ansetzen.

Abends: Dinkel grob schroten und im Wasser über Nacht einweichen (nicht im Kühlschrank).

Morgens: Abgespülte Sprossen, Zitrone, Öl, geviertelte Äpfel und geschälte Bananen grob zerkleinern und pürieren (Thermomix 1 Minute Stufe 4, 13 Sekunden Stufe 8). Mit Schrot und Sonnenblumenkernen mischen und auf zwei Schüsselchen verteilen. Aus der Ananasscheibe zwei dünne Scheiben schneiden, diese achteln. Die Achtel jeweils auf dem Müsli wieder zu einer Scheibe zusammensetzen. Die Mitte mit gezupfter getrockneter Ananas belegen.

Kokosstacheln

S	R	V	M+T	S	2
Süß	Roh	Vegan	Geräte	Schrot	Person
Tag 6					

- 6 Esslöffel Sechskorngetreide
- 150 ml Wasser
- 6 getrocknete Pflaumen (32 g)
- 30 g Kokosstreifen
- 200 g Ananas (netto)
- 45 g Kokoscreme (Coconut butter)
- 1 Banane (180 g brutto)
- 2 Äpfel (200 g)
- 1/2 Zitrone

Abends: Sechskorngetreide grob schroten und im Wasser über Nacht einweichen (nicht im Kühlschrank). Pflaumen und Kokosstreifen knapp mit Wasser bedeckt jeweils getrennt einweichen.

Morgens: Ananas, Kokoscreme, geschälte Banane, geviertelte Äpfel und geschälte Zitrone pürieren (Thermomix 1 Minute Stufe 4, 13 Sekunden Stufe 8). Mit dem Schrot verrühren und auf zwei Schüsselchen verteilen. Die Kokosstreifen abtropfen lassen (Wasser schmeckt lecker) und senkrecht in die Müslis stecken. Pflaumen abtropfen lassen (Einweichwasser für Salatsoßen o.ä. verwenden) und je drei zwischen die Kokosstreifen legen.

Erikas Geburtstagsknaller

S	R	—	F+T	S	3
Süß	Roh	Vegan	Geräte	Schrot	Person
Tag 7					

- 4 Esslöffel Nackthafer
- 5 Esslöffel Einkorn
- 300 g Wasser
- 50 g Haselnüsse
- 35 g Kakaobohnen (ungeschält)
- 50 g Rosinen
- 1 kleine geschälte Zitrone
- 2 Äpfel (180 g)
- 2 Birnen (250 g)
- 2 Möhren (190 g)
- 70 g Honig
- 1/2 Teelöffel Zimt
- 3 Teelöffel Honig
- 20-30 g Kokosstreifen
- 3 Teelöffel Maulbeeren

Abends: Getreide flocken und im Wasser über Nacht einweichen (nicht im Kühlschrank). Haselnüsse getrennt in Wasser einweichen.

Morgens: Kakaobohnen fein mahlen (Thermomix: 1 Min 30 Sek auf Stufe 10). Die abgetropften Nüsse hinzugeben und miteinander vermischen (10 Sekunden Stufe 4), und dann die Rosinen hinzugeben (20 Sekunden Stufe 6). Das grob zerteilte Obst und die Möhren in Stücken ebenfalls in den Mischtopf geben und raffeln (1 Minute Stufe 4). Honig, Zimt und eingeweichte Flocken hinzugeben und nochmals gut pürieren (20 Sekunden Stufe 10). Auf drei Schüsselchen verteilen, auf jede Schüssel einen guten Teelöffel Honig auftragen und den Rand mit Kokosstreifen dekorieren, die Maulbeeren in die Mitte geben.

Getreidenocken auf Orangenspiegel

S	R	V	M+T	S	2
Süß	Roh	Vegan	Geräte	Schrot	Person
Tag 8					

- 6 Esslöffel Sechskorngetreide
- 125 ml Wasser
- 2 Apfelsinen (brutto 530 g)
- 2 Äpfel (180 g)
- 30 g Haselnüsse
- 1 Kiwi

Abends: Getreide grob schroten und im Wasser über Nacht einweichen (nicht im Kühlschrank).

Morgens: Apfelsinen schälen und schaumig schlagen (Thermomix: 10 Sekunden Stufe 10).

Zwei Suppenteller mit dem Orangenschaum füllen. Äpfel halbieren und mit den Nüssen grob raffeln (10 Sekunden Stufe 4), dann den Schrot hinzugeben und gut vermischen-pürieren (10 Sekunden auf Stufe 6). Mit einem Esslöffel Nocken daraus formen, je 5 vorsichtig in den Orangenschaum setzen. Kiwi schälen, in 6 Scheiben schneiden. Je drei Scheiben halb übereinander gelegt auf den Tellerrand legen.

Banane mit Getreidedip

S	R	V	F+T	F	1
Süß	Roh	Vegan	Geräte	Flocken	Person
Tag 9					

- 30 g Trockenpflaumen (etwa 6-7 Stück)
- 3 Esslöffel Einkorn
- 2 Äpfel (180 g)
- 50 g Mandelmus Rohkostqualität
- 1 Banane (220 g brutto)

Abends: Trockenpflaumen mit Wasser bedeckt einweichen.

Morgens: Trockenpflaumen abtropfen lassen. Einkorn flocken. Äpfel halbieren. Diese drei zusammen mit dem Mandelmus gut vermischen (z.B. Thermomix 1 Minute Stufe 4). In die Mitte eines Desserttellers häufeln, die geschälte Banane in Scheiben schneiden und um die Getreidemasse legen. Mit Messer und Gabel servieren.

Sesam-öffne-dich-Töpfchen

S	R	V	M+T	S	2
Süß	Roh	Vegan	Geräte	Schrot	Person
Tag 10					

- 6 Esslöffel Sechskorngetreide
- 170 g Wasser
- 1 Banane (195 g brutto)
- 1 Apfelsine (205 g brutto)
- 2 Äpfel (170 g)
- 1 Birne (105 g)
- 2 Esslöffel Sesamöl
- 2 Esslöffel Sesam ungeschält *
- 2 Teelöffel Maulbeeren *

* Rohkostqualität

Abends: Sechskorngetreide mittelgrob schroten und im Wasser über Nacht einweichen (nicht im Kühlschrank).

Morgens: Banane und Apfelsine schälen. Gesamtes Obst grob zerkleinern und mit dem Öl grob pürieren (Thermomix 1 Minute Stufe 4). Mit dem Schrot verrühren und auf zwei Schüsselchen verteilen. Sesam flocken, jeweils in die Mitte des Müsli streuen. In die Mitte eine keine Delle drücken und einen Teelöffel Maulbeeren hineingeben.

Sesam mit Mandelwirbel

S	R	—	F	F	1
Süß	Roh	Vegan	Flocker	Flocken	Person
Tag 11					

- 3 Esslöffel Dinkel
- 2 Esslöffel Sesam ungeschält *
- 1 Esslöffel Sesamöl
- 1 Esslöffel Zitronensaft
- 7 Esslöffel Wasser
- 1 Apfel (95 g)
- 3 Tangarinen (240 g brutto)
- 20 g Mandelmus *
- 10 g Honig
- 1 Teelöffel Maulbeeren *

* Rohkostqualität

Morgens: Dinkel und Sesam flocken. Mit Öl, Saft und Wasser verrühren. Apfel und geschälte Tangarinen in kleine Stücke schneiden und unterrühren. Oberfläche glatt streichen. Mandelmus und Honig verrühren. Wirbelartig in die Mitte oben auf das Müsli setzen, mit den Maulbeeren bestreuen.

Ausgewalte Erdbeeren

S	R	V	T+M	S	2
Süß	Roh	Vegan	Geräte	Schrot	Person
Tag 12					

- 250 g tiefgekühlte Erdbeeren
- 30 g Walnusskerne
- 1 Birne (100 g)
- 2 Äpfel (190 g)
- 1 Apfelsine (brutto 200 g)
- 2 Esslöffel Nackthafer
- 2 Esslöffel Einkorn
- 2 Esslöffel Buchweizen
- Saft von 1/2 Zitrone
- 2 Esslöffel Sonnenblumenöl
- 8 Walnusshälften

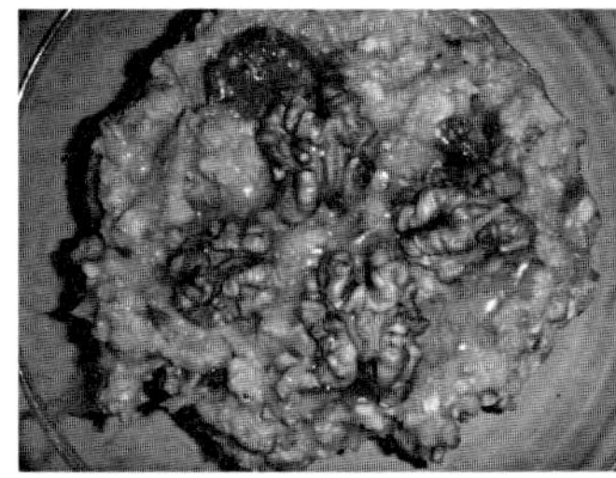

Abends: Erdbeeren im Kühlschrank über Nacht auftauen lassen. Walnüsse in Wasser einweichen.

Morgens: Birne, Äpfel und geschälte Apfelsine grob zerkleinern, dann mit den abgetropften Walnüssen raffeln (Thermomix 1 Minute Stufe 4). Das Getreide schroten und mit Zitronensaft und Öl unter das Obstpüree rühren. Abgetropfte Erdbeeren unterziehen (Saft für ein Salatdressing verwahren). Auf zwei Schüsselchen verteilen. Die Walnusshälften sternförmig in die Mitte legen.

Orangendach

S	R	V	M+T	S	2
Süß	Roh	Vegan	Geräte	Schrot	Person
Tag 13					

- 6 Esslöffel Sechskorngetreide
- 150 ml Wasser
- 2 Bananen (425 g brutto)
- 2 Äpfel (200 g)
- 1 Prise Anis ungemahlen
- 30 g Mandeln
- 1 Orange (275 g brutto)
- Zur Dekoration: 6 Mandeln

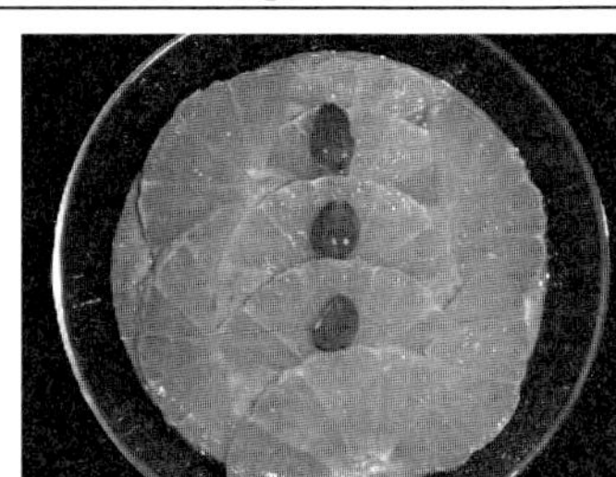

Abends: Getreide grob schroten und im Wasser über Nacht einweichen (nicht im Kühlschrank).

Morgens: Geschälte Bananen, halbierte Äpfel, Anis und Mandeln raffeln (Thermomix 1 Minute Stufe 4). Das Getreide hinzugeben, fein hacken (13 Sekunden Stufe 8). Auf zwei Schüsselchen verteilen. Die Orange schälen, halbieren und jede Hälfte in Scheiben schneiden. Damit das Getreide-Obstgemisch abdecken. In die Mitte in einer Reihe je drei Mandeln zwischen die Orangenscheiben stecken.

Mohnkranz

S	—	—	M+T	S	2
Süß	Roh	Vegan	Geräte	Schrot	Person
Tag 14					

- 3 Esslöffel Buchweizen
- 3 Esslöffel Hafer
- 150 ml Wasser
- 1/2 geschälte Zitrone
- 3 Äpfel (260 g)
- 1 geschälte Apfelsine (265 g brutto)
- 2 Tangerinen
- 3 Esslöffel Mohn
- 8 Mandeln
- 2 Teelöffel Honig

Abends: Getreide ungeschrotet im Wasser über Nacht einweichen (nicht im Kühlschrank).

Morgens: Zitrone, halbierte Äpfel, zerteilte Apfelsine und eingeweichtes Getreide raffeln (Thermomix 1 Minute Stufe 4 und 10 Sekunden Stufe 8). Auf zwei Schüsselchen verteilen. Je eine Tangerine schälen und die Stücke einzeln bis zur halben Höhe im Kreis in das Müsli drücken. Mohn schroten und am Müslirand verteilen. In die Mitte je 4 Mandeln stecken und mit einem Teelöffel flüssigem Honig übergießen.

Öbstlerisches Sauerkraut

—	R	V	F	F	1
Süß	Roh	Vegan	Flocker	Flocken	Person
Tag 15					

- 2 Esslöffel Nackthafer
- 1 Esslöffel Kamut
- 100 g Birnensauerkraut
- Saft von 1/2 Zitrone
- 1 Esslöffel Walnussöl
- 1 Esslöffel Walnusspaste (30 g)
- 1 Apfel (85 g)
- 1 Banane (brutto 160 g)

Morgens: Hafer und Kamut flocken. Mit Sauerkraut, Zitronensaft, Walnussöl und Walnusspaste vermischen. Apfel würfeln und ebenfalls unterrühren. Banane schälen, in Scheiben schneiden und am Rand der Schüssel entlang legen.

Folgenloser Muskat

S	R	V	F+T	F	2
Süß	Roh	Vegan	Geräte	Flocken	Person
Tag 16					

- 2 Esslöffel Naturreis
- 4 Esslöffel Dinkel
- 175 g Wasser
- 50 g getrocknete Aprikosen
- 20 Mandeln
- 1/2 geschälte Zitrone
- 2 Äpfel (180 g)
- 1 Birne (180 g)
- eine Prise Muskat
- 20 g Kokosnusscreme (Coconut butter)
- 2 Kiwi

Abends: Getreide flocken und über Nacht im Wasser einweichen (nicht im Kühlschrank). Aprikosen mit den Mandeln getrennt vom Getreide einweichen.

Morgens: Aprikosen und Mandeln abtropfen lassen. Mandeln und 2 Aprikosen beiseite legen. Die anderen Aprikosen mit der Zitrone, den geviertelten Äpfeln, der halbierten Birne, einer Prise Muskat und der Kokoscreme raffeln (Thermomix: 1 Minute Stufe 4). Diese Creme unter das Getreide rühren. Kiwi schälen und würfeln, ebenfalls unterrühren. Auf zwei Schüsselchen verteilen, in die Mitte je eine Aprikose legen und die Mandeln am Rand verteilen.

Maulige Vanillebeeren

S	R	V	M+T	S	2
Süß	Roh	Vegan	Geräte	Schrot	Person
Tag 17					

- 6 Esslöffel Sechskorngetreide
- 2 Esslöffel Sonnenblumenkerne
- 225 ml Wasser
- 2 Feigen
- 1 Banane (180 g brutto)
- 1/2 Zitrone
- 1 Apfelsine (175 g netto)
- 2 Äpfel (190 g)
- 2 Esslöffel Sonnenblumenöl
- 1 gestrichener Teelöffel gemahlene Vanille
- 2 Esslöffel Maulbeeren

Abends: Getreide grob schroten, mit den Sonnenblumenkernen mischen und im Wasser über Nacht einweichen (nicht im Kühlschrank). Feigen getrennt einweichen.

Morgens: Banane, Zitrone und Apfelsine schälen, Feigen abtropfen lassen. Das gesamte Obst grob zerkleinern und mit dem Öl im Thermomix pürieren (1 Minuten Stufe 4, 13 Sekunden Stufe 8). Mit dem Schrot und dem Vanillepulver gut verrühren und auf zwei Schüsselchen verteilen. Mit je 1 Esslöffel Maulbeeren bestreuen.

Apfelmus mit Apribällchen

S	R	V	M+Z	S	2
Süß	Roh	Vegan	Geräte	Schrot	Person
Tag 18					

- 6 Esslöffel Sechskorngetreide
- 150 ml Wasser
- 58 g getrocknete Aprikosen
- 25 g Mandeln
- 2 Esslöffel Öl
- Saft von 1/2 Zitrone
- 5 Äpfel (450 g)

Abends: Getreide grob schroten und im Wasser über Nacht einweichen (nicht im Kühlschrank). Aprikosen knapp mit Wasser bedeckt und Mandeln jeweils getrennt einweichen.

Morgens: Aprikosen (Einweichwasser für Salatsoßen verwenden) und Mandeln abtropfen lassen. Aprikosen und Mandeln mit Öl und Zitronensaft möglichst fein zerschlagen. Das erfordert etwas Geduld. Aus dem Zerkleinerer nehmen. Dann in zwei Schüben die Äpfel im Zerkleinerer möglichst fein musen und unter den Schrot ziehen. Auf zwei Schüsselchen verteilen. Aus der Aprikosenmasse mit einem Teelöffel eine Art „Kugeln“ entnehmen und oben am Rand des Müslis verteilen. Bei mehr als 2 Personen empfiehlt sich eine Küchenmaschine oder ein Thermomix.

Roher Schokoschmaus

S	R	—	T+F	F	2
Süß	Roh	Vegan	Geräte	Flocken	Person
Tag 19					

- 30 g Kakaobohnen
- 2 Esslöffel Buchweizen
- 4 Esslöffel Nackthafer
- 3 Bananen (460 g brutto)
- 2 Äpfel (185 g)
- 2 Esslöffel Sonnenblumenöl
- 70 g Honig
- 2 Kakaobohnen
- 4 Kokosstreifen

Morgens: Kakaobohnen fein mahlen (Thermomix: 2 Minuten Stufe 10). Buchweizen mit Hafer flocken, zu dem Kakao geben und gut zerkleinern (10 Sekunden Stufe 10). Grob zerteiltes Obst, Öl und Honig hinzugeben, nochmal gründlich vermischen. (1 Minute Stufe 4, 13 Sekunden Stufe 8). Auf zwei Schüsselchen verteilen. Zwei Kakaobohnen schälen, das Innere zerbröseln, in die Mitte der Kakaocreme schütten. Seitlich davon je zwei Kokosstreifen schräg einstecken.

Flöckchenschale

S	R	V	F+T	F	2
Süß	Roh	Vegan	Geräte	Flocken	Person
Tag 20					

- 2 Esslöffel Sonnenblumenkerne
- 6 Esslöffel Sechskorngetreide
- 250 g Wasser
- 1/2 geschälte Zitrone
- 2 Bananen (400 g brutto)
- 1 Birne (170 g)
- 2 Äpfel (180 g)
- etwas abgeriebene getr. Zitronenschale

Abends: Getreide mit den Sonnenblumenkerne mischen, flocken und über Nacht im Wasser einweichen (nicht im Kühlschrank).

Morgens: Banane schälen, alles Obst grob zerteilen, raffeln (Thermomix: 1 Min Stufe 4) und mit dem Schrot mischen. Auf zwei Schüsselchen verteilen, in die Mitte jeweils etwas Zitronenschale streuen. Am schönsten ist das frisch, weil die Oberfläche sonst braun oxidiert.

Hidden Cauliflower

—	R	V	F+Z	F	1
Süß	Roh	Vegan	Geräte	Flocken	Person
Tag 21					

- 3 Esslöffel Sechskorngetreide
- 75 ml Wasser
- Saft von 1/2 Zitrone
- 1 Esslöffel Sonnenblumenkernöl
- 100 g Blumenkohl
- 1 Apfel (100 g)
- 1 Kiwi
- 3 Teelöffel Maulbeeren

Abends: Getreide flocken und über Nacht im Wasser einweichen (nicht im Kühlschrank)

Morgens: Zitronensaft, Öl, zerkleinerten Blumenkohl und geviertelten Apfel zusammen im Zerkleinerer fein raffeln. Mit den eingeweichten Flocken verrühren. Die Kiwi schälen und in Scheiben schneiden, die Scheiben senkrecht an den Rand des Müslis stellen. In die Mitte Maulbeeren streuen.

Schokoananas

S	R	—	F+Z	F	1
Süß	Roh	Vegan	Geräte	Flocken	Person
Tag 22					

- 3 Esslöffel Sechskorngetreide
- 120 ml Wasser
- 35 g Sonnenblumenkerne
- 20 g Kakaobohnen
- 1 Banane (228 g brutto)
- 1 Esslöffel Zitronensaft
- 1 Teelöffel Honig (16 g)
- 120 g Ananas (netto)
- 14 g Kokosstreifen

Abends: Sechskorngetreide flocken und im Wasser über Nacht einweichen (nicht im Kühlschrank). Sonnenblumenkerne getrennt in Wasser einweichen.

Morgens: Kakaobohnen im Zerkleinerer möglichst klein schlagen. Abgetropfte Sonnenblumenkerne und geschälte, in Stücke geschnittene Banane hinzugeben und gut miteinander verschlagen. Mit Zitronensaft und Honig zu den eingeweichten Flocken geben, gut vermischen. Ananas in Stücke schneiden und in die Mitte „kippen“. Am Rand Kokosstreifen auslegen.

Orangenzähne

S	—	—	M+Z	S	1
Süß	Roh	Vegan	Mühle	Schrot	Person
Tag 23					

- 3 Esslöffel Sechskorngetreide
- 75 ml Wasser
- 1 Esslöffel Sahne
- 1 kleine Orange (125 g brutto)
- 1 Banane (125 g brutto)
- 1 Apfel (100 g)
- 10 Mandeln

Abends: Sechskorngetreide grob schroten und im Wasser über Nacht einweichen (nicht im Kühlschrank).

Morgens: Sahne unter den Schrot mischen. Orange schälen, quer durchschneiden und eine Hälfte zur Seite legen. Die andere Hälfte mit dem restlichen grob zerkleinerten Obst (Banane schälen) im Zerkleinerer pürieren. Unter den Schrot rühren. Die zurückgelegte Orangenhälfte (von oben) in acht Segmente schneiden, die Segmente mit der Schnittfläche nach unten und der Biegung zur Müslimitte hin (hört sich kompliziert an, ist aber einfach: siehe Foto) an den Rand stecken. Mandeln dazwischen legen, zwei in die Mitte.

Kiwi-Zip

S	R	V	M+T	S	2
Süß	Roh	Vegan	Geräte	Schrot	Person
Tag 24					

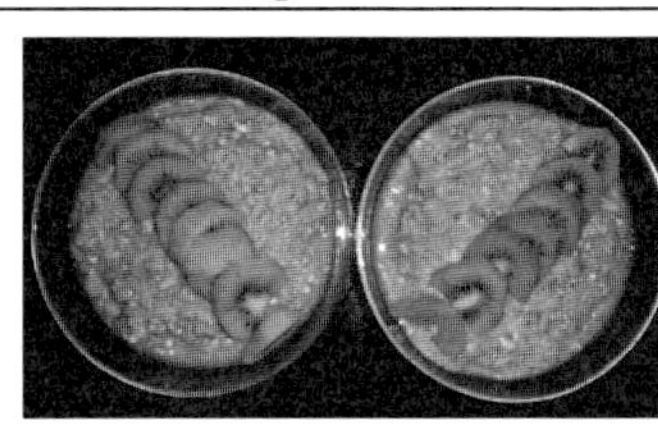

- 3 Esslöffel Sechskorngetreide
- 3 Esslöffel Buchweizen
- 150 ml Wasser
- 30 g Sonnenblumenkerne
- 1/2 geschälte Zitrone
- 6 kleine Äpfel (555 g)
- 2 Kiwi

Abends: Sechskorngetreide grob schroten und zusammen mit dem Buchweizen im Wasser über Nacht einweichen (nicht im Kühlschrank).

Morgens: Sonnenblumenkerne unter den Schrot mischen. Zitrone und Äpfel grob zerkleinern und pürieren (Thermomix: 1 Minute Stufe 4, 13 Sekunden Stufe 10). Schrot und Obstpüree mischen und auf zwei Schüsselchen verteilen. Kiwis schälen, wie ein Ei längs durchschneiden und quer in Scheiben schneiden (zusammen etwa je 8 Scheiben). Die Scheiben je einer Kiwi leicht überlappend in die Mitte eines Müslis legen.

Die gelbe Gefahr

S	R	V	M+T	S	2
Süß	Roh	Vegan	Geräte	Schrot	Person
Tag 25					

- 6 Esslöffel Sechskorngetreide
- 150 ml Wasser
- Saft von 1/2 Zitrone
- 330 g Ananas (netto)
- 330 g Bananen (brutto)
- 20 Mandeln

Abends: Sechskorngetreide grob schroten und im Wasser über Nacht einweichen (nicht im Kühlschrank).

Morgens: Zitronensaft unter den Schrot rühren. Die Hälfte der Ananas und geschälte Bananen grob zerkleinern und pürieren (Thermomix: 1 Min St. 4). Schrot und Obstpüree mischen und auf zwei Schüsselchen verteilen. Restliche Ananas in Stücke teilen, auf der Oberfläche der Müslis verteilen, je 10 Mandeln dazwischen legen.

Winterhimbären

S	—	—	M+T	S	2
Süß	Roh	Vegan	Geräte	Schrot	Person
Tag 26					

- 250 g tiefgefrorene Himbeeren
- 6 Esslöffel Sechskorngetreide
- 140 ml Wasser
- 4 Esslöffel Sahne
- 2 Bananen (330 g brutto)
- 1 Esslöffel Honig (30 g)
- 16 Mandeln
- 2 Teelöffel Trinkschokolade (100% Kakao)

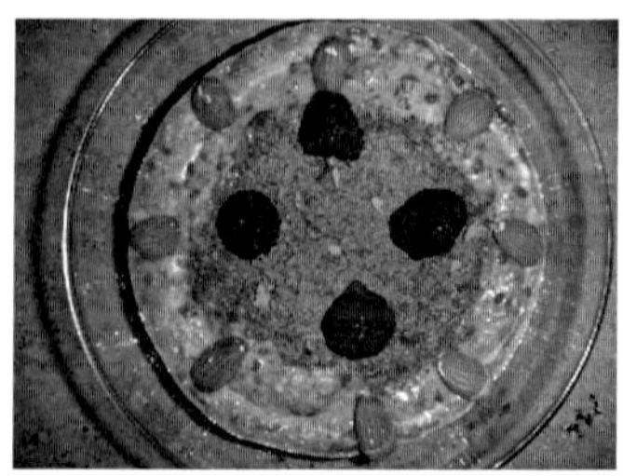

Abends: Himbeeren über Nacht im Kühlschrank auftauen lassen. Getreide grob schroten und im Wasser über Nacht einweichen (nicht im Kühlschrank).

Morgens: Von den Himbeeren 8 möglichst intakte heraussuchen und für die Dekoration zur Seite legen. Die restlichen Himbeeren und die Sahne unter den Schrot rühren. Bananen mit einer Gabel fein zerdrücken und etwas aufschlagen, mit dem Honig unter den Schrot ziehen. Auf zwei Schüsselchen verteilen. Je 8 Mandeln an den Rand legen, in die Mitte die Schokolade streuen und je 4 Himbeeren hineinsetzen.

Birne Non-Helene

S	R	V	M+Z	S	1
Süß	Roh	Vegan	Mühle	Schrot	Person
Tag 27					

- 3 Esslöffel Dinkel
- 100 g Wasser
- 14 g Walnusskerne
- 2 Birnen (288 g)
- Saft von 1/2 Zitrone
- 1 Esslöffel Walnussöl
- 1 kleiner Apfel (95 g)

Abends: Dinkel grob schroten und im Wasser über Nacht einweichen (nicht im Kühlschrank). Walnüsse getrennt in Wasser einweichen

Morgens: Birnen grob teilen, 2 Scheiben aus der Mitte als Dekoration beiseite legen, den Rest pürieren (im Zerkleinerer), dann die abgetropften Walnüsse im Birnenmus mitzerhacken. Mit Zitronensaft und Öl unter den Schrot rühren. Apfel klein schneiden und ebenfalls untermischen. Die Birnenscheiben vierteln und die Viertel nebeneinander am Rand mit der Schale nach oben „einstecken".

Flockige Ananas

S	R	V	F	F	2
Süß	Roh	Vegan	Flocker	Flocken	Person
Tag 28					

- 50 g getrocknete Ananas (Rohkostqualität!)
- 6 Esslöffel Nackthafer
- 3 Esslöffel Sonnenblumenkerne
- Saft von 1/2 Zitrone
- 1 Banane (225 g brutto)
- 3 kleine Äpfel (265 g)
- 1 Esslöffel Sonnenblumenkerne

Abends: Ananas gut mit Wasser bedeckt über Nacht einweichen.

Morgens: Hafer und Sonnenblumenkerne flocken und mit dem Zitronensaft und 10 Esslöffel von dem Einweichwasser (evtl. mit normalem Wasser auffüllen) verrühren. Die eingeweichten Ananas in Stücke schneiden, 6 Stückchen als Dekoration beiseite legen. Banane mit der Gabel pürieren, Äpfel fein würfeln und das Obst unter die Flocken rühren. Auf zwei Schüsselchen verteilen. Sonnenblumenkerne flocken, über die Müslis streuen und in die Mitte leicht überlappend je drei Ananasstückchen legen.

Möhfer mit Walcola

—	R	V	Z	G	1
Süß	Roh	Vegan	Zerkl.	Getreide	Person
Tag 29					

- 3 Esslöffel Nackthafer
- 100 ml Wasser
- 1 Endstück Orange (ca. 40 g)
- 1/2 Zitrone
- 1 Esslöffel Walnussöl
- 60 g Twinsauerkaut
- 210 g Möhre
- 90 g Apfel
- 10 g Ruccola
- 20 g Walnusskerne

Abends: Hafer im Wasser über Nacht einweichen (nicht im Kühlschrank).

Morgens: Orange und Zitrone auspressen, Saft und Öl mit dem Hafer verrühren. Sauerkraut unterziehen. Möhren und Apfel in Stücke schneiden, im Zerkleinerer fein raffeln. Ruccola in Streifen schneiden und mit der Apfel-Möhren-Mischung zu dem Hafer geben. Alles gut verrühren und mit den Walnusskernen belegen.

Walsinen im Ronusskranz

S	R	V	T+F	F	2
Süß	Roh	Vegan	Geräte	Flocken	Person
Tag 30					

- 8 g Ingwer
- 1 kleine geschälte Zitrone
- 4 kleine Äpfel (350 g)
- 1 Birne (140 g)
- 3 Esslöffel Einkorn
- 3 Esslöffel Hafer
- 30 g Walnusskerne
- 30 g Rosinen

Morgens: Ingwer und Obst grob zerkleinern und dann zusammen pürieren (Thermomix: 1 Minute Stufe 4, 13 Sekunden Stufe 8).
Getreide flocken und unter das Obst mischen (1 Minute Stufe 1 rückwärts). Auf zwei Schüsselchen verteilen. Walnüsse in die Mitte legen, die Rosinen im Kreis an den Rand schütten.

Orange-to-Orange

S	—	—	M+T	S	2
Süß	Roh	Vegan	Geräte	Schrot	Person
Tag 31					

- 6 Esslöffel Sechskorngetreide
- 150 ml Wasser
- 1/2 Zitrone
- 1 Orange (245 g brutto)
- 2 Äpfel (175 g)
- 1 Birne (145 g)
- 2 Esslöffel Sahne
- 20 Haselnüsse
- 2 Teelöffel Orangeat

Abends: Getreide grob schroten und im Wasser über Nacht einweichen (nicht im Kühlschrank).

Morgens: Zitrone und Orange schälen, eine halbe Orange beiseite legen. Das restliche Obst grob zerkleinern und zusammen mit Sahne und Schrot pürieren (Thermomix: 1 Minute Stufe 4, 13 Sekunden Stufe 8). Auf zwei Schüsselchen verteilen. Je 10 Haselnüsse an den Rand legen, die gewürfelte halbe Orange auf die beiden Schüsselchen verteilen. In die Mitte jeweils einen Klecks Orangeat setzen.

April

Saisonfrüchte sind: Ananas, Apfelsinen, Avocados, Äpfel, Bananen, Kiwis und Rhabarber

Sauer-macht-lustig-Top, Tag 8

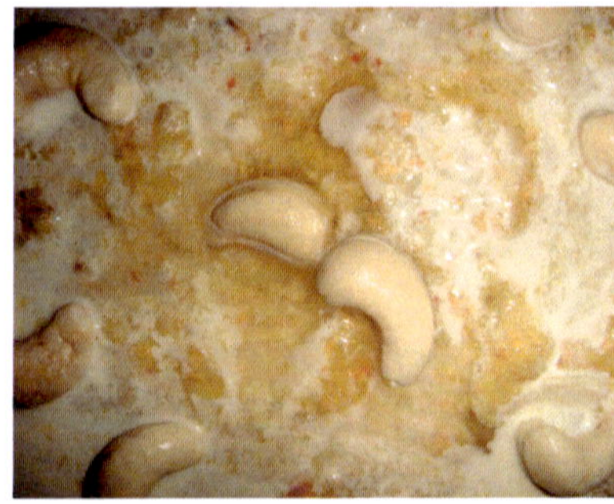

Herbe Süße, Tag 15

Kiwirosette, Tag 20

Colour Explosion, Tag 21

Grüner Wikinger, Tag 26

CashewChocolateCorner, Tag 27

Curry-Orange

S	—	—	M+T	S	2
Süß	Roh	Vegan	Geräte	Schrot	Person
Tag 1					

- 6 Esslöffel Sechskorngetreide
- 150 ml Wasser
- 1/2 Zitrone
- 2 Orangen (520 g brutto)
- 2 Äpfel (175 g)
- 50 g Walnussmus
- 4 Esslöffel Sahne
- 1 Prise Curry
- 6 Walnusshälften
- 2 Haselnüsse

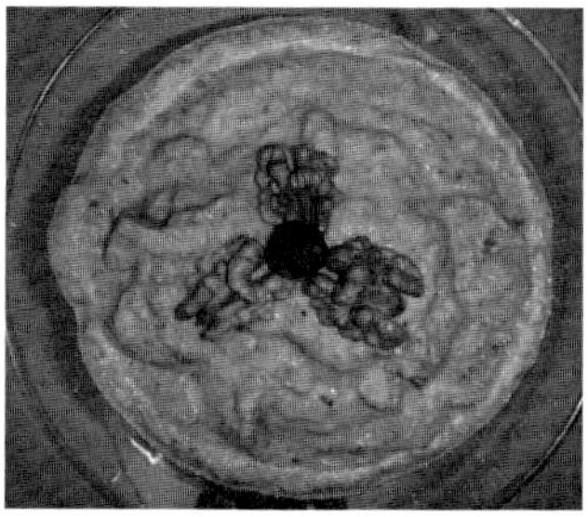

Abends: Getreide mittelgrob schroten und im Wasser über Nacht einweichen (nicht im Kühlschrank).

Morgens: Zitrone und Orangen schälen. Eine zerteilte Orange mit den grob zerkleinerten Äpfel, Zitrone, Walnussmus, Sahne und Curry pürieren (Thermomix: 1 Minute Stufe 4, 13 Sekunden Stufe 8). Die zweite Orange würfeln und mit dem Obstpüree unter den Schrot rühren. Auf zwei Schüsselchen verteilen. Je 3 Walnüsse und eine Haselnuss in die Mitte legen.

Grobians Frühstück

S	—	—	M	S	2
Süß	Roh	Vegan	Mühle	Schrot	Person
Tag 2					

- 6 Esslöffel Sechskorngetreide
- 150 ml Wasser
- Saft einer 1/2 Zitrone
- 4 Esslöffel Sahne
- 2 Esslöffel Wasser
- 2 Bananen (340 g brutto)
- 3 Äpfel (300 g)
- 20 Haselnüsse
- 2 Esslöffel Kokosraspeln

Abends: Getreide mittelgrob schroten und im Wasser über Nacht einweichen (nicht im Kühlschrank).

Morgens: Zitronensaft, Sahne und Wasser unter den gequollenen Schrot rühren. Bananen schälen, Äpfel und Bananen in Stücke schneiden und unter den Schrot mischen. Auf zwei Schüsselchen verteilen. Je 10 Haselnüsse in die Mitte legen und mit Kokosraspeln bestreuen.

Apple Pie-Like Creation

S	—	—	M+T	S	2
Süß	Roh	Vegan	Geräte	Schrot	Person
Tag 3					

- 3 Esslöffel Sechskorngetreide
- 3 Esslöffel Dinkel
- 150 ml Wasser
- 1/2 geschälte Zitrone
- 2 Esslöffel Sahne
- 6 Äpfel (530 g)
- 20 Walnusspaste
- 1/2 Teelöffel Zimt
- 1/4 Teelöffel gemahlene Vanille
- 20 g Rosinen
- 4 halbe Walnusskerne

Abends: Getreide mittelgrob schroten und im Wasser über Nacht einweichen (nicht im Kühlschrank).

Morgens: Zitronensaft, Sahne, halbierte Äpfel und Walnussmus mit Zimt und Vanille pürieren (Thermomix 1 Minute Stufe 4, 13 Sekunden Stufe 8). Mit Schrot und Rosinen mischen, auf zwei Schüsselchen verteilen. In die Mitte je zwei Walnusshälften stecken.

Sauerkrautreigen

—	R	V	M	S	1
Süß	Roh	Vegan	Mühle	Schrot	Person
Tag 4					

- 3 Esslöffel Sechskorngetreide
- 75 ml Wasser
- 1 Birne (140 g)
- 1 kleiner Apfel (95 g)
- 1 Esslöffel Sonnenblumenöl
- 30 g Sonnenblumenkerne
- 115 g Birnensauerkraut

Abends: Getreide mittelgrob schroten und im Wasser über Nacht einweichen (nicht im Kühlschrank).

Morgens: Birne und Apfel klein schneiden, mit Öl und Sonnenblumenkernen unter den Schrot rühren. Diesen „Schrotballen" in der Mitte zusammendrücken, sodass ein Rand entsteht. Den Rand mit Sauerkraut auffüllen.

Rhabarber unter Schokodecke

S	—	—	M+T	S	2
Süß	Roh	Vegan	Geräte	Schrot	Person
Tag 5					

- 4 Esslöffel Sechskorngetreide
- 2 Esslöffel Buchweizen
- 150 ml Wasser
- 40 g Haselnüsse
- 1 Apfelsine (245 g brutto)
- 150 g Rhabarber
- 2 kleine Äpfel (175 g)
- 30 g Honig (1 gestrichener Esslöffel)
- 2 Esslöffel Sahne
- 2 Esslöffel Trinkschokolade 100 % Kakao

Abends: Sechskorngetreide mittelgrob schroten und mit dem Buchweizen im Wasser über Nacht einweichen (nicht im Kühlschrank). Haselnüsse getrennt einweichen.

Morgens: Apfelsine schälen, zwei Segmente für die Dekoration zur Seite legen. Rhabarber waschen und in größere Stücke teilen. Apfelsine, Rhabarber, halbierte Äpfel, Honig und Sahne pürieren (Thermomix 1 Minute Stufe 4, 13 Sekunden Stufe 8). Mit dem Schrot mischen, auf zwei Schüsselchen verteilen. Die Oberfläche mit einem Esslöffel Schokolade bestreuen, In die Mitte je ein Stück Apfelsine mit der Rundung nach oben drücken

Süßer Morgengruß

S	—	—	F+Z	F	1
Süß	Roh	Vegan	Geräte	Flocken	Person
Tag 6					

- 3 Esslöffel Einkorn
- 1 Banane (200 g brutto)
- 1 Apfelsine (285 g brutto)
- 1/2 Teelöffel ger. Orangenschale
- 10 Pecannusshälften
- 45 g saure Sahne

Morgens: Einkorn flocken. Banane und Apfelsine schälen, von der Apfelsine 3 Stück beiseite legen. Den Rest mit der Banane im Zerkleinerer fein musen. Mit Schale, Nüssen und saurer Sahne unter die Flocken rühren. Die drei Orangenspalten von der Haut befreien und als Dekoration in die Mitte legen. Auch ohne Honig sehr süß.

Sonnenflocken mit Papaya

S	—	—	M+Z	S	2
Süß	Roh	Vegan	Geräte	Schrot	Person
Tag 7					

- 3 Esslöffel Sechskorngetreide
- 3 Esslöffel Dinkel
- 150 ml Wasser
- Saft von 1/2 Zitrone
- 50 g saure Sahne = 2 Esslöffel
- 1 Banane (180 g brutto)
- 2 Äpfel (200 g)
- 35 g Sonnenblumenkerne (1 geh. EL)
- 1 Prise frisch abgeriebene Zitronenschale
- 20 g getrocknete Papaya

Abends: Getreide grob schroten und im Wasser über Nacht einweichen (nicht im Kühlschrank).

Morgens: Zitronensaft und saure Sahne unter den Schrot ziehen. Geschälte Banane und einen Apfel pürieren (im Zerkleinerer), den zweiten Apfel kleinschneiden und in den Schrot einrühren. Sonnenblumenkerne flocken, mit der abgeriebenen Zitronenschale untermischen. Auf zwei Schüsselchen verteilen, Papaya klein schneiden und oben als Dekoration auflegen.

Sauer macht lustig-Top

S	R	V	MFT	S	2
Süß	Roh	Vegan	Mühle	Schrot	Person
Tag 8					

- 3 Esslöffel Sechskorngetreide
- 75 g Wasser
- 3 Esslöffel Buchweizen
- 1 Apfelsine (250 g brutto)
- 1 Zitrone (80 g netto)
- 1 geschälte Banane (195 g brutto)
- 1 Apfel (85 g)
- 2 Birnen (320 g)
- 18 Haselnüsse

Abends: Getreide grob schroten und im Wasser über Nacht einweichen (nicht im Kühlschrank).

Morgens: Buchweizen auf das Getreide flocken. Apfelsine und Zitrone schälen. Je zwei Segmente beiseite legen. Obst erst grob zerteilen und dann pürieren (Thermomix: 1 Min Stufe 4, 13 Sek Stufe 8). Obstpüree und Getreide mischen, auf zwei Schüsselchen verteilen, glatt streichen. Je ein Apfelsinen- und ein Zitronenstück gegeneinander in die Mitte legen, 8 Nüsse an den Rand, eine in die Mitte legen.

Verbotene Früchte

S	—	V	F+Z	F	2
Süß	Roh	Vegan	Geräte	Flocken	Person
Tag 9					

- 6 Esslöffel Sechskorngetreide
- 150 g Wasser
- 6 getrocknete Feigen (180 g)
- 30 g Kokosflocken
- 4 Esslöffel vom Einweichwasser
- 1 Orange (230 g brutto)
- 2 Äpfel (190 g)
- Saft von 1/2 Zitrone
- 1 Esslöffel Kokoschips

Abends: Getreide flocken und mit dem Wasser über Nacht einweichen (nicht im Kühlschrank). Feigen getrennt in Wasser einweichen.

Morgens: Kokosflocken im Zerkleinerer fein mahlen. Stiele von den Feigen abschneiden, die Feigen zu den Kokosflocken geben und fein hacken. Mit 4 Esslöffeln vom Feigeneinweichwasser möglichst glatt schlagen. Auf einen Teller geben. Orange schälen, die Stücke in den Zerkleinerer geben und mit den halbierten Äpfeln zu Mus hacken. Mit dem Zitronensaft unter die Getreideflocken rühren. Auf zwei Schüsselchen verteilen, glatt streichen. Die Feigenmasse oben verteilen, sodass ein Rand bleibt. Den Rand mit Kokoschips bedecken.

Nusserlei

S	R	V	M+T	S	2
Süß	Roh	Vegan	Geräte	Schrot	Person
Tag 10					

- 2,5 Esslöffel Naturreis
- 3,5 Esslöffel Sechskorngetreide
- 150 g Wasser
- 1/2 Zitrone
- 1 Apfelsine (260 g brutto)
- 3 Äpfel (350 g)
- Je 10 g:
  Pecannüsse,
  Mandeln,
  Cashewnüsse,
  Haselnüsse,
  Sonnenblumenkerne
- 1 EL Walnussöl (kaltgepresst!)

Abends: Sechskorngetreide mit Reis grob schroten und mit dem Wasser über Nacht einweichen (nicht im Kühlschrank).

Morgens: Zitrone und Apfelsine schälen. Eine halbe Apfelsine, die halbe Zitrone und die Äpfel grob zerkleinern und pürieren (Thermomix: 1 Minute Stufe 4, 13 Sekunden Stufe 8). Restliche halbe Apfelsine würfeln, unter das Obstpüree rühren. Von den Nüssen je zwei zur Seite legen, den Rest mit dem Öl und den Sonnenblumenkernen unterziehen. Auf zwei Schüsselchen verteilen, in die Mitte von jeder Sorte eine Nuss legen.

Sommersehnsucht

S	—	—	M+T	S	2
Süß	Roh	Vegan	Geräte	Schrot	Person
Tag 11					

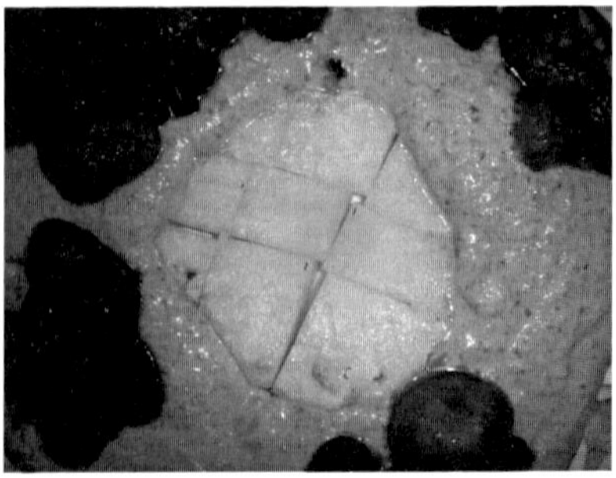

- 6 Esslöffel Sechskorngetreide
- 135 g Wasser
- 250 g tiefgekühlte Beerenmischung
- 70 g eingeweichte Rosinen (entspr. 35 g nicht eingeweichte)
- 4 Esslöffel Sahne
- 1/2 geschälte Zitrone
- 60 g Sonnenblumenkernmus
- 65 g Honig
- 2 Scheiben Ananas (200 g brutto)

Abends: Sechskorngetreide mittelgrob schroten und mit dem Wasser über Nacht einweichen (nicht im Kühlschrank). Tiefgekühlte Beeren über Nacht im Kühlschrank auftauen lassen. Ggf. Rosinen in Wasser einweichen.

Morgens: Rosinen abtropfen lassen. Mit Sahne, Zitrone, Nussmus, Honig und dem eingeweichten Getreide pürieren (Thermomix: 1 Minute Stufe 4, 13 Sekunden Stufe 8). Die Ananasscheiben vorsichtig quer und längs durchschneiden, dann aber jeweils als komplette Scheibe auf einen großen flachen Teller legen. Die Getreidemischung im Kreis darum legen. Tiefkühlobst abtropfen lassen (Saft für Salatsoßen etc. verwenden) und auf die Positionen „12 Uhr", „3 Uhr", „6 Uhr" und „9 Uhr" auf den Getreiderand legen.

Ananounat

S	—	—	M+Z	S	2
Süß	Roh	Vegan	Geräte	Schrot	Person
Tag 12					

- 6 Esslöffel Sechskorngetreide
- 150 g Wasser
- Saft von 1/2 Zitrone
- 3 Äpfel (290 g)
- 300 g Ananas (brutto)
- 1 gehäufter Teelöffel Kakao
- 1 Esslöffel Mandelmus (40 g)
- 1 Esslöffel Honig (30 g)
- 2 Esslöffel Sahne (25 g)
- 2 Stück getrocknete Ananas

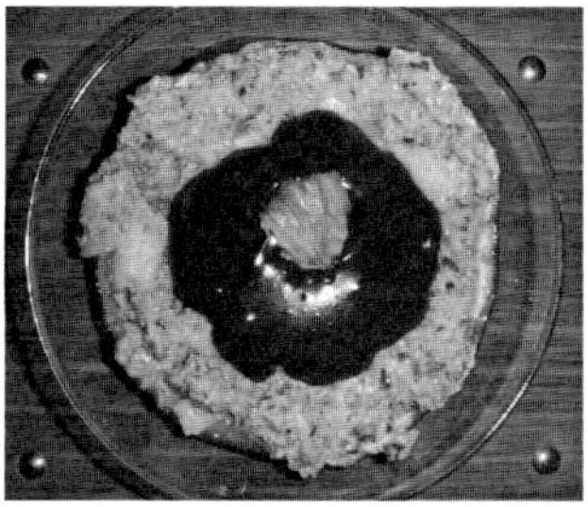

Abends: Sechskorngetreide grob bis mittelgrob schroten und im Wasser über Nacht einweichen (nicht im Kühlschrank).

Morgens: Zitronensaft unter das Getreide rühren. Äpfel pürieren (Zerkleinerer), Ananas schälen und in kleine Würfel schneiden, beides unter das Getreide rühren. Auf zwei Schüsselchen verteilen, Oberfläche glattstreichen. Kakao, Mandelmus, Honig und Sahne mit einem Löffel verrühren, in die Mitte der Müslis verteilen. Je ein Stück getrocknete Ananas hineinstecken.

Mokkamorgen

S	—	—	M+T	S	2
Süß	Roh	Vegan	Geräte	Schrot	Person
Tag 13					

- 4 Esslöffel Sechskorngetreide
- 2 Esslöffel Nackthafer
- 2 Esslöffel Sonnenblumenkerne
- 150 g Wasser
- 1/2 geschälte Zitrone
- 2 Äpfel (195 g)
- 2 Bananen (380 g brutto)
- 2 Esslöffel Sahne
- 1 gestrichener Esslöffel Honig
- 1 Esslöffel Getreidekaffee-Instantpulver
- 2 Kiwi

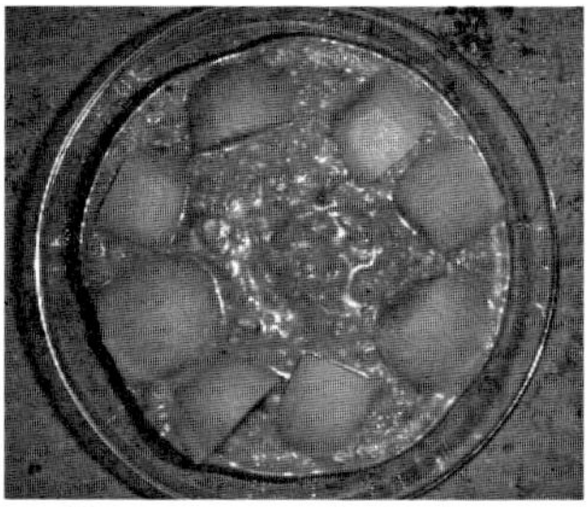

Abends: Sechskornflocken mittelgrob schroten. Zusammen mit Hafer und Sonnenblumenkernen in dem Wasser verrühren und über Nacht einweichen (nicht im Kühlschrank).

Morgens: Zitrone, halbierte Äpfel, geschälte Bananen, Sahne, Honig und Kaffeepulver pürieren (Thermomix 1 Min Stufe 4, 13 Sek Stufe 8). Mit Schrotgemisch verrühren, auf zwei Schüsselchen verteilen. Die Kiwis schälen und in je 8 Stücke teilen, diese am Rand auslegen.

Tropenflöckschen

S	R	V	F+Z	F	1
Süß	Roh	Vegan	Geräte	Flocken	Person
Tag 14					

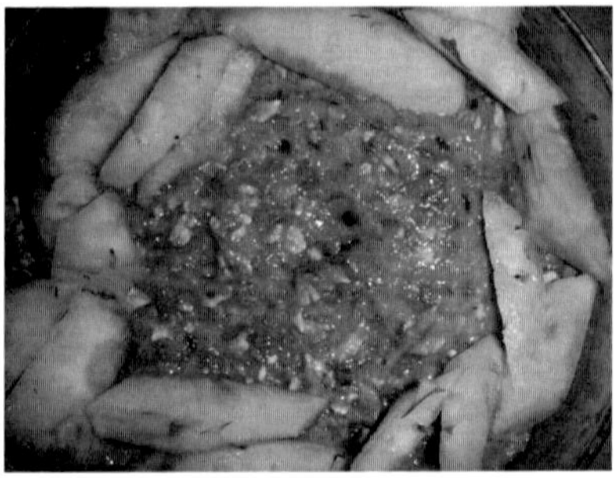

- 1 Esslöffel Sonnenblumenkerne
- 3 Esslöffel Nackthafer
- Saft von 1/2 Zitrone
- 1/2 Esslöffel Sonnenblumenkerne
- 1 Apfel (110 g)
- 1 Bananen (brutto 140 g)
- 70 g Ananas (netto)

Morgens: Einen Esslöffel Sonnenblumenkerne und den Nackthafer flocken. Mit Zitronensaft und 1/2 Esslöffel Sonnenblumenkernen mischen.
Apfel und geschälte Bananen grob zerkleinern und im Zerkleinerer pürieren, unter die Flocken mischen. Ananas in dünne Stückchen schneiden und am Rand auslegen.

Herbe Süße

S	—	—	F+T	F	2
Süß	Roh	Vegan	Geräte	Flocken	Person
Tag 15					

- 3 Esslöffel Dinkel
- 3 Esslöffel Roggen
- 175 g Wasser
- 30 g Cashewnüsse
- 1 Banane (135 g brutto)
- 1/2 geschälte Zitrone
- 1 geschälte Orange (250 g brutto)
- 2 Äpfel (190 g)
- 1/2 Teelöffel Zitruspulver
- 2 Esslöffel Sahne
- 2 Esslöffel Honig

Abends: Getreide flocken, im Wasser über Nacht einweichen (nicht im Kühlschrank). Cashewnüsse getrennt einweichen.

Morgens: Banane schälen; Obst grob zerteilen und dann mit dem Zitruspulver pürieren (Thermomix 1 Minute Stufe 4, 13 Sekunden Stufe 8). Mit dem Schrotgemisch verrühren und auf zwei Schüsselchen verteilen. Cashewnüsse abtropfen lassen. Auf jede Schüssel einen Esslöffel Sahne gießen, die Hälfte der Cashewnüsse an den Rand legen, in die Mitte einen Teelöffel Honig fließen lassen und 2 Cashewnüsse daraufsetzen.

Leinwale

S	R	V	MKF	S	2
Süß	Roh	Vegan	Geräte	Schrot	Person
Tag 16					

- 6 Esslöffel Sechskorngetreide
- 150 g Wasser
- 2 Äpfel (200 g)
- 2 geschälte Bananen (290 g brutto)
- 1 Birne (160 g)
- 1/2 geschälte Zitrone
- 2 Esslöffel Leinsamen
- 4 halbe Walnusskerne

Abends: Sechskorngetreide mittelgrob schroten und im Wasser über Nacht einweichen (nicht im Kühlschrank).

Morgens: Obst grob zerteilen und in der Küchenmaschine (Hackmesser) schaumig raffeln. Das funktioniert am Besten, wenn man die Obststücke bei laufendem Messer in den Mischtopf fallen lässt. Mit dem Schrotgemisch verrühren und auf zwei Schüsselchen verteilen. Leinsamen flocken und am Rand des Müslis verstreuen. In die Mitte je zwei halbe Walnusskerne legen.

Orangenblüten-Rhapampel

S	—	—	M+T	S	2
Süß	Roh	Vegan	Geräte	Schrot	Person
Tag 17					

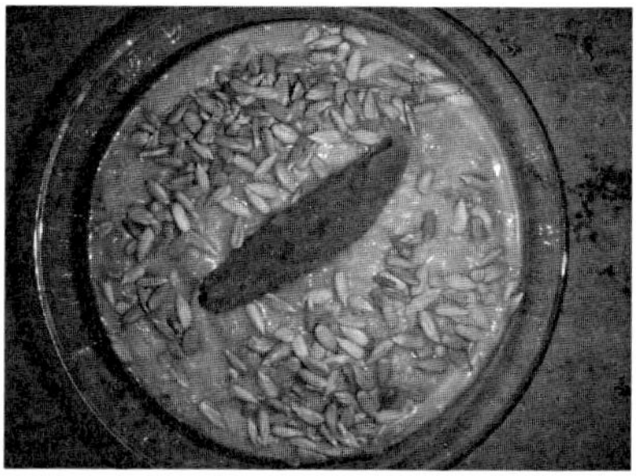

- 6 Esslöffel Einkorn
- 150 g Wasser
- 2 Äpfel (185 g)
- 1 Pampelmuse (320 g brutto)
- 160 g Rhabarber (1,5 Stangen)
- 50 g Orangenblütenhonig
- 2 Esslöffel Sahne
- 2 Esslöffel Sonnenblumenkerne

Abends: Einkorn mittelgrob schroten und im Wasser über Nacht einweichen (nicht im Kühlschrank).

Morgens: Pampelmuse schälen, 2 Stücke beiseite legen. Alles Obst grob zerteilen und mit Honig und Sahne im Thermomix pürieren (1 Minute Stufe 4, 13 Sekunden Stufe 8). Mit dem Schrot verrühren und auf zwei Schüsselchen verteilen. Die beiden Grapefruitstücke von der Haut lösen und in die Mitte der Müslis stecken. Rundherum mit Sonnenblumenkernen bestreuen.

Rhabarberkuppel

S	—	—	K+F	F	2
Süß	Roh	Vegan	Geräte	Flocken	Person
Tag 18					

- 1 geschälte Banane (165 g brutto)
- 165 g Rhabarber
- 4 Äpfel (360 g)
- 20 Mandeln
- 4 Esslöffel Sahne
- 6 Esslöffel Einkorn
- 1-2 Esslöffel Kokoschips

Morgens: Obst grob zerkleinern und mit den Mandeln in der Küchenmaschine raffeln. Sahne unterrühren. Einkorn flocken und ebenfalls unterziehen. Auf zwei Schüsselchen verteilen, mit einem Löffel so zusammendrücken, dass in der Mitte ein Hügel entsteht. Am Rand die Kokoschips ausstreuen.

Pampelmuse ganz süß

S	—	—	M+K	S	2
Süß	Roh	Vegan	Geräte	Schrot	Person
Tag 19					

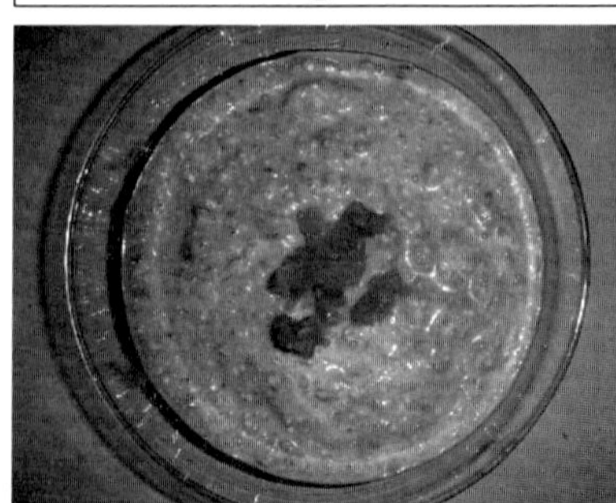

- 6 Esslöffel Sechskorngetreide
- 150 g Wasser
- 1 Pampelmuse (340 g brutto)
- 3 Bananen (480 g brutto)
- 35 g Sonnenblumenkerne
- 2 Esslöffel Sahne
- 2 Teelöffel Pampelmusat

Abends: Sechskorngetreide mittelgrob schroten und im Wasser über Nacht einweichen (nicht im Kühlschrank).

Morgens: Obst schälen und grob zerkleinern. Mit den Sonnenblumenkernen in der Küchenmaschine raffeln. Mit der Sahne unter das eingeweichte Getreide rühren. Auf zwei Schüsseln verteilen, in die Mitte einen Klecks Pampelmusat geben.

Kiwirosette

S	—	—	MZK	S	2
Süß	Roh	Vegan	Geräte	Schrot	Person
Tag 20					

- 6 Esslöffel Sechskorngetreide
- 150 g Wasser
- 25 g Mandeln
- 35 g Kokosraspeln
- 45 g Orangenblütenhonig
- 2 Äpfel (210 g)
- 1 Birne (150 g)
- 1 geschälte Banane (160 g brutto)
- 2 Kiwis

Abends: Sechskorngetreide mittelgrob schroten und im Wasser über Nacht einweichen (nicht im Kühlschrank). Mandeln getrennt in Wasser einweichen.

Morgens: Kokosraspeln im Zerkleinerer möglichst fein hacken, mit dem Honig zu einer marzipanähnlichen Masse vermischen. Mandeln abtropfen lassen und außer 6 Stück mit Äpfeln, Birne und Banane in der Küchenmaschine raffeln. Obstpüree mit Getreideschrot mischen und auf zwei flachen Essteller ausstreichen. Kiwis schälen, jeweils in 6 Scheiben schneiden, die Scheiben auf das Frischkorngericht legen. Aus der Kokosmasse 12 Kugeln formen, auf jede Kiwischeibe eine Kugel legen. Die Mandeln mit einem Messer längs durchschneiden, in jede Kokoskugel eine halbe Mandel stecken.

Colour Explosion

S	—	—	M	S	2
Süß	Roh	Vegan	Mühle	Schrot	Person
Tag 21					

- 6 Esslöffel Sechskorngetreide
- 150 g Wasser
- 10 g getrocknete Gojibeeren
- 250 g tiefgekühlte Waldbeeren
- Saft von 1/2 Zitrone
- 4 Esslöffel Sahne
- 1 große Banane (250 g brutto)
- 25 g Honig
- 1 Kiwi
- 16 Cashewnüsse (25 g)

Abends: Sechskorngetreide grob schroten und über Nacht im Wasser einweichen (nicht im Kühlschrank). Gojibeeren getrennt in etwas Wasser einweichen. Waldbeeren in den Kühlschrank legen.

Morgens: Eingeweichtes Getreide mit Zitronensaft und Sahne verrühren. Banane schälen und mit der Gabel zerdrücken. Mit den abgetropften Waldbeeren unter das Getreide rühren. Auf zwei Schüsselchen verteilen. Kiwi schälen und in 8 Scheiben schneiden. Je 4 auf ein Müsli legen. Gojibeeren abtropfen lassen, auf die Kiwischeiben verteilen. Zwischen zwei Kiwischeiben immer 2 Cashewnüsse legen (darauf achten, dass sie immer in die gleiche Richtung gebogen sind - das sieht hübscher und ordentlicher aus).

Honigauge

S	—	—	M+T	S	2
Süß	Roh	Vegan	Geräte	Schrot	Person
Tag 22					

- 3 Esslöffel Sechskorngetreide
- 4 Esslöffel Buchweizen
- 160 g Wasser
- 30 g Erdnüsse
- 2 Birnen (255 g)
- 2 Äpfel (200 g)
- 1/2 geschälte Zitrone
- 65 g Rhabarber
- 2 Esslöffel Sahne
- 2 Teelöffel Lindenblütenhonig
- 2 Teelöffel Maulbeeren

Abends: Sechskorngetreide grob schroten, mit Buchweizen und Wasser mischen und über Nacht einweichen (nicht im Kühlschrank).

Morgens: Erdnüsse mahlen (Thermomix: 10 Sekunden Stufe 10). Obst grob zerkleinern und zu den Erdnüssen geben, pürieren (1 Minute Stufe 4, 13 Sekunden Stufe 8). Mit Schrot und Sahne mischen. Auf zwei Schüsselchen verteilen. In die Mitte einen Teelöffel Honig setzen, die Maulbeeren an den Rand des Honigs legen.

Ananas wie frisch

S	—	—	M+T	S	2
Süß	Roh	Vegan	Geräte	Schrot	Person
Tag 23					

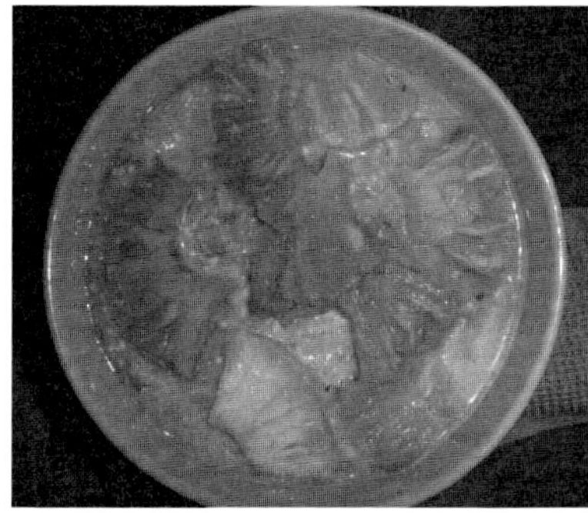

- 6 Esslöffel Gerste
- 150 g Wasser
- 30 g getrocknete Ananas
- 2 Esslöffel Sonnenblumenkerne
- 2 Esslöffel Sahne
- 1 Apfelsine (250 g brutto)
- 1 Birne (220 g)
- 2 kleine Äpfel (190 g)
- 1 dünne Stange Rhabarber (75 g)

Abends: Gerste grob schroten und im Wasser über Nacht einweichen (nicht im Kühlschrank). Ananas getrennt in Wasser einweichen.

Morgens: Gerste mit Sonnenblumenkernen und Sahne verrühren. Apfelsine schälen, das gesamte Obst grob zerteilen und dann pürieren (Thermomix: 1 Minute Stufe 4, 10 Sekunden Stufe 8). Mit dem Getreideschrot verrühren und auf zwei Schüsselchen verteilen. Ananas abtropfen lassen (Saft für Salatsaucen u.ä. verwenden) und auf der Oberfläche verteilen.

Vanillesesam

S	—	—	F+T	S	2
Süß	Roh	Vegan	Geräte	Flocken	Person
Tag 24					

- 3 Esslöffel Gerste
- 3 Esslöffel Hafer
- 2 Esslöffel Sesam
- 1 Banane (215 g brutto)
- 3 Äpfel (270 g)
- 1 Birne (160 g)
- 1/2 geschälte Zitrone
- 3 Esslöffel Sahne
- 1/2 Teelöffel gemahlene Vanille
- 25 g Papaya

Morgens: Getreide und Sesam mischen, flocken. Banane schälen und das gesamte Obst grob zerteilen und dann pürieren (Thermomix: 1 Minute Stufe 4, 10 Sekunden Stufe 8). Mit Getreideflocken, Sahne und Vanille verrühren und auf zwei Schüsselchen verteilen. Papaya in 16 Streifen schneiden und je 8 als Dekoration auflegen.

Kakaokokostönung

S	—	V	M+T	S	2
Süß	Roh	Vegan	Geräte	Schrot	Person
Tag 25					

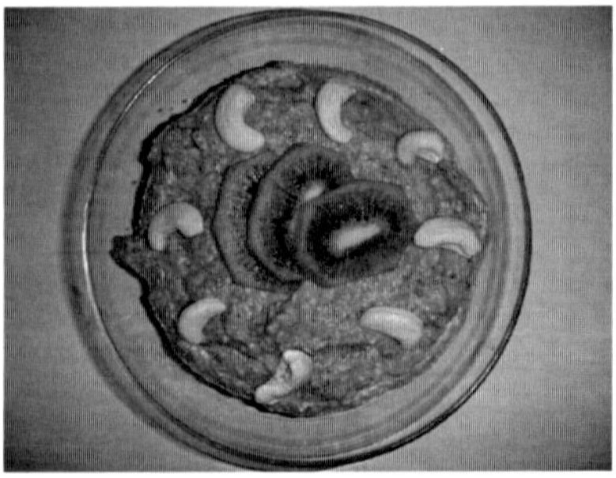

- 6 Esslöffel Sechskorngetreide
- 150 g Wasser
- 30 g Kakaobohnen
- 4 kleine Äpfel (390 g)
- 1 Banane (160 g brutto)
- 1/2 geschälte Zitrone
- 50 g Kokoscreme (Coconut butter)
- 1 Kiwi
- 16 Cashewnüsse

Abends: Sechskorngetreide grob schroten und im Wasser über Nacht einweichen (nicht im Kühlschrank).

Morgens: Kakaobohnen sehr fein zerschlagen (Thermomix: 1 Minute Stufe 10). Banane schälen, das Obst grob zerkleinern und mit der Kokoscreme in den Thermomix geben. Pürieren (1 Minute Stufe 4, 13 Sekunden Stufe 8). Zu dem Schrot geben, vermischen und auf zwei Schüsselchen verteilen. Die Kiwi in 6 Scheiben schneiden, je 3 gefächert auf das Müsli legen, je 8 Cashewnüsse am Rand verteilen.

Grüner Wikinger

S	—	V	F+T	F	2
Süß	Roh	Vegan	Geräte	Flocken	Person
Tag 26					

- 6 Esslöffel Sechskorngetreide
- 2 Esslöffel Erdnüsse (25 g)
- 180 g Wasser
- 1 geschälte Zitrone (50 g netto)
- 4 Äpfel (350 g)
- 1 Birne (190 g)
- 40 g Kokoscreme (Coconut Butter)
- 1 Kiwi

Abends: Sechskorngetreide flocken und mit den Erdnüssen über Nacht im Wasser einweichen (nicht im Kühlschrank).

Morgens: Obst grob zerkleinern und mit der Kokoscreme pürieren (Thermomix: 1 Minute Stufe 4, 13 Sekunden Stufe 8). Mit dem Getreideschrot verrühren und auf zwei Schüsselchen verteilen. Kiwi schälen und längs in 8 Spalten schneiden, je 4 Spalten kreuzförmig auf ein Müsli legen.

CashewChocolateCorner

S	—	—	M+T	S	2
Süß	Roh	Vegan	Geräte	Schrot	Person
Tag 27					

- 6 Esslöffel Sechskorngetreide
- 150 g Wasser
- 40 g Cashewnussmus
- 1 Teelöffel Kakao (4 g)
- 1 Teelöffel Honig (16 g)
- 4 Esslöffel Sahne
- 1/2 Zitrone
- 1 Banane (220 g brutto)
- 1 Apfelsine (240 g brutto)
- 3 Äpfel (280 g)
- eventuell 8 Maulbeeren als Dekoration

Abends: Sechskorngetreide grob schroten und über Nacht im Wasser einweichen (nicht im Kühlschrank).

Morgens: Cashewnussmus mit Kakao, Honig und Sahne verrühren. Zitrone, Banane und Apfelsine schälen. Eine halbe Apfelsine in Würfel schneiden und unter das Getreide rühren. Das restliche Obst grob zerteilen und pürieren (Thermomix: 1 Minute Stufe 4, 13 Sekunden Stufe 6); Püree unter das Getreide rühren. Auf zwei Schüsselchen verteilen. Jeweils vier Teelöffel Schokomasse auf jede Schale geben. Auf die Schokohäufchen je eine Maulbeere legen.

Rosenstolz

S	—	V	F+T	F	2
Süß	Roh	Vegan	Geräte	Flocken	Person
Tag 28					

- 4 Esslöffel Hafer
- 2 Esslöffel Kamut
- 4 Äpfel (335 g)
- 2 Bananen (420 g brutto)
- 20 g Mandeln
- 2 Esslöffel Rosenwasser
- 1/2 gestrichener Teelöffel gemahlene Vanille
- 2 Teelöffel getrocknete Rosenblätterstücke
- 1 Teelöffel Rosenblätter als Dekoration
- 2 Teelöffel Trinkschokolade 100% Kakao

Morgens: Hafer und Kamut flocken. Äpfel halbieren, Bananen schälen. Obst, Mandeln, Rosenwasser und Vanille pürieren (Thermomix: 1 Minute Stufe 4, 13 Sekunden Stufe 8); 2 Teelöffel Rosenblätter unterziehen (Rückwärtseinstellung, 10 Sekunden Stufe 3). Auf zwei Schüsselchen verteilen. In die Mitte einige Stückchen Rosenblätter legen. Jeweils 1 Teelöffel Schokolade an den Rand streuen. Sehr lecker auch, wenn man es vor dem Essen ein Stündchen durchziehen lässt.

Orangenpiste

S	—	—	M+T	S	2
Süß	Roh	Vegan	Geräte	Schrot	Person
Tag 29					

- 6 Esslöffel Sechskorngetreide
- 150 g Wasser
- 1 geschälte Orange (250 g brutto)
- 4 Äpfel (380 g)
- 1/2 geschälte Zitrone
- 2 Esslöffel Sahne
- 20 g Pistazien

Abends: Sechskorngetreide grob schroten und im Wasser über Nacht einweichen (nicht im Kühlschrank).

Morgens: Obst grob zerkleinern und raffeln (Thermomix: 1 Minute Stufe 4), Getreideschrot und Sahne hinzugeben und pürieren (13 Sekunden Stufe 8). Auf zwei Schüsselchen verteilen. In die Mitte jeweils 10 g Pistazien streuen.

Maulsperre

S	R	V	M+T	S	2
Süß	Roh	Vegan	Geräte	Schrot	Person
Tag 30					

- 4 Esslöffel Dinkel
- 2 Esslöffel Naturrundkornreis
- 2 Esslöffel Sonnenblumenkerne
- 180 g Wasser
- 1 Banane (150 g brutto)
- 1 geschälte Zitrone (80 g netto)
- 3 Birnen (380 g)
- 2 Äpfel (175 g)
- 70 g Maulbeeren (6 Esslöffel)

Abends: Dinkel und Reis grob schroten, mit den Sonnenblumenkernen über Nacht im Wasser einweichen (nicht im Kühlschrank).

Morgens: Banane schälen. Gesamtes Obst grob zerkleinern und raffeln (Thermomix: 1 Minute Stufe 4). Mit dem Getreideschrot verrühren und auf zwei Schüsselchen verteilen. Jeweils 3 Esslöffel Maulbeeren darüber streuen.

Mai

Im Mai haben folgende Früchte Saison: Äpfel, Erdbeeren, Bananen, Kiwis, Melonen, Rhabarber

Feigenknöpfe, Tag 1

Kernige Rhabarbersoldaten, Tag 5

Hotelfrühstück Nr. 2, Tag 9

Sellerie-Sellera-Frühstück, Tag 18

Frühstück Mediterranée, Tag 21

Himbeertouch, Tag 24

Feigenknöpfe

S	—	—	M+T	S	2
Süß	Roh	Vegan	Geräte	Schrot	Person
Tag 1					

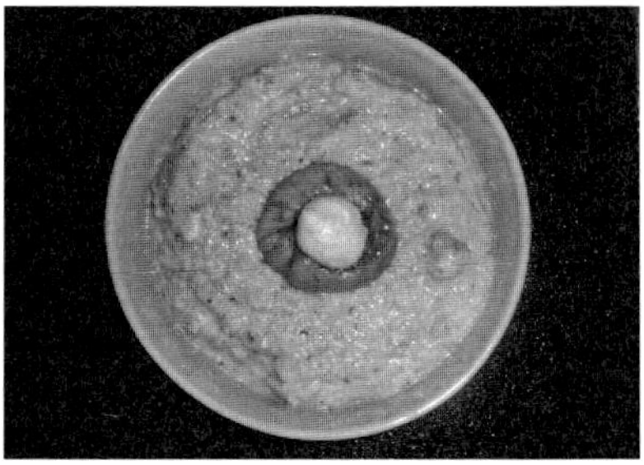

- 4 Esslöffel Einkorn
- 2 Esslöffel Hirse
- 2 Esslöffel Sonnenblumenkerne
- 200 g Wasser
- 5 getrocknete Feigen (ca. 65 g)
- 4 Esslöffel Sahne
- 6 kleine Äpfel (525 g)
- 1/2 geschälte Zitrone
- 1/2 gestr. Teelöffel Kardamom
- 1/2 gestr. Teelöffel Zimt
- 1/2 Teelöffel Cashewnussmus
- 1/2 Teelöffel Honig

Abends: Getreide grob schroten und mit den Sonnenblumenkernen im Wasser über Nacht einweichen (nicht im Kühlschrank). Feigen mit Wasser bedeckt getrennt einweichen.

Morgens: Sahne unter das Getreide rühren. Feigen abtropfen lassen (Einweichflüssigkeit in Salatsoßen etc. verwenden), die Stielchen abschneiden, 3 Feigen mit dem grob zerkleinerten Obst und den Gewürzen pürieren (Thermomix: 1 Minute Stufe 4, 20 Sekunden Stufe 8). Zu dem Schrot geben, vermischen und auf zwei Schüsselchen verteilen. In die beiden letzten Feigen an der Stielschnittstelle mit dem Finger ein kleines Loch bohren, auf jedes Frühstück eine Feige setzen. Aus dem Cashewnussmus zwei kleine Kugeln rollen und in jede Feige eine Kugel setzen.

Dattelzentrifuge

S	—	—	F+T	F	2
Süß	Roh	Vegan	Geräte	Flocken	Person
Tag 2					

- 1/2 geschälte Zitrone
- 1 Banane (180 g brutto)
- 2 Birnen (330 g)
- 2 Äpfel (190 g)
- 6 Esslöffel Nackthafer
- 25 g Mandeln
- 1 Löffelspitze gemahlene Vanille
- 1 Esslöffel Carob (15 g)
- 50 g Sahne
- 4 große Datteln
- evtl. 1-2 Teelöffel Orangenblütenhonig

Morgens: Zitrone und Banane schälen. Alles Obst grob zerkleinern. Hafer flocken. Obst mit Flocken, Mandeln, Vanille, Carob und Sahne pürieren (Thermomix: 1 Minute Stufe 4, 20 Sekunden Stufe 8). Auf zwei Schüsselchen verteilen. Datteln wenn nötig entkernen, in vier Hälften schneiden. Je vier Hälften sternförmig auf ein Frühstück legen. Wer es süßer mag, bekommt einen Klatsch Honig in die Mitte.

Oxalfrühstück

S	R	—	M+T	S	2
Süß	Roh	Vegan	Geräte	Schrot	Person
Tag 3					

- 6 Esslöffel Sechskorngetreide
- 2 Esslöffel Mandeln
- 140 g Rhabarber
- 6 Ästchen frische Pfefferminze
- 3 kleine Äpfel (260 g)
- 1 Banane (210 g brutto)
- 1 Birne (130 g)
- 1 Stück Zitronenschale in Öl (14 g)
- 50 g Mandelmus Rohkostqualität
- 2 Teelöffel Pampelmusat

Abends: Getreide mittelgrob schroten und im Wasser über Nacht einweichen (nicht im Kühlschrank). Mandeln getrennt in Wasser einweichen.

Morgens: Rhabarber in Stücke schneiden und mit der Pfefferminze zerkleinern (z.B. Thermomix 1 Minute Stufe 4). Äpfel vierteln, Banane schälen, Birne achteln. Obst mit Zitronenschale und Mandelmus zu dem Rhabarber geben, alles raffeln (Thermomix 1 Minute Stufe 4). Mandeln abtropfen lassen, 8 beiseite legen. Schrot mit den restlichen Mandeln und dem Obst verrühren. Auf zwei Schüsselchen verteilen, in die Mitte jeweils einen Klecks Pampelmusat geben und die restlichen Mandeln zum Dekorieren nutzen.

Oxal ist ein Inhaltsstoff von Rhabarber.

Banane auf Sonnenflocken

S	R	V	F+Z	F	1
Süß	Roh	Vegan	Geräte	Flocken	Person
Tag 4					

- 3 Esslöffel Sechskorngetreide
- 160 g Wasser
- 1 Banane (200 g brutto)
- 50 g Rhabarber (netto)
- 1 Apfel (80 g)
- 1/2 Esslöffel Walnussöl
- 1 Esslöffel Sonnenblumenkerne

Abends: Getreide flocken und im Wasser über Nacht einweichen (nicht im Kühlschrank).

Morgens: Banane schälen. Eine halbe Banane und das restliche Obst grob zerkleinern und im Zerkleinerer fein raffeln. Mit dem Öl unter die eingeweichten Flocken rühren. Oberfläche glatt streichen. Sonnenblumenkerne flocken (wer keinen Flocker hat oder wenn das mit dem Flocker nicht geht, einfach so nehmen) und über die Oberfläche streuen. Restliche Bananenhälfte in Scheiben schneiden, am Rand verteilen.

Kernige Rhabarbersoldaten

S	R	V	Z	G	1
Süß	Roh	Vegan	Geräte	Getreide	Person
Tag 5					

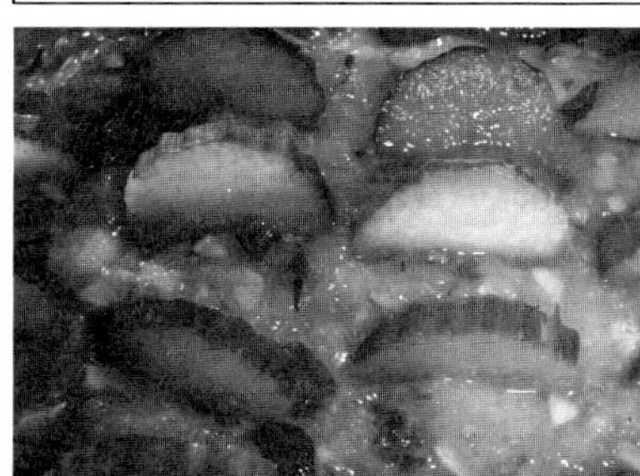

- 1 Esslöffel Nackthafer
- 2 Esslöffel Hafer
- 1 Esslöffel Sonnenblumenkerne
- 100 ml Wasser
- 2 Äpfel (200 g)
- 1 Bananen (200 g brutto)
- 10 g Mandeln
- 25 g Rhabarber

Abends: Getreide mit den Sonnenblumenkernen im Wasser über Nacht einweichen (nicht im Kühlschrank).

Morgens: Banane schälen. Obst grob zerkleinern und mit den Mandeln im Zerkleinerer fein raffeln. Unter das eingeweichte Getreide rühren. Oberfläche glatt streichen. 25 g Rhabarber in feine Scheibchen schneiden, die Scheiben mit der Wölbung nach oben in „Reih und Glied“ in die Oberfläche drücken.

Gesundungskost

S	—	—	T	M	2
Süß	Roh	Vegan	Geräte	Mehl	Person
Tag 6					

- 3 Esslöffel Buchweizen
- 3 Esslöffel Einkorn
- 1 Apfelsine (235 g brutto)
- 1/2 geschälte Zitrone
- 1/2 Stange Rhabarber (50 g)
- 1 Birne (190 g)
- 2 Äpfel (190 g)
- 2 Esslöffel Sahne
- 20 Mandeln (20 g)
- 4 Esslöffel Maulbeeren
- (1-3 Teelöffel Honig)

Morgens: Getreide mahlen (Thermomix: 1 Minute Stufe 10). Apfelsine schälen, Obst grob zerkleinern und mit Sahne und Mandeln zum Getreidemehl geben und pürieren (1 Minute Stufe 4, 13 Sekunden Stufe 8). Auf zwei Schüsselchen verteilen. (Für den Kranken einen dicken Klacks Honig in die Mitte setzen.) Auf jede Schüssel zwei Esslöffel Maulbeeren streuen.

Roggenrosen

S	R	V	MZF	S	1
Süß	Roh	Vegan	Geräte	Schrot	Person
Tag 7					

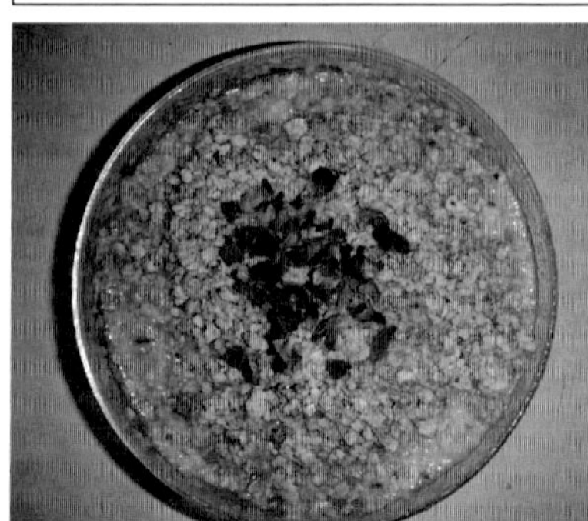

- 3 Esslöffel Roggen
- 75 ml Wasser
- 1 Banane (135 g brutto)
- 1/2 geschälte Zitrone
- 1 Birne (135 g)
- 2 Äpfel (190 g)
- 1 Esslöffel Sesamöl (kaltgepresst)
- 1 Esslöffel Sesam ungeschält
- 1 Teelöffel Rosenblütenblätter getrocknet

Abends: Roggen mittelgrob schroten und im Wasser über Nacht einweichen (nicht im Kühlschrank).

Morgens: Banane schälen. Obst grob zerteilen und im Zerkleinerer raffeln (erst ohne Äpfel, sonst wird das nicht klein). Mit Sesamöl und Getreideschrot mischen. Sesam flocken, auf das Müsli streuen. Die Rosenblätter in die Mitte geben.

Hotelfrühstück 1 (mit Büffet)

S	R	V	(M)	S	1
Süß	Roh	Vegan	Mühle	Schrot	Person
Tag 8					

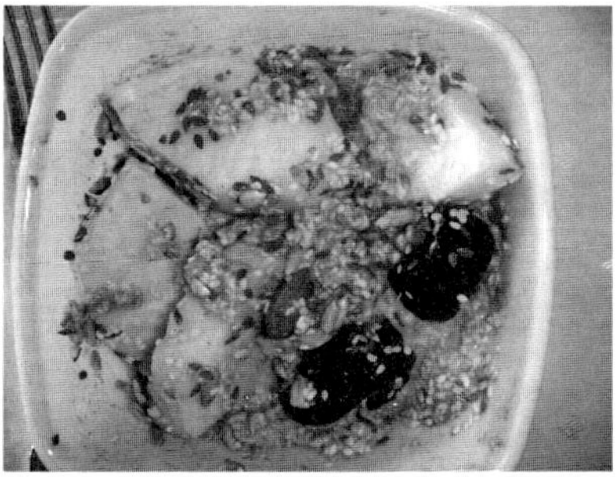

- 3 Esslöffel Sechskorngetreide
- Wasser
- 10 Mandeln
- 1 Esslöffel Sonnenblumenkerne *
- 1 Esslöffel Leinsamen *
- 3 eingeweichte Trockenpflaumen *
- 1 Esslöffel Sesam *
- 5 Stücke frische Ananas *

* Angebot beim Frühstücksbüffet

Vor Reise: Getreide schroten und in eine kleinen Plastiktüte einschweißen.

Abends: Schrot in einer Plastikschüssel mit etwas Wasser verrühren, bei Raumtemperatur über Nacht einweichen.

Morgens: Plastikdose in einer Plastiktüte und Mandeln mit zum Frühstück nehmen (ich wollte da keine „Show" draus machen, ohne mich aber auch zu verstecken). In einer kleinen Schüssel die Zutaten vom Büffet sammeln, in die Plastikschüssel geben, umrühren.

Hotelfrühstück 2 (mit Büffet)

S	R	V	(F)	F	1
Süß	Roh	Vegan	Flocker	Flocken	Person
Tag 9					

- 3 Esslöffel Einkorn
- Wasser
- 20 Mandeln
- frische Ananas, Kiwi, Melone *
- 1 Esslöffel Sonnenblumenkerne *

* Vom Angebot beim Frühstücksbüffet

Vor Reise: Einkorn flocken und in eine kleinen Plastiktüte einschweißen.

Abends: Flocken in einer Plastikschüssel mit etwas Wasser verrühren, bei Raumtemperatur über Nacht einweichen.

Morgens: Plastikdose in einer Plastiktüte und Mandeln mit zum Frühstück nehmen. Auf einem großen Teller die Zutaten vom Büffet sammeln, Mandeln und Flocken darauf geben.

Hotelfrühstück 3 (ohne Büffet)

S	R	V	(F)	F	1
Süß	Roh	Vegan	Geräte	Flocken	Person
Tag 10					

- 1 Esslöffel Gerste
- 1 Esslöffel Dinkel
- Wasser
- 20 Mandeln
- 1 kleine Banane

Vor Reise: Getreide flocken, in eine kleine Plastiktüte einschweißen.

Abends: Flocken in einer Plastikschüssel mit etwas Wasser verrühren, bei Raumtemperatur über Nacht einweichen.

Morgens: Plastikdose in einer Plastiktüte mit den Mandeln mit zum Frühstück nehmen. Auf einem Teller die Banane in Scheiben schneiden, alles verrühren.

Hotelfrühstück 4 (ohne Büffet)

S	R	V	—	G	1
Süß	Roh	Vegan	Geräte	Getreide	Person
Tag 11					

- 2 Esslöffel Hafer
- 1 Esslöffel Buchweizen
- Wasser
- 20 Mandeln
- 1-2 Esslöffel Erdbeerstücke (vom Hotel)
- 1 Apfel (ca. 120-130 g)

Vor Reise: Getreide unzerkleinert in eine kleine Plastiktüte einschweißen.

Abends: Getreide in einer Plastikschüssel mit etwas Wasser verrühren, bei Raumtemperatur über Nacht einweichen.

Morgens: Plastikdose in einer Plastiktüte und Mandeln mit zum Frühstück nehmen. Apfel auf einem Teller kleinschneiden und mit den Erdbeeren unter das Getreide rühren.

Für drei Tage hatte ich das Frühstück im Voraus zerkleinert und dann eingeschweißt. Das ist nicht ganz so gut wie frisch geschrotetes Getreide. Aber auf Reisen muss ich sowieso Kompromisse machen, da ist ein zwei Tage alter Getreideschrot sicher noch besser als ein Fertigmüsli von der Hotelbar!

Leicht-herzhaft

—	R	V	M	S	1
Süß	Roh	Vegan	Mühle	Schrot	Person
Tag 12					

- 3 Esslöffel Roggen
- 70 g Wasser
- 90 g Birnensauerkraut
- 1 Esslöffel Sonnenblumenöl
- 1 Apfel (110 g)
- 2 Esslöffel Sonnenblumenkerne
- 25 g Möhre (etwa ein 2-cm-Stück)

Abends: Roggen mittelgrob schroten und im Wasser über Nacht einweichen (nicht im Kühlschrank).

Morgens: Sauerkraut und Sonnenblumenöl zu dem Roggenschrot geben. Apfel würfeln und gut mit dem Schrot vermischen. Oberfläche glatt streichen, mit Sonnenblumenkernen dicht bestreuen. Möhre in Scheiben schneiden und an den Rand stellen.

Grapefruit nach vorn

S	—	—	M+T	S	2
Süß	Roh	Vegan	Geräte	Schrot	Person
Tag 13					

- 3 Esslöffel Sechskorngetreide
- 3 Esslöffel Kamut
- 150 g Wasser
- 1 Pampelmuse (350 g brutto)
- 1/2 Banane (geschält 60 g)
- 2 Äpfel (210 g)
- 75 g getrocknete Aprikosen
- 20 g Sonnenblumenkerne
- 4 Esslöffel Sahne
- 2 Teelöffel Pampelmusat

Abends: Getreide mittelgrob schroten und im Wasser über Nacht einweichen (nicht im Kühlschrank).

Morgens: Pampelmuse schälen. Obst grob zerteilen und mit getrockneten Aprikosen und Sonnenblumenkernen pürieren (Thermomix: 1 Minute Stufe 4, 13 Sekunden Stufe 8). Mit Schrot und Sahne vermischen, auf zwei Schüsselchen verteilen. In die Mitte jeweils etwas Pampelmusat geben.

Kerniges Mai-Müsli

S	R	V	F+T	F	2
Süß	Roh	Vegan	Geräte	Flocken	Person
Tag 14					

- 2 Esslöffel Buchweizen
- 2 Esslöffel Hafer
- 2 Esslöffel Gerste
- 2 Esslöffel Dinkel
- 1 Banane (200 g brutto)
- 4 kleine Äpfel (350 g)
- 1/2 Stange Rhabarber (150 g)
- 1/2 geschälte Zitrone

Abends: Buchweizen in Wasser einweichen (Wasser sollte etwa 5 mm über dem Buchweizen stehen).

Morgens: Morgens Hafer, Gerste und Dinkel flocken. Banane schälen, das gesamte Obst in Stücke schneiden und fein pürieren (z.B. im Thermomix: 1,5 Minute auf Stufe 4, 16 Sekunden auf Stufe 8). Das geflockte Getreide auf zwei Schüsselchen verteilen, das Obstpüree darüber gießen und den Buchweizen auf dem Obst verteilen.

Gerste mit Alfalfa

S	R	V	M	S	1
Süß	Roh	Vegan	Mühle	Schrot	Person
Tag 15					

- 3 Esslöffel Nacktgerste
- 75 ml Wasser
- 12 Mandeln
- 3 Datteln ohne Stein
- 1 Zitrone
- 1 Banane (210 g brutto)
- 1 kleiner Apfel (100 g)
- 1,5 Esslöffel Alfalfasprossen

Vorher: Alfalfa 2 Tage vorher zum Keimen ansetzen.

Abends: Gerste grob schroten und im Wasser über Nacht einweichen (nicht im Kühlschrank). Mandeln und Datteln zusammen in Wasser einweichen.

Morgens: Zitrone auspressen und Saft unter den Schrot rühren. Banane schälen. Banane, Apfel und Datteln in Stücke schneiden, mit den Mandeln unter den Schrot rühren. Alfalfasprossen am Rand verteilen.

Rhabarbermüsli mit Anishauch

S	R	V	M+T	S	2
Süß	Roh	Vegan	Mühle	Schrot	Person
Tag 16					

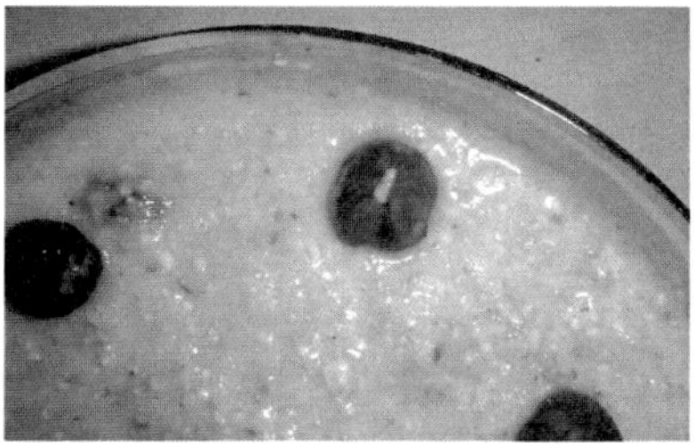

- 6 Esslöffel Sechskorngetreide
- 150 ml Wasser
- 50 g Haselnüsse
- 50 g Weinbeeren
- 1 Scheibe in Öl eingelegte Zitrone
- 1 Zitrone
- 1 Banane (180 g brutto)
- 3 kleine Äpfel (260 g)
- 1 Birne (155 g)
- 1 Stück Rhabarber (60 g)
- 1/2 gestr. Teelöffel Anis

Abends: Getreide grob schroten und über Nacht im Wasser einweichen (nicht im Kühlschrank). Haselnüsse und Weinbeeren zusammen in Wasser einweichen.

Morgens: Morgens: Zitrone und Banane schälen. Äpfel und Birne vierteln, Rhabarber in Stücke schneiden. Alles zusammen mit dem Anis pürieren (Thermomix: 1 Minute auf Stufe 4, 16 Sekunden auf Stufe 8). Unter das eingeweichte Getreide rühren. Einige Haselnüsse zur Seite legen, die restliche Nüsse und die Weinbeeren abtropfen lassen und unter das Müsli rühren. Auf zwei Schüsseln verteilen, mit den restlichen Haselnüssen dekorieren.

Rhabarbingwer

S	R	—	M+T	S	2
Süß	Roh	Vegan	Geräte	Schrot	Person
Tag 17					

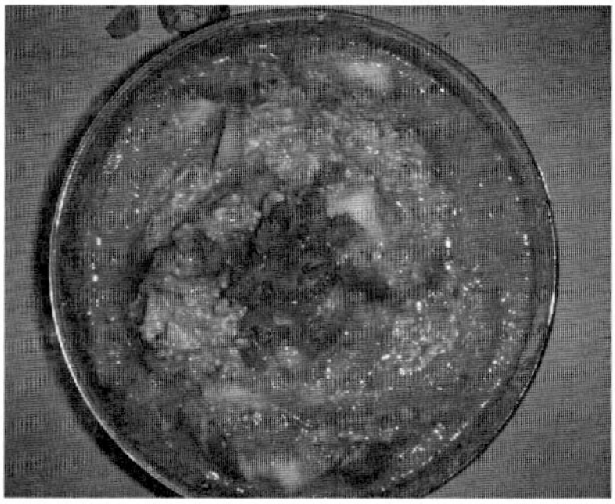

- 6 Esslöffel Sechskorngetreide
- 2 Esslöffel Sonnenblumenkerne
- 180 ml Wasser
- 1 Birne (150 g)
- 3 kleine Äpfel (280 g)
- 1/2 Stange Rhabarber (140 g)
- 1/2 geschälte Zitrone
- 8 g Ingwer
- 2 Teelöffel Zitronat

Abends: Getreide grob schroten und mit den Sonnenblumenkernen über Nacht im Wasser einweichen (nicht im Kühlschrank).

Morgens: Birne, zwei Äpfel und Rhabarber in grobe Stücke schneiden. Die Zitrone vierteln. Ingwer schälen und klein schneiden. Alles zusammen pürieren (Thermomix: 1 Minute Stufe 4, 16 Sekunden Stufe 8). Unter das eingeweichte Getreide rühren. Dann den dritten Apfel in kleine Stücke schneiden und unterziehen. Auf zwei Schüsseln verteilen, in die Mitte jeweils einen Teelöffel Zitronat geben.

Sellerie-Sellera-Frühstück

—	R	V	M+Z	KS	1
Süß	Roh	Vegan	Geräte	Getreide	Person
Tag 18					

- 3 Esslöffel Sechskorngetreide
- 1 Esslöffel Sonnenblumenkerne
- 100 ml Rosineneinweichwasser
- 2 Esslöffel Mohnöl (kaltgepresst)
- 120 g Sellerie (ungeschält)
- 50 g Pastinake
- 40 g Linsensprossen
- 1 Tomate (70 g)
- 1 Blatt Bärlauch frisch
- 7 Mandeln

Vorher: Drei Tage vorher die Linsen (kleine Champagnerlinsen) zum Keimen ansetzen.

Abends: Getreide mittelgrob schroten und mit den Sonnenblumenkernen in dem Rosineneinweichwasser über Nacht einweichen (nicht im Kühlschrank).

Morgens: Schrot mit dem Mohnöl verrühren. Sellerie und Pastinake sehr gut unter fließendem Wasser abbürsten. Grob zerkleinern und raffeln (Zerkleinerer). Mit den Linsensprossen unter das Getreide rühren. Die Masse in einen Suppenteller füllen. Die Tomate achteln, das Bärlauchblatt in 4 Stücke schneiden und beides am Rand verteilen. Mit den 7 Mandeln ebenfalls dekorieren.

Frischkornmüsli klassisch

S	—	—	M+T	S	2
Süß	Roh	Vegan	Geräte	Schrot	Person
Tag 19					

- 6 Esslöffel Sechskorngetreide
- 150 ml Wasser
- 24 Mandeln
- 1/2 Zitrone
- 2 Bananen (325 g brutto)
- 4 kleine Äpfel (360 g)
- 2 Esslöffel Sahne

Abends: Getreide mittelgrob schroten und im Wasser über Nacht einweichen (nicht im Kühlschrank). Mandeln getrennt in Wasser einweichen.

Morgens: Zitrone und Bananen schälen, in grobe Stücke schneiden. 1 Apfel beseite legen, die anderen 3 Äpfel vierteln. Das Obst zusammen raffeln (Thermomix: 1,5 Minuten Stufe 4). Mit der Sahne und 16 Mandeln unter das Getreide rühren. Den letzten Apfel in Spalten schneiden. Müsli mit den Apfelspalten und den restlichen Mandeln dekorieren. Direkt essen, weil der Apfel sonst braun wird.

Apple Delight

S	—	—	F+T	F	2
Süß	Roh	Vegan	Geräte	Flocken	Person
Tag 20					

- 2 Esslöffel Sonnenblumenkerne
- 4 Esslöffel Nackthafer
- 2 Esslöffel Dinkel
- 160 ml Wasser
- 1 Banane (200 g brutto)
- 5 kleine Äpfel (575 g)
- 1/2 geschälte Zitrone
- 2 Esslöffel Sahne, 2 Esslöffel Kokoschips
- 1 Prise gem. Mandarinenschale

Abends: Sonnenblumenkerne knapp bedeckt mit Wasser einweichen.

Morgens: Getreide mischen und flocken. Die Banane schälen. Äpfel und Zitrone vierteln. Obst pürieren (Thermomix 1 Minute Stufe 4, 20 Sekunden Stufe 8). Sonnenblumenkerne und etwas Einweichwasser mit dem Obst und der Sahne unter das Getreide rühren. Auf zwei Schüsseln verteilen. In die Mitte jeder Schüssel einige Kokoschips legen, mit etwas Mandarinenschale bestreuen.

Frühstück Mediterranée

—	—	V	F	F	1
Süß	Roh	Vegan	Flocker	Flocken	Person
Tag 21					

- 1 Esslöffel Sonnenblumenkerne
- 1 Esslöffel Buchweizen
- 12 Mandeln, 75 ml Wasser
- 3 Esslöffel Gerste
- Saft von 1/2 Zitrone
- 130 g Salatgurke
- 1 Tomate (70 g)
- 30 g Oliven
- 1 Esslöffel Traubenkernöl
- Schnittlauch

Abends: Sonnenblumenkerne, Buchweizen und Mandeln über Nacht in Wasser einweichen, alles sollte gerade gut bedeckt sein.

Morgens: Gerste flocken, zu den Kernen geben. Mit Öl und dem Saft der halben Zitrone verrühren. Gurke und Tomate würfeln, unterziehen. Die Oberfläche glattstreichen, die Oliven an den Rand legen, Schnittlauch in die Mitte geben.

Bertrams Broccoli-Breakfast

—	—	V	M	S	1
Süß	Roh	Vegan	Mühle	Schrot	Person
Tag 22					

- 3 Esslöffel Sechskornmischung
- 75 ml Wasser
- 1 Esslöffel Traubenkernöl
- 1 Prise Bertram (Gewürz)
- 1 Prise Salz
- 150 g Broccoli
- 20 g Kokoschips
- 10 g Sonnenblumenkerne
- Schnittlauch

Abends: Sechskorngetreide mittelgrob schroten und im Wasser über Nacht einweichen (nicht im Kühlschrank).

Morgens: Schrot mit Öl, Gewürz und Salz verrühren. Broccoli klein schneiden und unterziehen. Kokoschips und Sonnenblumenkerne ebenfalls unterrühren. Mit Schnittlauch dekorieren.

Jamaikaswing

S	—	V	M	S	2
Süß	Roh	Vegan	Mühle	Schrot	Person
Tag 23					

- 6 Esslöffel Sechskornmischung
- 2 Esslöffel Kokosflocken
- 150 ml Wasser
- Saft von 1/2 Zitrone
- 2 Esslöffel eingeweichte Rosinen
- 24 Mandeln
- 1 Banane (170 g brutto)
- 2 kleine Äpfel (190 g)
- 1 Birne (135 g)

Abends: Getreide schroten und mit Kokosflocken im Wasser über Nacht einweichen (nicht im Kühlschrank).

Morgens: Zitronensaft unter den Schrot rühren. Die Banane schälen. Das Obst in kleine Stücke schneiden und unter das Getreide rühren. Auf zwei Schüsseln verteilen. Die abgetropften Rosinen jeweils in die Mitte häufeln, je 12 Mandeln am Rand verteilen.

Himbeertouch

S	—	—	M+T	S	2
Süß	Roh	Vegan	Geräte	Schrot	Person
Tag 24					

- 6 Esslöffel Sechskorngetreide
- 2 Esslöffel Sonnenblumenkerne
- 125 g Himbeeren
- 1 Banane (185 g brutto)
- 1/2 Zitrone
- 1 Birne (180 g)
- 2 Äpfel (185 g)
- 2 Esslöffel Sahne
- ein paar Kokoschips

Abends: Getreideschroten, mit Sonnenblumenkernen im Wasser über Nacht einweichen (nicht im Kühlschrank).

Morgens: Von den Himbeeren einige zum Dekorieren zur Seite legen. Zitrone und Banane schälen. Die übrigen Himbeeren mit dem grob zerkleinerten anderen Obst pürieren (Thermomix: 1 Minute auf Stufe 4). Mit dem Schrot mischen. Auf zwei Schüsseln verteilen, jeweils einen Esslöffel Sahne unterziehen. Mit den restlichen Himbeeren und den Kokoschips verzieren

Schrot mit Plums

S	—	—	M+T	S	2
Süß	Roh	Vegan	Geräte	Schrot	Person
Tag 25					

- 6 Esslöffel Sechskorngetreide
- 150 ml Wasser
- 6 Trockenpflaumen (50 g) („Plums“)
- 1 geschälte Zitrone
- 1 Banane (170 g brutto)
- 1 Birne (175 g)
- 3 Äpfel (200 g)
- 25 g Mandeln
- 4 Esslöffel Sahne

Abends: Getreide schroten, im Wasser über Nacht einweichen (nicht im Kühlschrank). Trockenpflaumen getrennt einweichen.

Morgens: Banane schälen. Das frische Obst in grobe Stücke schneiden und mit den Mandeln grob pürieren (Thermomix: 1 Minute Stufe 4). Schrot mit Sahne und Obstpüree verrühren. Auf zwei Schüsselchen verteilen. Die Trockenpflaumen abtropfen lassen, halbieren und dekorativ auf das Müsli setzen.

Frühes Erdbeerstück

S	—	—	F+T	F	2
Süß	Roh	Vegan	Geräte	Flocken	Person
Tag 26					

- 2 Esslöffel Sonnenblumenkerne
- 2 Esslöffel Hirse
- 4 Esslöffel Nackthafer
- 150 ml Wasser
- 250 g Erdbeeren (netto)
- 2 Bananen (410 g brutto)
- 1 geschälte Zitrone
- 1 Birne (140 g)
- 2 Esslöffel Sahne

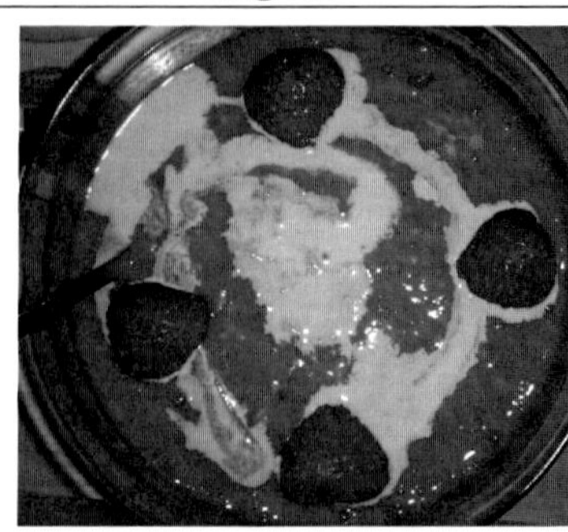

Abends: Sonnenblumenkerne und Hirse im Wasser über Nacht einweichen (nicht im Kühlschrank).

Morgens: Hafer flocken. Vier Erdbeeren zur Seite legen. Bananen schälen, in Stücke brechen und mit dem anderen Obst pürieren (Thermomix: 1 Min Stufe 4, 14 Sek Stufe 8). Erdbeerpüree mit Kernen, Hirse und Flocken verrühren. Auf zwei Schüsselchen verteilen. Die Sahne in Kreisen oben auf das Schrot gießen, die Erdbeeren halbieren und die Hälften auf dem Schrot dekorativ anordnen.

Apfelduett

S	—	—	M+K	S	2
Süß	Roh	Vegan	Geräte	Schrot	Person
Tag 27					

- 6 Esslöffel Sechskorngetreide
- 150 ml Wasser
- 25 g getrocknete Apfelringe
- 1 Banane (272 g brutto)
- 1/2 geschälte Zitrone
- 4 kleine Äpfel (375 g)
- 4 Esslöffel Sahne
- 5 Teelöffel Sesam ungeschält
- einige Gojibeeren

Abends: Getreide schroten, im Wasser über Nacht einweichen (nicht im Kühlschrank). Apfelringe getrennt in Wasser einweichen.

Morgens: Banane schälen. Apfelringe abtropfen lassen, zwei beiseite legen. Frisches Obst grob zerkleinern und mit den restlichen Apfelringen in die Küchenmaschine mit laufendem Hackmesser fallen lassen. Schaumig raffeln lassen und mit der Sahne unter das eingeweichte Getreide rühren. Auf zwei Schüsselchen verteilen, Oberfläche glatt streichen. Sesam flocken, auf der Getreideoberfläche verteilen. In die Mitte je einen Apfelring legen, in dessen Zentrum einige Gojibeeren setzen.

The Final Countdown

S	—	V	M+T	S	2
Süß	Roh	Vegan	Geräte	Schrot	Person
Tag 28					

- 6 Esslöffel Sechskorngetreide
- 150 g Wasser
- 50 g getrocknete Birnenschnitze
- 1 Zitrone
- 4 Äpfel (440 g)
- 50 g Kokoscreme (Coconut butter)
- 1/2 Teelöffel gemahlene Vanille
- 2 Teelöffel Kokosraspeln
- 20 g Pistazien

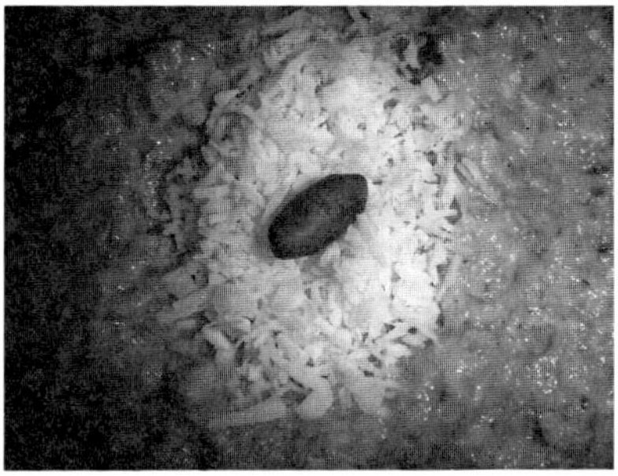

Abends: Getreide mittelgrob schroten und im Wasser über Nacht einweichen (nicht im Kühlschrank). Birnenschnitze getrennt einweichen.

Morgens: Zitrone schälen, Äpfel vierteln. Obst mit den abgetropfen Birnenschnitzen (Einweichwasser für Salatsoßen u.ä. verwahren) grob zerteilen und mit Kokoscreme und Vanille pürieren (Thermomix: 1 Minute Stufe 4, 13 Sekunden Stufe 8). Mit dem Schrot vermischen und auf zwei Schüsselchen verteilen. In die Mitte eine Kuhle drücken, jeweils einen Teelöffel Kokosraspeln hineingeben. Pistazien an den Rand streuen, je eine in die Kokosraspeln legen.

Erdbeerkick am Morgen

S	—	—	M+T	S	2
Süß	Roh	Vegan	Geräte	Schrot	Person
Tag 29					

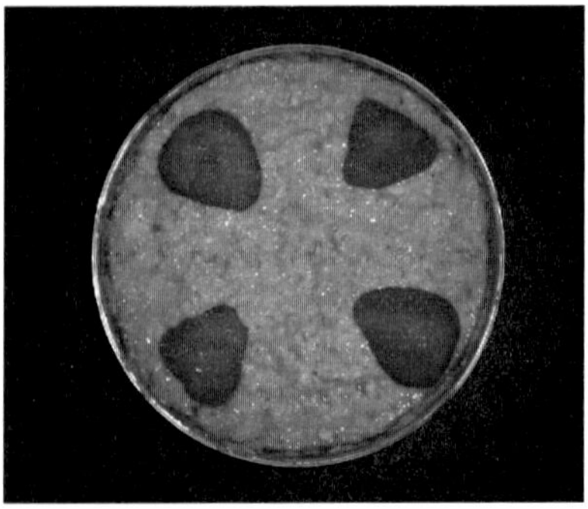

- 6 Esslöffel Sechskorngetreide
- 150 ml Wasser
- 2 Esslöffel Cashewnüsse (32 g)
- 1 Zitrone
- 1 Banane (180 g ungeschält)
- 3 kleine Äpfel (290 g)
- 1 Birne (150 g)
- 2 Esslöffel Sahne
- 175 g Erdbeeren

Abends: Getreide im Wasser über Nacht einweichen (nicht im Kühlschrank). Cashewnüsse getrennt in Wasser einweichen.

Morgens: Zitrone und Banane schälen, Apfel und Birne vierteln. Zusammen pürieren (Thermomix: 1,5 Minuten Stufe 4 und 8 Sekunden Stufe 8). Mit der Sahne in den Getreideschrot einrühren. Erdbeeren waschen und putzen. Zwei schöne Exemplare beiseite legen, die restlichen Früchte in Stückchen schneiden und unter den Obstschrotbrei rühren. Auf zwei Schüsseln verteilen. Die restlichen Erdbeeren vierteln und jeweils die Schüsseln damit dekorieren.

Knusperkohl

—	R	V	F	F	1
Süß	Roh	Vegan	Flocker	Flocken	Person
Tag 30					

- 3 Esslöffel Kamut
- Saft von 1/2 Zitrone
- 2 Esslöffel Traubenkernöl
- 2 Esslöffel Wasser
- 1/2 Teelöffel Salz
- 160 g Weißkohl
- 6 Blatt Basilikum
- 1 Esslöffel Leinsamen
- 1 Esslöffel Kürbiskerne

Morgens: Kamut flocken (ist knusprig), mit Zitronensaft, Traubenkernöl und Wasser verrühren. Salzen. Weißkohl klein schneiden, Basilikum ebenso, unter das Getreide mischen. Den Leinsamen flocken und am Rand verteilen. In die Mitte die Kürbiskerne schütten.

Frühstück bei Weißkohliffany

—	R	V	M	S	1
Süß	Roh	Vegan	Mühle	Schrot	Person
Tag 31					

- 3 Esslöffel Sechskorngetreide
- 1 Esslöffel Sonnenblumenkerne
- 1 Esslöffel Leinsamen
- 1 Apfel (100 g)
- 1 Scheibe Weißkohl (100 g)
- 1 Esslöffel Traubenkernöl
- 12 Mandeln
- 6 Blättchen Basilikum

Abends: Getreide mittelgrob schroten und im Wasser über Nacht einweichen (nicht im Kühlschrank). Kerne und Leinsamen getrennt einweichen.

Morgens: Apfel und Weißkohl klein schneiden, mit Öl und Mandeln unter das Getreide rühren. In der Mitte mit gehacktem Basilikum bestreuen.

Juni

Im Juni können wir kaufen: Aprikosen, Erdbeeren, Himbeeren, Johannisbeeren, Kirschen, Kiwis, Melonen, Pfirsiche, Rhabarber und Stachelbeeren.

Erdbeer-Getreidemüsli, Tag 8

Aprikosensonne, Tag 15

Fixes Nektarinenfrühstück, Tag 18

Melonenigel, Tag 21

Emmersprossing, Tag 24

Nektar am Morgen, Tag 30

Morgenfeigen

S	—	—	M+T	S	2
Süß	Roh	Vegan	Geräte	Schrot	Person
Tag 1					

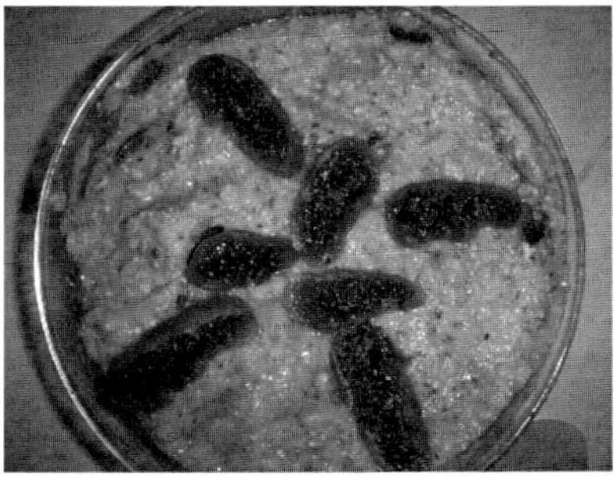

- 6 Esslöffel Sechskorngetreide
- 2 Esslöffel Kürbiskerne
- 4 Feigen (50 g)
- 1 Banane (Bruttogewicht 210 g)
- 1/2 Zitrone
- 4 kleine Äpfel (430 g)
- 2 Esslöffel Sahne

Abends: Sechskorngetreide fein schroten und mit den Kürbiskernen über Nacht im Wasser einweichen (nicht im Kühlschrank). Feigen getrennt einweichen.

Morgens: Banane und Zitrone schälen, in grobe Stücke teilen, Äpfel halbieren. Alles zusammen pürieren (Thermomix: 1 Minute Stufe 4, 14 Sekunden Stufe 8). Fruchtpüree und Sahne mit dem Schrot verrühren. Feigen abtropfen lassen. Längs in dünne Scheiben schneiden, die Hälfte unter den Schrotbrei rühren. Auf zwei Schüsseln verteilen, mit den restlichen Feigenscheiben dekorieren.

Frühstück von der Stange

—	R	V	M	S	1
Süß	Roh	Vegan	Mühle	Schrot	Person
Tag 2					

- 35 g Radieschensprossen
- 3 Esslöffel Sechskorngetreide
- 12 Mandeln
- 1 Esslöffel Sonnenblumenöl
- Saft von 1/2 Zitrone
- 1 gestr. Teelöffel Gemüsesalz
- 100 g Stangensellerie
- 1 Tomate (110 g)
- 1 Esslöffel Knoblauchschnittlauch

Vorher: Radieschenkeime 2-3 Tage sprossen lassen.

Abends: Sechskorngetreide schroten und über Nacht im Wasser einweichen (nicht im Kühlschrank). Mandeln getrennt einweichen.

Morgens: Öl, Zitronensaft und Salz unter den Getreideschrot rühren. Abgetropfte Mandeln hinzugeben. Radieschensprossen auseinanderzupfen und unterrühren. Sellerie waschen, kleinschneiden und einrühren. Tomate halbieren, eine Hälfte würfeln und unter den Schrot ziehen. Die restliche halbe Tomate in feine Scheiben schneiden, auf die Oberfläche legen. Mit Knoblauchschnittlauch garnieren.

Sonntagshirse

S	—	—	Z	G	1
Süß	Roh	Vegan	Zerkl.	Getreide	Person
Tag 3					

- 3 Esslöffel Hirse
- 1 Esslöffel Sonnenblumenkerne
- 10 Mandeln
- 8 Esslöffel Wasser
- 1 Esslöffel Schmand (25 g)
- 1/2 Zitrone
- 1 Stück Möhre (50 g)
- 3 kleine Äpfel (250 g)
- 1 Teelöffel Honig

Abends: Hirse, Sonnenblumenkerne und Mandeln mit dem Wasser verrühren.

Über Nacht quellen lassen (nicht im Kühlschrank).

Morgens: Schmand unter die Hirse rühren. Zitrone im Zerkleinerer zerschlagen, dann die Möhre in Stücken hinzugeben und grob raffeln. Die Äpfel vierteln, zu den Möhren geben und alles zusammen im Zerkleinerer fein raffeln. Unter die Hirse ziehen. Oben drauf einen Teelöffel Honig tropfen lassen.

Rosinensüßes Müsli

S	—	—	M+T	S	2
Süß	Roh	Vegan	Geräte	Schrot	Person
Tag 4					

- 6 Esslöffel Sechskorngetreide
- 12 Esslöffel Wasser
- 50 g Rosinen
- 1 Banane (Bruttogewicht 200 g)
- 1/2 Zitrone
- 20 Mandeln
- 4 kleine Äpfel (380 g)
- 2 Teelöffel Pampelmusat
- Kokoschips
- 2 Esslöffel Sahne

Abends: Sechskorngetreide schroten und über Nacht im Wasser einweichen (nicht im Kühlschrank). Rosinen getrennt einweichen.

Morgens: Banane und Zitrone schälen, alles Obst in grobe Stücke teilen. Rosinen abtropfen lassen. Alles zusammen mit den Mandeln pürieren (Thermomix: 1 Minute Stufe 4, 14 Sekunden Stufe 8). Fruchtpüree mit Schrot und Sahne verrühren und auf zwei Schüsseln verteilen. Die Oberfläche mit je einem Teelöffel Pampelmusat und ein paar Kokoschips dekorieren.

Linseed-Lemon-Delight

S	R	V	M+T	S	2
Süß	Roh	Vegan	Geräte	Schrot	Person
Tag 5					

- 6 Esslöffel Kamut
- 12 Esslöffel Wasser
- 6 Datteln (35 g)
- 1/2 Zitrone
- 1 Birne (150 g)
- 4 kleine Äpfel (400 g)
- 1 Stück in Öl eingelegte Zitrone
- 2 Esslöffel Leinsamen

Abends: Kamut schroten und über Nacht im Wasser einweichen (nicht im Kühlschrank). Datteln getrennt einweichen

Morgens: Zitrone schälen, in grobe Stücke teilen, Birne und Äpfel halbieren. Zitrone, eingelegte Zitronenschale und Äpfel pürieren (Thermomix: 1 Minute Stufe 4, 19 Sekunden Stufe 8). Fruchtpüree und Sahne mit dem Schrot verrühren. Auf zwei Schüsseln verteilen. Jeweils einen Esslöffel Leinsamen in die Schüsseln flocken, und zwar am Rand entlang, so dass es wie eine Einfassung aussieht.

Créme anisée

S	—	—	M+T	S	2
Süß	Roh	Vegan	Geräte	Schrot	Person
Tag 6					

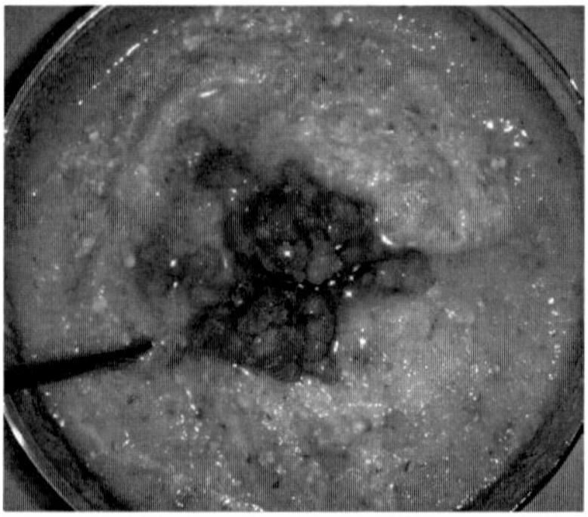

- 4 Esslöffel Sechskornmischung
- 2 Esslöffel Buchweizen
- 12 Esslöffel Wasser
- 2 Bananen (325 g ungeschält)
- 1 Zitrone
- 3 kleine Äpfel (290 g)
- 2-3 Prisen Anis
- 35 g Creme fraiche
- 2 Teelöffel Orangeat

Abends: Sechskorngetreide schroten und mit dem Buchweizen über Nacht im Wasser einweichen (nicht im Kühlschrank).

Morgens: Bananen und Zitrone schälen, in grobe Stücke teilen, Äpfel halbieren. Alles zusammen mit etwas Anis pürieren (z.B. Thermomix: 1 Minute Stufe 4, 19 Sekunden Stufe 8). Fruchtpüree mit dem Schrot verrühren und die Creme fraiche unterziehen. Auf zwei Schüsseln verteilen. Jeweils einen dicken Klecks Orangeat oben in die Mitte setzen. Kann gut 1-2 Stunden bis zum Essen stehen bleiben.

Ganzes Erdbeermüsli

S	—	—	M	S	2
Süß	Roh	Vegan	Mühle	Schrot	Person
Tag 7					

- 6 Esslöffel Sechskornmischung
- etwa 12 Esslöffel Wasser
- 200 g Erdbeeren (vorbereitet)
- 1 Zitrone
- 4 Esslöffel Sahne
- 1 Banane (180 g ungeschält)
- 2 Teelöffel Honig

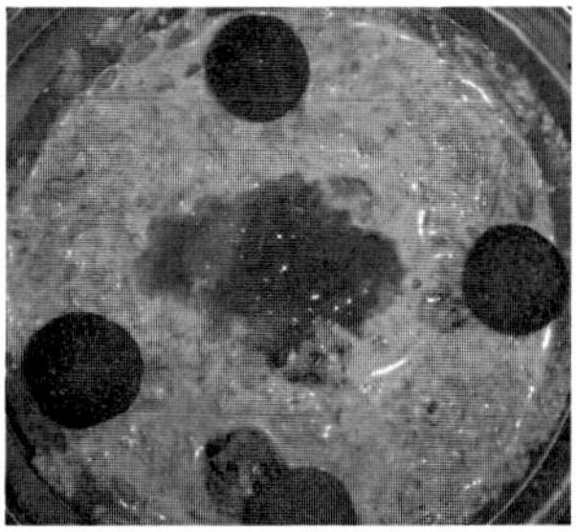

Abends: Sechskorngetreide schroten und über Nacht im Wasser einweichen (nicht im Kühlschrank).

Morgens: Zitrone auspressen. Saft und Sahne unter den eingeweichten Schrot rühren. Bananen mit der Gabel zu Brei schlagen, unterziehen. Acht Erdbeeren zur Seite legen. Die restlichen Früchte unzerkleinert (größere halbieren) unter das Müsli heben. Auf zwei Schüsseln verteilen, mit den restlichen Erdbeeren dekorieren. In die Mitte noch je einen Teelöffel Honig träufeln.

Erdbeer-Getreidemüsli

S	—	—	M+T	S	2
Süß	Roh	Vegan	Geräte	Schrot	Person
Tag 8					

- 6 Esslöffel Sechskornmischung
- etwa 12 Esslöffel Wasser
- 32 g Pistazien
- 1/2 Zitrone
- 1 Banane (brutto 170 g)
- 225 g Erdbeeren (netto)
- 3 kleine Äpfel (280 g)
- 2 Esslöffel Sahne
- 3 Esslöffel Kokosflocken

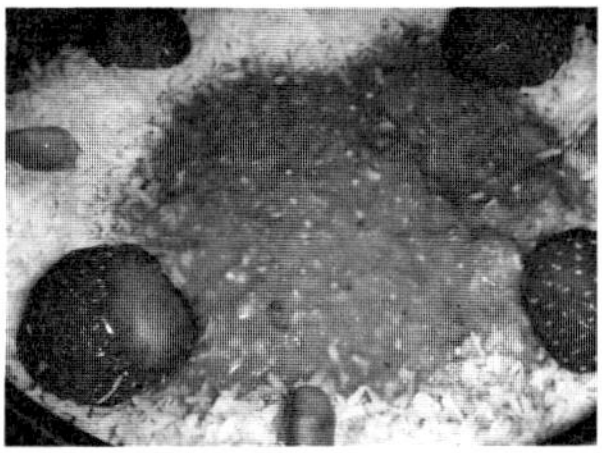

Abends: Sechskorngetreide grob schroten und über Nacht im Wasser einweichen (nicht im Kühlschrank). Pistazien getrennt in Wasser einweichen.

Morgens: Zitrone und Banane schälen. Von den Erdbeeren 4 zur Seite legen. Alles Obst pürieren (Thermomix 1 Minute Stufe 4, 18 Sekunden Stufe 8). Püree mit Getreide, Sahne und den abgetropfen Pistazien (8 zur Seite legen) verrühren. Auf zwei Schüsseln verteilen und glatt streichen. Kokosflocken auf den Rand streuen, darauf die halbierten Erdbeeren und die Pistazien dekorativ verteilen.

Roggenapfel-Fastenbrecher

S	—	—	M+T	S	1
Süß	Roh	Vegan	Geräte	Schrot	Person
Tag 9					

- 3 Esslöffel Roggen
- etwa 6 Esslöffel Wasser
- 3 kleine Äpfel (275 g)
- 1/2 geschälte Zitrone
- 1 Esslöffel Mandelmus
- 1 Teelöffel Creme fraiche (10 g)
- 8 Mandeln

Abends: Roggen grob schroten und über Nacht im Wasser einweichen (nicht im Kühlschrank).

Morgens: Äpfel und Zitrone in grobe Stücke schneiden.
Zusammen mit dem Mandelmus grob pürieren (Thermomix 1 Minute Stufe 4, 12 Sekunden Stufe 8). Püree mit dem Schrot verrühren. In die Mitte eine Kuhle drücken, Creme fraiche hineinsetzen und Mandeln dekorativ im Kreis um die Creme fraiche legen.

Mischflockenstück

S	—	—	F+T	F	1
Süß	Roh	Vegan	Geräte	Flocken	Person
Tag 10					

- 2 Esslöffel Dinkel
- 1 Esslöffel Hafer
- 1/2 Zitrone
- 1 Banane (170 g)
- 1 kleiner Apfel (ca. 90 g)
- 1 gestrichener Esslöffel Mandelmus
- 10 Mandeln
- 1 Esslöffel Sahne
- 1 Teelöffel Pampelmusat
- 1 Teelöffel Mandarinenschale gem.

Morgens: Getreide mischen und flocken. Zitrone und Banane schälen.
Das gesamte Obst in grobe Stücke schneiden. Zusammen mit dem Mandelmus grob pürieren (Thermomix 1 Minute Stufe 4). Mandeln hinzugeben und miteinander nochmals pürieren (Thermomix: 14 Sekunden Stufe 8). Flocken und Sahne unterrühren. Mit Pampelmusat und gemahlener Mandarinenschale dekorieren.

Cremiges Ingwerfrühstück

S	—	—	M+T	S	2
Süß	Roh	Vegan	Geräte	Schrot	Person
Tag 11					

- 6 Esslöffel Sechskorngetreide
- 14 Esslöffel Wasser
- 2 Esslöffel Sonnenblumenkerne
- 1/2 Zitrone
- 2 Banane (270 g ungeschält)
- 3 kleine Äpfel (ca. 270 g)
- 6 g geschälter Ingwer
- 50 g Creme fraiche
- In Öl eingelegte Zitronenschale

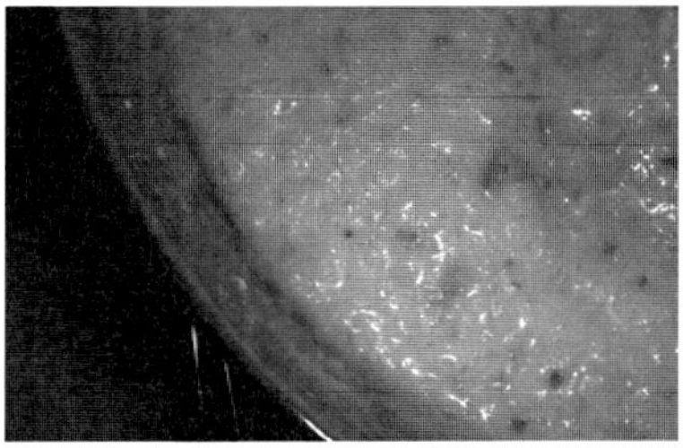

Abends: Sechskorngetreide schroten, mit den Sonnenblumenkernen über Nacht im Wasser einweichen (nicht im Kühlschrank).

Morgens: Zitrone und Banane schälen. Obst grob vorschneiden, alles zusammen mit Ingwer, Creme fraiche und Öl-Zitronenschale pürieren (Thermomix 1 Minute Stufe 4, 14 Sekunden Stufe 8). Unter das Schrot rühren, auf zwei Schüsseln verteilen und glatt streichen.

Spicy Sesame

S	R	V	M+T	S	2
Süß	Roh	Vegan	Geräte	Schrot	Person
Tag 12					

- 6 Esslöffel Sechskorngetreide
- 2 Esslöffel Sesam ungeschält
- 140 ml Wasser
- 1/2 Zitrone
- 1 Banane (150 g ungeschält)
- 3 kleine Äpfel (ca. 280 g)
- 1/2 gestr. Teelöffel Kardamom
- 1 Prise Sternanis
- Einige Walnusshälften

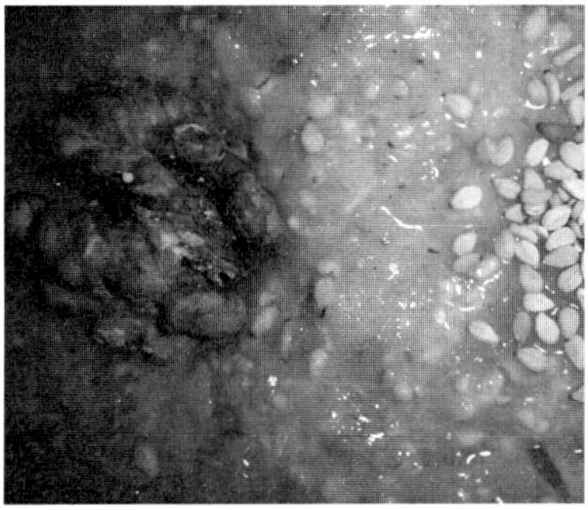

Abends: Sechskorngetreide schroten, mit dem Sesam über Nacht im Wasser einweichen (nicht im Kühlschrank).

Morgens: Zitrone und Banane schälen. Obst grob vorschneiden, alles zusammen mit den Gewürzen pürieren (Thermomix 1 Minute Stufe 4, 14 Sekunden Stufe 8). Unter das Schrot rühren, auf zwei Schüsseln verteilen und glatt streichen. Mit etwas Sesam und Walnusshälften dekorieren.

Apfel-Gerste

S	—	V	M+T	S	2
Süß	Roh	Vegan	Geräte	Schrot	Person
Tag 13					

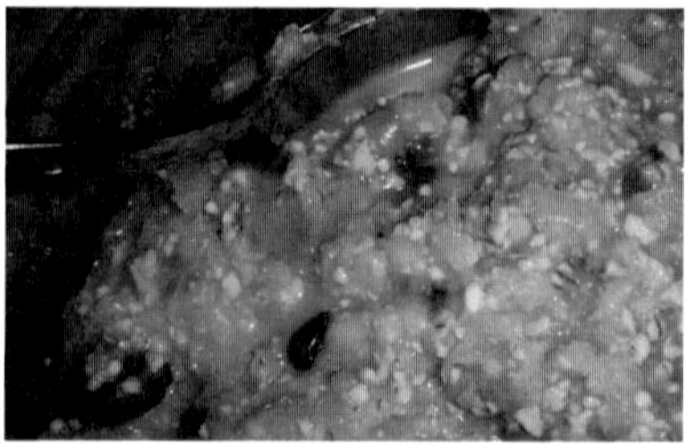

- 6 Esslöffel Gerste
- 12 Esslöffel Wasser
- 2 Esslöffel Cashewnüsse
- 2 Esslöffel Rosinen
- 1/2 Zitrone
- 1 Banane (Bruttogewicht 130 g)
- 4 kleine Äpfel (ca. 360 g)

Abends: Gerste schroten und über Nacht im Wasser einweichen (nicht im Kühlschrank).
Cashewnüsse und Rosinen jeweils getrennt in Wasser einweichen.

Morgens: Zitrone und Banane schälen und pürieren (Thermomix 1 Minute Stufe 4 und 2 Sekunden Stufe 10). Äpfel halbieren, Cashewnüsse abtropfen lassen und zu dem Püree geben. Zusammen grob pürieren (1 Minute auf Stufe 4). Fruchtpüree und 2 Esslöffel Rosineneinweichwasser unter den Schrot rühren. Rosinen abtropfen lassen und unterrühren. Auf zwei Schüsseln verteilen.

Erdbeerbeißer

S	R	V	F+Z	F	2
Süß	Roh	Vegan	Geräte	Flocken	Person
Tag 14					

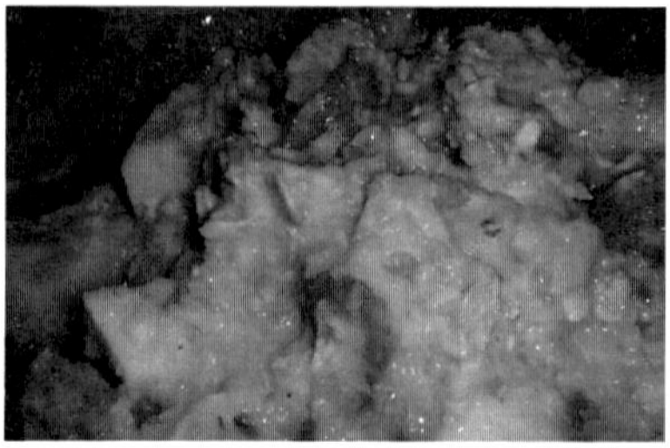

- 2 Esslöffel Hafer (ganz)
- 20 Mandeln
- etwas Wasser
- 4 Esslöffel Hafer
- 1 Zitrone
- 1 Banane (Bruttogewicht 255 g)
- 2 Äpfel (195 g)
- 200 g Erdbeeren (netto)

Abends: Mandeln und 2 Esslöffel Hafer mit Wasser bedeckt über Nacht einweichen.

Morgens: Am nächsten Morgen 4 Esslöffel Hafer flocken und hinzugeben. Zitrone auspressen und Saft mit Fruchtfleisch zum Hafer geben. Äpfel vierteln und mit einer halben Banane pürieren (Zerkleinerer). Püree unter die Hafermischung ziehen. Die restliche halbe Banane kleinschneiden, die Erdbeeren halbieren und alles miteinander vermengen. Auf zwei Schüsseln verteilen.

Aprikosensonne

S	R	V	M+Z	S	2
Süß	Roh	Vegan	Geräte	Schrot	Person
Tag 15					

- 6 Esslöffel Sechskorngetreide
- 12 Esslöffel Wasser
- 50 g Rosinen
- 4 große süße Aprikosen (350 g)
- 1 Banane (brutto 220 g)
- 1/2 Zitrone
- 2 kleine Äpfel (185 g)
- 24 Mandeln

Abends: Sechskorngetreide schroten und über Nacht im Wasser einweichen (nicht im Kühlschrank). Rosinen getrennt einweichen.

Morgens: Aprikosen entkernen, Banane und Zitrone schälen. 3 Aprikosen beiseite legen. Das restliche Obst in grobe Stücke schneiden und pürieren (Zerkleinerer). Obstpüree unter den Getreidebrei mischen. Eine Aprikose in kleine Stücke schneiden und mit den Mandeln in das Getreide einrühren. Auf zwei Schüsseln verteilen. Oberfläche glatt streichen. Jeweils eine Aprikose in dünne Spalten schneiden und wie Sonnenstrahlen an den Rand legen.

Emmerikosen-Müsli

S	R	V	M+Z	S	1
Süß	Roh	Vegan	Geräte	Schrot	Person
Tag 16					

- 3 Esslöffel Emmer
- 4 Esslöffel Wasser
- 2 große Aprikosen (brutto 170 g)
- 1/2 Zitrone
- 1 kleiner Apfel (85 g)
- 12 Mandeln

Abends: Emmer schroten und über Nacht im Wasser einweichen (nicht im Kühlschrank).

Morgens: Aprikosen entkernen und Zitrone schälen. Obst in grobe Stücke schneiden und fein raffeln, nach der Hälfte der Raffelzeit die Mandeln hinzugeben bzw. grob hacken (Zerkleinerer). Obst unter den Getreidebrei mischen. Oberfläche glatt streichen und mit dem Löffel ein Muster eindrücken.

Nektarinenfächer

S	R	V	Z	S	1
Süß	Roh	Vegan	Zerkl.	Schrot	Person
Tag 17					

- 1 Esslöffel Sonnenblumenkerne
- 1 Esslöffel Hirse
- 1 Esslöffel Buchweizen
- 4 Esslöffel Wasser
- 1 Nektarine (brutto 130 g)
- 1 Banane (brutto 230 g)
- 1/2 Zitrone
- 1 kleiner Apfel (85 g)
- 10 Mandeln

Abends: Sonnenblumenkerne, Hirse und Buchweizen mischen. Mit Wasser übergießen und über Nacht stehen lassen (nicht im Kühlschrank).

Morgens: Nektarine entkernen; Banane und Zitrone schälen. 1/2 Nektarine, 1/2 Banane, Apfel und Zitrone in Stücke schneiden und fein raffeln, Mandeln hinzugeben bzw. grob hacken (Zerkleinerer). Obst unter das Getreide rühren. Banane klein schneiden und unterziehen. Die halbe Nektarine in Spalten schneiden, die drei mittleren Spalten für den Fächer beseite legen, den Rest in Stücke schneiden und ebenfalls unterrühren. Oberfläche glatt streichen und den Nektarinenfächer oben auflegen.

Fixes Nektarinenfrühstück

S	—	—	M	S	1
Süß	Roh	Vegan	Mühle	Schrot	Person
Tag 18					

- 3 Esslöffel Sechskorngetreide
- 6 Esslöffel Wasser
- 1 Nektarine (brutto 120 g)
- 1/2 Zitrone
- 1 Esslöffel Sahne
- 10 Mandeln
- 1 kleiner Apfel (100 g)

Abends: Sechskorngetreide grob schroten und über Nacht im Wasser einweichen (nicht im Kühlschrank).

Morgens: Nektarine entkernen. Zitrone auspressen. Saft mit der Sahne und den Mandeln unter den Schrot rühren. Nektarine und Apfel würfeln und oben auf den Schrot legen, nur leicht unterziehen, sodass das alles sehr obstig aussieht.

Melonenkaltschale

S	R	V	T+M	S	1
Süß	Roh	Vegan	Geräte	Schrot	Person
Tag 19					

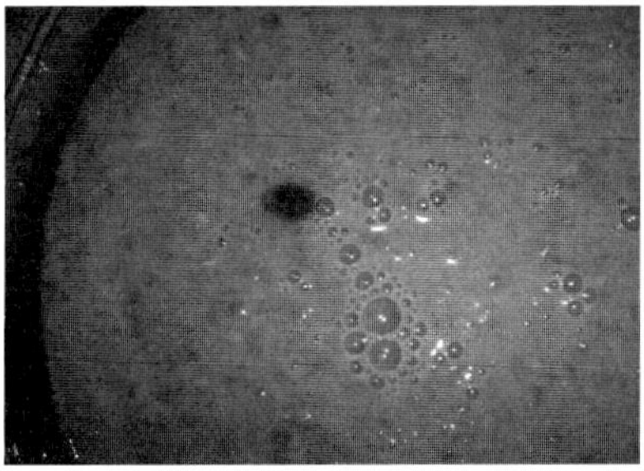

- Ein großes Stück Wassermelone (900 g ungeschält, 630 g geschält)
- 1 Banane (brutto 180 g)
- 10 Mandeln
- 1 Esslöffel Zitronensaft
- 3 Esslöffel Dinkel

Morgens: Wassermelone und Banane schälen. Mit den Mandeln zusammen pürieren (Thermomix 1 Minute Stufe 4). Zitronensaft unterrühren (je nach Melonenaroma können auch zwei Esslöffel erforderlich sein). Dinkel mahlen, klumpenfrei in die Melonenflüssigkeit einrühren. Wer es besonders erfrischend möchte, stellt die Kaltschale noch 30-60 Minuten in den Kühlschrank.

Frischkorn auf Melonenplatte

S	—	—	M	S	2
Süß	Roh	Vegan	Mühle	Schrot	Person
Tag 20					

- 6 Esslöffel Sechskorngetreide
- 12 Esslöffel Wasser
- 4 Melonenscheiben, ca. 8 mm dick (größere Wassermelone) in Halbkreisform (Melone längs vierteln, von einem Viertel dann Scheiben abschneiden) – siehe Foto
- Saft von 1/2 Zitrone
- 2 Esslöffel Sahne
- 2 kleine Äpfel (190 g)
- 1 Banane (190 g ungeschält)
- 24 Mandeln

Abends: Sechskorngetreide grob schroten und über Nacht im Wasser einweichen (nicht im Kühlschrank).

Morgens: Melonenscheiben schälen. Je zwei Wassermelonenscheiben „gegeneinander“ auf einen großen Teller legen. Getreideschrot mit Zitronensaft und Sahne verrühren. Apfel und geschälte Banane in Stücke schneiden und unterziehen. Je eine Hälfte hügelförmig in die Mitte der Melonenscheiben setzen. Mit je 12 Mandeln dekorieren.

Melonenigel

S	R	V	M+T	S	2
Süß	Roh	Vegan	Geräte	Schrot	Person
Tag 21					

- 5 Esslöffel Sechskorngetreide
- 1 Esslöffel Buchweizen
- 12 Esslöffel Wasser
- 1 Banane (200 g brutto)
- 1/2 Zitrone
- 4 kleine Äpfel (370 g)
- 20 Mandeln
- 1 Spalte Wassermelone (600 g brutto)

Abends: Sechskorngetreide grob schroten und zusammen mit dem Buchweizen über Nacht im Wasser einweichen (nicht im Kühlschrank).

Morgens: Banane und Zitrone schälen. Mit Äpfeln und Mandeln pürieren (Thermomix 1 Minute Stufe 4, 16 Sekunden Stufe 8). Unter den Schrot ziehen. Auf zwei Schüsselchen verteilen. Melone schälen, die Spalte quer in Dreiecke schneiden, Kerne entfernen. Die Dreiecke je nach Größe in weitere spitze Formen schneiden. Mit dem breiteren Ende in den Getreideschrot stecken, sodass die Spitzen nach außen stehen.

Apfel-Melonen-Frühstück

S	—	—	M+Z	S	2
Süß	Roh	Vegan	Geräte	Schrot	Person
Tag 22					

- 6 Esslöffel Sechskorngetreide
- 12 Esslöffel Wasser
- 2 EL Sahne
- 1/2 Zitrone
- 4-5 kleine Äpfel (420 g)
- 28 g Cashewnüsse
- 350 g Melone (netto)

Abends: Sechskorngetreide grob schroten und über Nacht im Wasser einweichen (nicht im Kühlschrank).

Morgens: Schrot mit der Sahne verrühren. Zitrone schälen. Äpfel grob kleinschneiden und mit der Zitrone fein raffeln (Zerkleinerer). Cashewnüsse zum Schluss mit zerkleinern. Unter das Schrot ziehen. Melone in kleine Stücke schneiden, für empfindliche Personen (die keine Kerne schlucken mögen) Kerne entfernen. Alles verrühren und auf zwei Schüsseln verteilen.

Frühstücksshake

S	—	V	M+T	S	2
Süß	Roh	Vegan	Geräte	Schrot	Person
Tag 23					

- 5 Esslöffel Sechskorngetreide
- 1 Esslöffel Kokosraspeln
- 12 Esslöffel Wasser
- 2 Bananen (brutto 310 g)
- 280 g Melone
- 1/2 geschälte Zitrone
- 1 Birne (200 g)
- 1 Esslöffel Mandelmus (40 g)
- 1 Prise Delifrut
- 20 g Kokoschips

Abends: Sechskorngetreide grob schroten und mit den Kokosraspeln über Nacht im Wasser einweichen (nicht im Kühlschrank).

Morgens: Bananen, Melone und Zitrone schälen. Die Melonenkerne entfernen. Das gesamte Obst in grobe Stücke schneiden und mit dem Mandelmus pürieren (Thermomix: 1 Minute auf Stufe 4), Delifrut unterrühren (10 Sekunden Stufe 4). Unter das Schrot rühren, auf zwei Schüsseln verteilen und mit Kokoschips bestreuen.

Emmersprossing

S	—	—	—	K	1
Süß	Roh	Vegan	Geräte	Keime	Person
Tag 24					

- Emmersprossen von 3 EL Emmer
- 30 g Creme fraiche
- 1 Teelöffel Bärlauchcreme
- 2 Esslöffel Wasser
- 1/2 Zitrone
- 14 g Sonnenblumenkerne
- 100 g Wirsing
- 30 g Möhre
- 1-2 Esslöffel Petersilie

Vorher: Emmer keimen lassen (36-48 Stunden).

Morgens: Emmersprossen abspülen. Creme fraiche mit Bärlauchcreme, Wasser und Saft der 1/2 Zitrone (1-2 Esslöffel) verrühren. Die Sprossen und Sonnenblumenkerne unterziehen. Wirsing in feine Streifen schneiden und ebenfalls unterrühren. 30 g feine Möhrenscheiben oben drauf legen, mit gehackter Petersilie bestreuen.

Schokoschmankerl

S	—	—	M+Z	S	2
Süß	Roh	Vegan	Geräte	Schrot	Person
Tag 25					

- 6 Esslöffel Sechskorngetreide
- 12 Esslöffel Wasser
- 50 g Rosinen
- 3 kleine Bananen (brutto 340 g)
- 1 Birne (200 g)
- 20 g Mandeln
- 20 g Carob
- 1 Messerspitze gemahlene Vanille
- 2 Esslöffel Sahne
- 2-3 Teelöffel gestiftelte Mandeln

Abends: Sechskorngetreide grob schroten und über Nacht im Wasser einweichen (nicht im Kühlschrank). Rosinen getrennt in Wasser einweichen.

Morgens: Rosinen abtropfen lassen. Bananen schälen, mit der Birne in grobe Stücke schneiden. Rosinen, Obst und Mandeln zusammen pürieren (Zerkleinerer), Carob sieben und mit Vanille hinzugeben, gut unterrühren. Sahne und Obstpüree unter den Getreideschrot rühren. Auf zwei Schüsselchen verteilen und je mit etwa einem Teelöffel gestiftelte Mandeln dekorieren.

Johannisberg

S	—	—	F+T	F	2
Süß	Roh	Vegan	Geräte	Flocken	Person
Tag 26					

- 6 Esslöffel Nackthafer
- 2 kleine Äpfel (210 g)
- 1/2 kleine Zitrone
- 230 g Honig-Melone (Bruttogewicht)
- 50 g Rosinen
- 200 g Johannisbeeren (netto)
- 4 Esslöffel Sahne
- 3 Esslöffel Sonnenblumenkerne

Morgens: Hafer flocken. Äpfel halbieren, Zitrone schälen und halbieren, Melone schälen, Kerne entfernen und in grobe Stücke schneiden. Mit den Rosinen pürieren (Thermomix: 1 Minute Stufe 4, 13 Sekunden Stufe 8). Haferflocken mit Obstpüree, gewaschenen und abgezupften Johannisbeeren und der Sahne verrühren. Auf zwei Schüsseln verteilen, sodass sich in der Mitte ein kleiner Hügel ergibt. Den Rand mit Sonnenblumenkernen bestreuen.

Melonenkämme

S	—	—	M+Z	S	2
Süß	Roh	Vegan	Geräte	Schrot	Person
Tag 27					

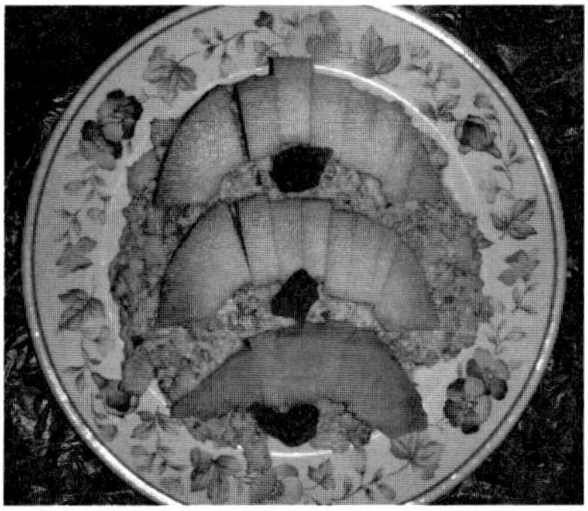

- 6 Esslöffel Sechskorngetreide
- 150 g Wasser
- Saft von 1/2 Zitrone
- 2 Esslöffel Sahne
- 2 Esslöffel Sonnenblumenkerne
- 2 Äpfel (250 g)
- 150 g Ananas (netto)
- 1/2 kleine Honigmelone (600 g brutto)
- 25 g getrocknete Papaya

Abends: Getreide mittelgrob schroten und im Wasser über Nacht einweichen (nicht im Kühlschrank).

Morgens: Getreideschrot mit Zitronensaft, Sahne und Sonnenblumenkernen verrühren. Äpfel raffeln (Zerkleinerer), Ananas in kleine Stücke schneiden und unterziehen. Auf zwei große flache Essteller verteilen, glatt streichen. Die halbe Melone halbieren, jedes Viertel in 3 Spalten schneiden. Die Spalten legen, Schale abschneiden und ohne die Spaltenform zu verändern, in Stücke schneiden. Mit einem Tortenheber auf das Getreideschrot legen, jeweils 3 Spalten untereinander. In die Mitte jeder Spalte ein Stückchen getrocknete Papaya (oder einen anderen Farbkontrast) legen.

Orange County Breakfast

S	R	V	M+Z	S	2
Süß	Roh	Vegan	Geräte	Schrot	Person
Tag 28					

- 3 Esslöffel Sechskorngetreide
- 3 Esslöffel Roggen
- ca. 12 Esslöffel Wasser
- 2 kleine Äpfel (190 g)
- 320 g Aprikosen (Bruttogewicht)
- 20 g Haselnüsse
- 300 g Netz-Honigmelone (Bruttogewicht)
- 1/2 kleine Zitrone

Abends: Sechskorngetreide grob schroten und mit der Hirse über Nacht im Wasser einweichen (nicht im Kühlschrank).

Morgens: Halbierte Äpfel, die Hälfte der entsteinten Aprikosen und die geschälte Zitrone im Zerkleinerer pürieren. 20 g Haselnüsse im letzten „Durchgang" mit hacken. Obstpüree unter den Getreideschrot rühren. Melone schälen und Kerne entfernen, restliche Aprikosen entsteinen und beides in Stücke schneiden. Unter den Schrot ziehen.

Mohna-Lisa

S	—	—	MFT	S	2
Süß	Roh	Vegan	Geräte	Schrot	Person
Tag 29					

- 6 Esslöffel Sechskorngetreide
- 12 Esslöffel Wasser
- 2 Esslöffel Mohn
- 2 Esslöffel Sonnenblumenkerne
- 2 Esslöffel Sahne
- 1/2 Zitrone
- 5 kleine Äpfel (480 g)
- 1 Esslöffel Zitronenöl
- 1 Teelöffel gem. Zitronenschale

Abends: Sechskorngetreide grob schroten und über Nacht im Wasser einweichen (nicht im Kühlschrank).

Morgens: Mohn flocken. Mit Sonnenblumenkernen und Sahne unter den Schrot rühren. Zitrone schälen, Äpfel halbieren. Obst zusammen mit dem Zitronenöl pürieren (Thermomix: 1 Minute Stufe 4, 13 Sekunden Stufe 8). Ebenfalls unter das Schrot rühren. Auf zwei Schüsseln verteilen. Oberfläche glätten und in die Mitte etwas gemahlene Zitronenschale streuen.

Nektar am Morgen

S	R	V	M+Z	S	2
Süß	Roh	Vegan	Geräte	Schrot	Person
Tag 30					

- 3 Esslöffel Sechskorngetreide
- 3 Esslöffel Buchweizen
- 12 Esslöffel Wasser
- 2 Esslöffel Haselnüsse
- 2 kleine Äpfel (185 g)
- 2 Nektarinen (250 g)
- 1/2 kleine Zitrone
- 1 dünne Scheibe Honigmelone (130 g brutto)
- eventuell pro Portion 1 Teelöffel Honig (dann ist das Frühstück nicht mehr vegan)

Abends: Sechskorngetreide grob schroten und mit Buchweizen und Haselnüssen über Nacht im Wasser einweichen (nicht im Kühlschrank).

Morgens: Halbierte Äpfel, eine Nektarine ohne Stein, geviertelt, und die geschälte Zitrone im Zerkleinerer pürieren. Mit dem Schrot mischen. Die zweite Nektarine in Hälften teilen, Stein entfernen. Jeweils eine Nektarinenhälfte mit der Schnittfläche nach unten auf einen Dessertteller legen. Mit einem Messer so in Spalten schneiden, dass die Halbkugelform erhalten bleibt. Den Getreideschrot-Obstbrei um die Nektarine herumlegen. Die Melone als Scheibe entkernen und schälen, in acht Stücke schneiden. Jeweils 4 Stücke als Dekoration in den Getreideschrot stecken.

Wer es gerne sehr süß mag, tropft auf den Getreideschrot noch einen Teelöffel Honig (Auf der Juni-Übersichtsseite ist dieses Frühstück mit Honig abgebildet).

Juli

Saison: Aprikosen, Birnen, Brom-, Erd-, Heidel-, Him- und Johannisbeeren, Kirschen, Kiwis, Melonen, Mirabellen, Pflaumen, Pfirsiche, Stachelbeeren

Bananenshake, Tag 4

Frühstück mit Sößchen, Tag 8

Sonnensprossen herzhaft, Tag 12

Bananenhufeisen, Tag 15

Linsenzwittriges Frühstück, Tag 19

Tomaten-Gurken-Müsli, Tag 30

Roggende Johannisbeeren

S	—	V	Z	K	1
Süß	Roh	Vegan	Zerkl.	Keime	Person
Tag 1					

- 3 Esslöffel Roggen
- 2 kleine Äpfel (200 g)
- 1/2 geschälte Zitrone
- 12 Mandeln
- 50 g Johannisbeeren
- 1 Teelöffel Cashewnussmus

Vorher: 3 bis 4 Tage vorher Roggen zum Keimen ansetzen.

Morgens: Äpfel halbieren und mit geschälter Zitrone und Mandeln im Zerkleinerer pürieren. Unter die Sprossen rühren.
Oben die Johannisbeeren aufhäufeln, in die Mitte einen Klecks Cashewnussmus setzen, darauf eine Johannisbeere legen.

Obstsalatiges Vollwertstück

S	R	V	M	S	2
Süß	Roh	Vegan	Mühle	Schrot	Person
Tag 2					

- 3 Esslöffel Sechskorngetreide
- 3 Esslöffel Buchweizen
- 12 Esslöffel Wasser
- 50 g Rosinen
- Saft von 1 Zitrone
- 1 Nektarine (135 g brutto)
- 1 kleiner Apfel (100 g)
- 350 g Melone (Bruttogewicht)
- 24 Mandeln

Abends: Sechskorngetreide schroten und mit Buchweizen über Nacht in Wasser einweichen (nicht im Kühlschrank). Rosinen getrennt in Wasser einweichen.

Morgens: Zitronensaft mit dem Getreide verrühren. Nektarine entkernen, Schale und Kerne von der Melone entfernen. Apfel halbieren, das gesamte Obst in Stücke schneiden und unter das Schrot rühren. Abgetropfte Rosinen ebenfalls untermischen. Auf zwei Schüsseln verteilen. Die Mandeln obenauf legen.

Sprenkelgerste

S	—	—	F+T	F	2
Süß	Roh	Vegan	Geräte	Flocken	Person
Tag 3					

- 6 Esslöffel Gerste
- 2 Esslöffel Leinsamen
- 1/2 geschälte Zitrone
- 4 kleine Äpfel (410 g)
- 2 Esslöffel Sonnenblumenkerne
- 2 Esslöffel Sahne
- 1 gestrichener Teelöffel Delifrut
- 2 Teelöffel Pampelmusat

Morgens: Gerste mit Leinsamen mischen und in eine Schüssel flocken. Zitrone in Stücke schneiden, Äpfel halbieren.
Beides zusammen mit den Sonnenblumenkernen, der Sahne und dem Gewürz pürieren (Thermomix 1 Minute Stufe 4, 13 Sekunden Stufe 8). Püree unter die Flocken rühren. Auf zwei Schüsseln verteilen, zu einem Berg formen. Jeweils oben auf das Müsli einen guten Teelöffel Pampelmusat geben.

Bananenshake

S	—	—	M+T	S	2
Süß	Roh	Vegan	Geräte	Schrot	Person
Tag 4					

- 6 Esslöffel Sechskorngetreide
- 12 Esslöffel Wasser
- 3 Bananen (mit Schale: 520 g)
- 1 Zitrone
- 1 kleiner Apfel (95 g)
- 1 Esslöffel Mandelmus
- 3 Esslöffel Sahne
- 1-2 Esslöffel Kokoschips

Abends: Sechskorngetreide fein schroten und über Nacht im Wasser einweichen (nicht im Kühlschrank).

Morgens: Bananen und Zitrone schälen. Zwei Bananen, Zitrone und halbierten Apfel mit dem Mandelmus zusammen fein pürieren (Thermomix, 1 Minute Stufe 4, 13 Sekunden Stufe 8). Schrot mit Sahne und Obstmischung verrühren. Die Masse auf zwei Schüsselchen verteilen. Die dritte Banane in Scheiben schneiden und als Deko oben auf das Frühstück legen. In die Mitte Kokoschips häufeln.

Süßes Spiegelei

S	—	—	M+Z	S	2
Süß	Roh	Vegan	Geräte	Schrot	Person
Tag 5					

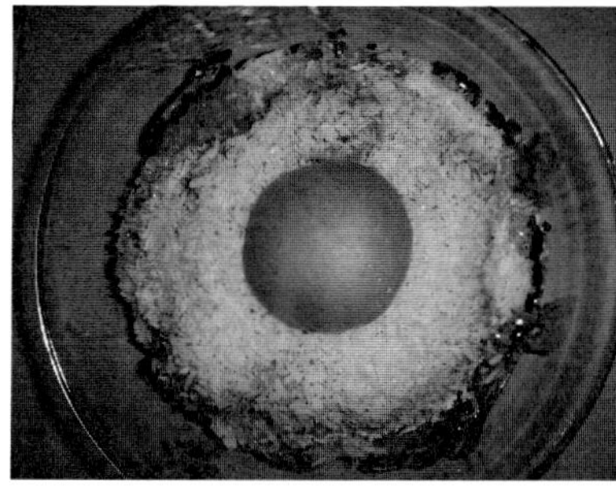

- 6 Esslöffel Sechskorngetreide
- 12 Esslöffel Wasser
- 50 g Trockenpflaumen
- 2 Esslöffel Zitronensaft
- 2 Esslöffel saure Sahne
- 265 g Aprikosen (Bruttogewicht)
- 1 kleiner Apfel (100 g)
- 4 Esslöffel Kokosraspeln
- 2 Teelöffel flüssiger Honig

Abends: Sechskorngetreide fein schroten und über Nacht im Wasser einweichen (nicht im Kühlschrank). Trockenpflaumen getrennt einweichen.

Morgens: Schrot mit Zitronensaft und Sahne verrühren. Zwei Aprikosen mit den abgetropften Pflaumen und dem halbierten Apfel im Zerkleinerer musen. Eine dritte Aprikose zur Seite legen, die anderen würfeln und mit dem Obstpüree unter den Schrot rühren. Auf zwei Schüsseln verteilen. Oberfläche glätten. Mit Kokosraspeln bestreuen, jeweils eine Aprikosenhälfte mit der Schnittstelle nach unten in die Mitte legen. Den Rand evtl. mit einem Teelöffel Honig betröpfeln (sieht dann aus wie Bratfett).

Streunende Nektarinen

S	—	—	T	G	2
Süß	Roh	Vegan	Thermo	Getreide	Person
Tag 6					

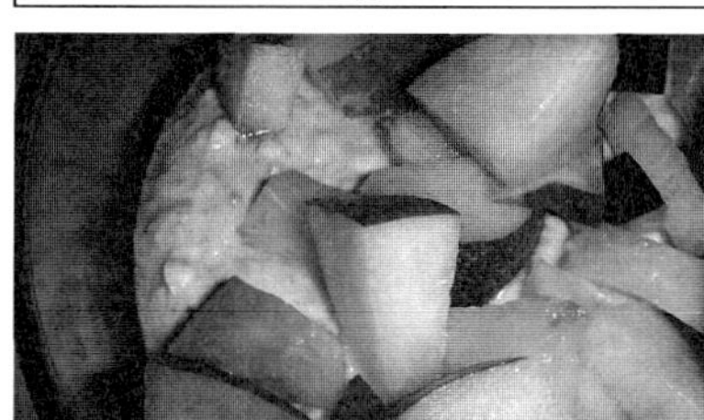

- 3 Esslöffel Sonnenblumenkerne
- Je 3 EL Hirse und Buchweizen
- 15 Esslöffel Wasser
- 3 kleine Äpfel (300 g)
- 1 geschälte kleine Zitrone
- 40 g Mandelmus, 2 Esslöffel Sahne
- 1 Nektarine (Bruttogewicht 180 g)

Abends: Getreide mit Sonnenblumenkernen über Nacht im Wasser einweichen (nicht im Kühlschrank).

Morgens: Äpfel halbieren, Zitrone achteln und zusammen mit Mandelmus und Sahne pürieren (Thermomix: 1 Min Stufe 4, 13 Sek Stufe 8). Unter das Getreide rühren. Auf zwei Schüsseln verteilen. Nektarine in Stücke locker auf der Oberfläche des Frühstücks verteilen.

Knabbersprossen

S	—	—	F	F+K	1
Süß	Roh	Vegan	Flocker	Fl/Keim	Person
Tag 7					

- 3 Esslöffel Dinkel
- 1 Esslöffel Nackthafer
- 1 Esslöffel Sonnenblumenkerne
- 3 Aprikosen (90 g)
- 1 kleiner Apfel (95 g)
- 2 Esslöffel Sahne

Vorher: Dinkel 3 Tage keimen lassen.

Morgens: Sprossen nochmals gut durchspülen und abtropfen lassen. Hafer flocken und mit den Sonnenblumenkernen in eine trockene Pfanne geben. Bei mittlerer Hitze etwas rösten (bis Dampf aufsteigt und es intensiv riecht). Aprikosen entsteinen, in Stücke schneiden. Apfel kleinschneiden. Obst, Sahne und geröstete Flocken/Kerne miteinander mischen.

Frühstück mit Sößchen

S	—	—	M	S	1
Süß	Roh	Vegan	Mühle	Schrot	Person
Tag 8					

- 3 Esslöffel Sechskorngetreide
- 6 Esslöffel Wasser
- 125 g Heidelbeeren
- 1 kleiner Apfel (90 g)
- 12 Mandeln
- 1 Esslöffel Sahne
- 1 Teelöffel Honig
- 1 Esslöffel Zitronenöl
- 1 Prise gemahlene Vanille

Abends: Sechskorngetreide grob schroten und über Nacht im Wasser einweichen (nicht im Kühlschrank).

Morgens: Heidelbeeren kurz mit Wasser abbrausen. Apfel in feine Stückchen schneiden. Obst und Mandeln unter das Schrot rühren. Die Soßenzutaten mit einer Gabel verschlagen und über das Müsli gießen.

Nektarinen mit Trockenfeigen

S	—	—	M+Z	S	2
Süß	Roh	Vegan	Geräte	Schrot	Person
Tag 9					

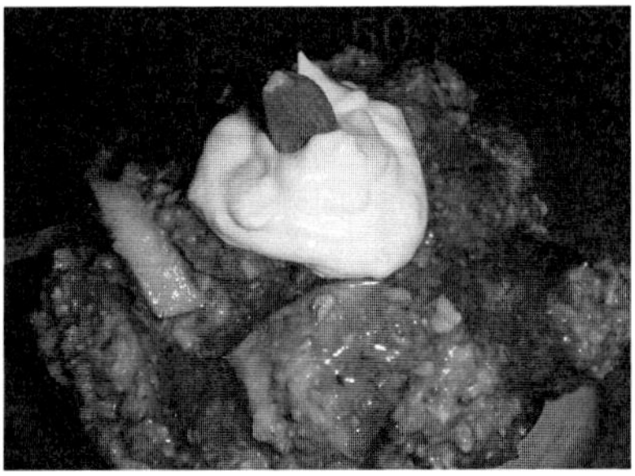

- 6 Esslöffel Sechskorngetreide
- 24 Mandeln
- 12 Esslöffel Wasser
- 4 Trockenfeigen
- Saft von 1/2 Zitrone
- 2 Nektarinen (290 g)
- 1 kleiner Apfel (100 g)
- 1 kleine Prise Muskat
- 2 Teelöffel Schmand
- 2 Mandeln als Dekoration

Abends: Sechskorngetreide grob schroten. Mit den Mandeln über Nacht im Wasser einweichen (nicht im Kühlschrank). Feigen getrennt einweichen.

Morgens: Zitronensaft unter den Getreideschrot rühren. Nektarinen entsteinen. Eine Nektarine mit dem klein geschnittenen Apfel und den abgetropften Feigen im Zerkleinerer pürieren. Püree und Muskat unter den Schrot rühren, dann die zweite Nektarine würfeln und einrühren. Auf zwei Schüsselchen verteilen, in die Mitte je einen dicken Klecks Schmand geben und eine Mandel hineinstecken.

Blauhaferbären

S	—	—	M	S	2
Süß	Roh	Vegan	Mühle	Schrot	Person
Tag 10					

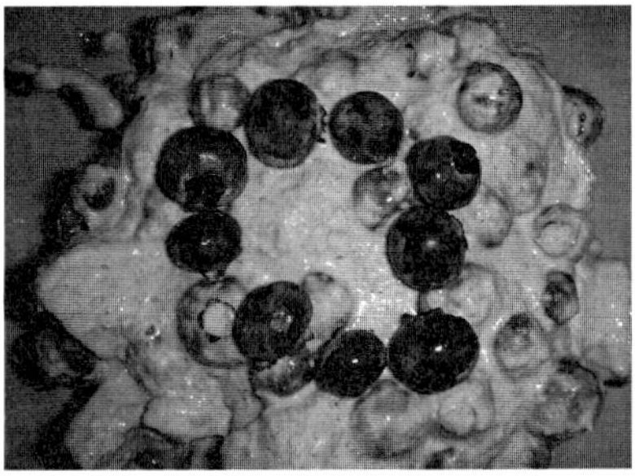

- 6 Esslöffel Nackthafer
- 1 Löffelspitze Zimt
- 42 g Schmand
- 2 Esslöffel süße Sahne
- 8 Esslöffel Einweichwasser von Trockenfrüchten (oder Wasser)
- 1 Banane (Bruttogewicht 160 g)
- 250 g Heidelbeeren

Morgens: Hafer mittelfein schroten. Hafer mit Zimt mischen und mit Schmand, süßer Sahne und Wasser verrühren.

Banane kleinschneiden, mit den Heidelbeeren (etwa 2 Esslöffel zurückhalten) unter den Hafer ziehen. Auf zwei Schüsseln verteilen, die restlichen Heidelbeeren kranzförmig auf das Müsli legen.

Beerenexplosion

S	R	V	M+Z	S	2
Süß	Roh	Vegan	Geräte	Schrot	Person
Tag 11					

- 6 Esslöffel Sechskorngetreide
- 3 Esslöffel Sonnenblumenkerne
- 14-16 Esslöffel Wasser
- 2 Bananen (Nettogewicht 250 g)
- Saft von 1/2 Zitrone
- 250 g Heidelbeeren
- 200 g Brombeeren

Abends: Sechskorngetreide grob schroten und zusammen mit den Sonnenblumenkernen über Nacht im Wasser einweichen, dabei abdecken (nicht im Kühlschrank aufbewahren).

Morgens: Bananen mit dem Zitronensaft pürieren (z.B. im Zerkleinerer), mit den gewaschenen und abgetropften Heidelbeeren und dem Schrot verrühren. Auf zwei Schüsselchen verteilen. Die Brombeeren gleichmäßig am Rand verteilen, eine in die Mitte setzen.

Sonnensprossen herzhaft

S	—	V	—	K	1
Süß	Roh	Vegan	Geräte	Keime	Person
Tag 12					

- 3 Esslöffel Sonnenblumenkerne
- 1 Esslöffel Sonnenblumenöl
- 70 g Spitzkohl
- 70 g Tomate
- 1 Prise Kräutersalz

Dekoration:
- 1 kleine Tomate (50 g)
- 4 schwarze Oliven

Vorher: Sonnenblumenkerne ca. 60 Stunden keimen lassen.

Morgens: Sprossen nochmals gut abspülen. Mit Öl und Salz verrühren. Spitzkohl und Tomate kleinschneiden Und unter die Sprossen mischen. Oberfläche glätten. Mit Tomatenspalten und halbierten Oliven dekorieren.

IngNekWal-Frühstück

S	R	V	M+T	S	2
Süß	Roh	Vegan	Geräte	Schrot	Person
Tag 13					

- 6 Esslöffel Sechskorngetreide
- 12 Esslöffel Wasser
- 35 g Rosinen
- 2 Nektarinen (310 g brutto)
- 2 kleinere Äpfel (240 g)
- 6 g frischer Ingwer
- 40 g Walnüsse

Abends: Sechskorngetreide grob schroten und über Nacht im Wasser einweichen (nicht im Kühlschrank). Rosinen getrennt einweichen.

Morgens: Rosinen abtropfen lassen. unter den Schrot ziehen. Nektarinen entsteinen, eine beiseite legen. Mit den halbierten Äpfeln und dem geschälten, grob zerkleinerten Ingwer sehr fein raffeln / pürieren (Thermomix 1 Minute Stufe 4, 13 Sekunden Stufe 8). Püree unter den Schrot rühren, Walnüsse sehr grob hacken, ebenfalls unterrühren. Auf zwei Schüsselchen verteilen. Die restliche Nektarine würfeln, jeweils in die Mitte des Schrots schütten.

Aprikosen-Hirse-Gedeck

S	—	—	M+T	S	2
Süß	Roh	Vegan	Geräte	Schrot	Person
Tag 14					

- 3 Esslöffel Sechskorngetreide
- 3 Esslöffel Hirse
- 12 Esslöffel Wasser
- 200 g kleine Aprikosen (mit Kernen gewogen)
- 2 kleine Äpfel (180 g)
- 1/2 geschälte Zitrone
- 3 Teelöffel Zitronenöl
- 30 g Mandelmus (1 Esslöffel)
- 2 Esslöffel Sahne
- 1-2 Esslöffel gestiftelte Mandeln (Dekoration)

Abends: Sechskorngetreide grob schroten, mit der Hirse mischen und über Nacht im Wasser einweichen (nicht im Kühlschrank).

Morgens: Aprikosen entkernen, vier Stück beiseite legen. Die restlichen Aprikosen mit den halbierten Äpfeln, der halben Zitrone, Öl, Mandelmus und Sahne pürieren (Thermomix 1 Min Stufe 4, 13 Sek Stufe 8). Püree unter den Schrot rühren. Drei Aprikosen in kleine Stückchen schneiden, unter das Getreide rühren. Auf zwei Schüsselchen verteilen.

Den Rand mit gestiftelten Mandeln bestreuen. Eine Aprikose fächerartig aufschneiden und je eine Hälfte in die Mitte legen.

Bananenhufeisen

S	—	V	M	S	1
Süß	Roh	Vegan	Mühle	Schrot	Person
Tag 15					

- 3 Esslöffel Sechskorngetreide
- 6 Esslöffel Wasser
- 12 Mandeln
- Saft von 1/2 Zitrone
- 1 Esslöffel Erdnussmus (25 g)
- 1 Banane (185 g ungeschält)
- 100 g kleine Aprikosen (mit Kernen gewogen)

Abends: Sechskorngetreide grob schroten und über Nacht im Wasser einweichen (nicht im Kühlschrank). Mandeln getrennt in Wasser einweichen.

Morgens: Morgens den Schrot mit dem Zitronensaft und dem Erdnussmus verrühren. Auf einen Dessertteller geben. Die Banane schälen, der Länge nach halbieren und die beiden Hälften in Hufeisenform um den Getreidebrei legen. Die entkernten Aprikosen und die abgetropften Mandeln dekorativ um und auf den Getreidebrei legen. Mit Messer und Gabel servieren. Einfach gemacht – sieht schick aus und schmeckt sehr lecker.

Heidelbeerschaum

S	—	—	M+T	M	2
Süß	Roh	Vegan	Mühle	Mehl	Person
Tag 16					

- 6 Esslöffel Sechskorngetreide
- 250 g Heidelbeeren
- 1 Banane (ohne Schale: 200 g)
- 2 kleine Äpfel (200 g)
- 20 Mandeln
- 65 g Schmand

Morgens: Getreide mahlen. Mit der Hälfte der Heidelbeeren, der Banane, den halbierten Äpfeln, den Mandeln und Schmand pürieren (Thermomix 1 Minute Stufe 4, 13 Sekunden Stufe 8). Auf zwei Schüsselchen verteilen.
Mit den restlichen Heidelbeeren dekorieren.

Brommbär

S	—	—	M	S	2
Süß	Roh	Vegan	Mühle	Schrot	Person
Tag 17					

- 6 Esslöffel Sechskorngetreide
- 12 Esslöffel Wasser
- 2 Esslöffel Sahne
- 1 Banane (mit Schale: 195 g)
- 275 g Brombeeren
- 1-2 Esslöffel Cashewnüsse

Abends: Sechskorngetreide grob schroten und über Nacht im Wasser einweichen (nicht im Kühlschrank).

Morgens: Morgens den Schrot mit der Sahne verrühren. Banane mit einer Gabel zu Brei zerdrücken.

Unter den Schrot rühren. Die Hälfte der Brombeeren in der Hand zerdrücken und ebenfalls unterrühren. Zwei Früchte zur Seite legen, die restlichen intakten Früchte vorsichtig unterziehen. Schrot auf zwei Schüsseln verteilen. In die Mitte je eine Brombeere stecken. Mit Cashewnüssen weiter dekorieren.

Frau Holles Hügel

S	—	—	M	S	2
Süß	Roh	Vegan	Mühle	Schrot	Person
Tag 18					

- 3 Esslöffel Sechskorngetreide
- 3 Esslöffel Hirse
- 3 Esslöffel Sonnenblumenkerne
- 2 Esslöffel Kokoschips
- 16-18 Esslöffel Wasser
- 250 g Pflaumen (brutto)
- 1 kleiner Apfel (100 g)
- 2 Esslöffel Sahne
- Saft von 1/2 Zitrone
- 2 Esslöffel Kokosraspeln (Dekoration)

Abends: Sechskorngetreide grob schroten.
Mit Hirse, Sonnenblumenkernen und Kokoschips über Nacht im Wasser einweichen (nicht im Kühlschrank).

Morgens: Pflaumen entsteinen und in Streifen schneiden. Apfel stifteln (mit Schale und Kerngehäuse). Sahne und Zitronensaft unter den Schrot rühren, dann das Obst untermischen. Auf zwei Schüsselchen verteilen. Jeweils mit einem Esslöffel Kokosraspeln bestreuen.

Linsenzwittriges Frühstück

—	R	V	F+Z	F	1
Süß	Roh	Vegan	Geräte	Flocken	Person
Tag 19					

- 1 Esslöffel Nackthafer
- 3 gehäufte Esslöffel Linsensprossen
- 125 g entsteinte Pflaumen
- 70 g Möhre
- 12 Mandeln
- 2 Esslöffel Macadamianussöl

Vorher: Linsen ca. 2-3 Tage keimen lassen (siehe Basisrezepte).

Morgens: Hafer flocken. Linsen noch einmal kurz mit Wasser abspülen. Pflaumen in Achtel schneiden.

Die Möhre raspeln (z.B. Zerkleinerer), die Mandeln hacken (wenn die Möhren klein genug sind, hinzugeben). Alle Zutaten mit dem Nussöl vermischen. Eventuell mit einer Pflaume dekorieren, sieht aber auch so nett aus.

Gepaarte Aprikosen

S	R	V	M+T	S	2
Süß	Roh	Vegan	Geräte	Schrot	Person
Tag 20					

- 6 Esslöffel Sechskorngetreide
- 12 Esslöffel Wasser
- 40 g Haselnüsse
- 1/2 Zitrone
- 6 kleine Aprikosen (200 g brutto)
- 2 reife Birnen (280 g)
- 1/2 geschälte Zitrone
- 16 Haselnüsse (Dekoration)

Abends: Sechskorngetreide schroten und über Nacht im Wasser einweichen (nicht im Kühlschrank).

Morgens: Haselnüsse grob hacken (Thermomix: 2 Sek Stufe 6).
Zwei der entsteinten Aprikosen beiseite legen. Die restlichen Aprikosen mit den halbierten Birnen und der halben Zitrone grob pürieren (1 Min Stufe 4). Püree und gehackte Nüsse unter den Schrot rühren. Auf zwei Schüsselchen verteilen. Restliche Aprikosen vierteln und abwechselnd mit den Haselnüssen im Kreis oben auf das Frischkorngericht legen.

Apfel im Cashewrock

S	—	V	M	S	2
Süß	Roh	Vegan	Mühle	Schrot	Person
Tag 21					

- 6 Esslöffel Sechskorngetreide
- 12 Esslöffel Wasser
- Saft von 1/2 Zitrone
- 50 g Cashewnussmus
- 2 kleine Äpfel (180 g)
- 1 Nektarine (150 g)
- 140 g Aprikosen
- 20 g Cashewnüsse

Abends: Sechskorngetreide grob schroten. Über Nacht im Wasser einweichen (nicht im Kühlschrank).

Morgens: Schrot mit dem Zitronensaft und dem Cashewnussmus verrühren. Die beiden Äpfel in kleine Stücke schneiden, jeweils die Hälfte in die Mitte eines großen flachen Tellers legen. Die Hälfte des Schrots sorgsam darüber verteilen, sodass der Apfel gut bedeckt ist. Nektarine in Spalten schneiden, Aprikosen halbieren und gleichmäßig auf dem Tellerrand verteilen. Die Cashewnüsse oben auf das Schrot setzen. Mit Messer und Gabel servieren.

Blumenkohl on the Grains

—	R	V	M	S	1
Süß	Roh	Vegan	Mühle	Schrot	Person
Tag 22					

- 3 Esslöffel Sechskorngetreide
- 6 Esslöffel Wasser
- 20 g Sonnenblumenkerne
- 1 Esslöffel Olivenöl
- 1/2 Tl Paprika, etwas ger. Muskatnuss
- 25 g Sonnenblumenkernmus
- 170 g Blumenkohl
- 125 g Aprikosen
- 8 Oliven

Abends: Sechskorngetreide grob schroten, 12 Std. im Wasser einweichen.

Morgens: Morgens die Sonnenblumenkerne in einer trockenen Pfanne rösten, bis wohlriechender Dampf aufsteigt und die Kerne gelblich sind. Immer wieder rühren. Olivenöl, Sonnenblumenkernmus, Muskat und Paprikapulver unter den Schrot rühren. Blumenkohl putzen, Aprikosen entkernen, beides kleinschneiden und unter das Schrot ziehen. Sonnenblumenkerne in die Mitte streuen. Mit den Oliven dekorieren.

Bissigmüsli

S	—	—	M	S	2
Süß	Roh	Vegan	Mühle	Schrot	Person
Tag 23					

- 4 Esslöffel Sechskorngetreide
- 2 Esslöffel Buchweizen
- 12 Esslöffel Wasser
- 40 g Haselnüsse
- 1/2 geschälte Zitrone
- 1 Banane (175 g ungeschält)
- 140 g Aprikosen (5 Stück)
- 1 kleiner Apfel (105 g)
- 2 Esslöffel Sahne
- eventuell 1-2 Teelöffel Honig

Abends: Sechskorngetreide grob schroten, zusammen mit dem Buchweizen über Nacht im Wasser einweichen (nicht im Kühlschrank). Nüsse getrennt in Wasser einweichen.

Morgens: Nüsse abtropfen lassen, zum Schrot geben. Zitrone in ganz kleine Stückchen schneiden, Kerne entfernen. Banane schälen, Aprikosen entkernen. Obst in Stücke schneiden (1 Aprikose zurückhalten) und unter das Schrot rühren. Auf zwei Schüsselchen verteilen. In die Mitte jeweils eine halbe Aprikose legen. Jeweils 1 Esslöffel Sahne über den Müslirand gießen, eventuell mit Honig nachsüßen.

Frischkorn mit Feigensoße

S	—	V	M+Z	S	2
Süß	Roh	Vegan	Geräte	Schrot	Person
Tag 24					

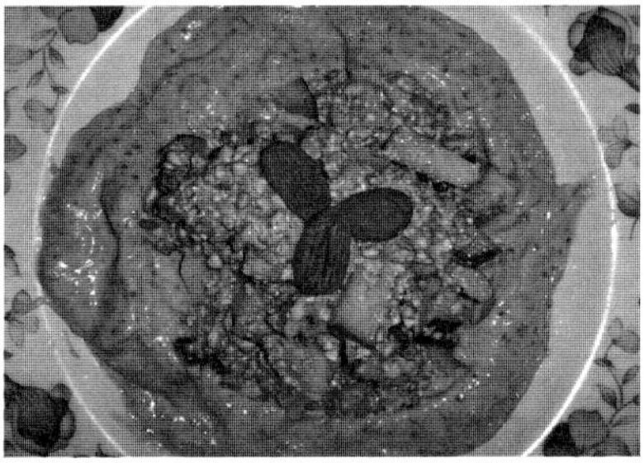

- 3 Esslöffel Sechskorngetreide
- 2 Esslöffel Emmer
- 1 Esslöffel Buchweizen
- 12 Esslöffel Wasser
- 72 g getrocknete Feigen (4 Stück)
- 1/2 geschälte Zitrone
- 50 g Cashewnussmus
- 1 Banane (175 g brutto)
- 1 Nektarine (155 g)
- 6 Mandeln (Dekoration)

Abends: Sechskorngetreide und Emmer grob schroten. Mit dem Buchweizen über Nacht im Wasser einweichen (nicht im Kühlschrank). Feigen getrennt einweichen.

Morgens: Feigen abtropfen lassen, Stiele abschneiden. Feigen und Zitrone zusammen im Zerkleinerer (oder mit dem Pürierstab) pürieren. Cashewnussmus und 3 Esslöffel Feigeneinweichwasser hinzugeben, gut durchmixen, bis eine schöne beige Soße entsteht. Wer sie gerne dünner hätte, gibt esslöffelweise mehr von dem Einweichwasser hinzu. Geschälte Banane und entsteinte Nektarine kleinschneiden, unter den Schrot mischen. Auf zwei Suppenteller verteilen. Die Soße um den Getreideberg verteilen und mit je 3 Mandeln verzieren.

Rösthaube für Frischkorn

S	—	—	MFT	S	2
Süß	Roh	Vegan	Geräte	Schrot	Person
Tag 25					

- 4 Esslöffel Sechskorngetreide
- 8 Esslöffel Wasser
- 2 Esslöffel Nackthafer
- 1 Esslöffel Sonnenblumenkerne
- 1 Esslöffel Erdnüsse
- 1 Esslöffel Sesam
- 2 Bananen
  (mit Schale gewogen: 300 g)
- 2 Äpfel (180 g)
- 1 Scheibe Süßkartoffel (125 g)
- 1/2 geschälte Zitrone
- 1-2 Teelöffel Pampelmusat

Abends: Sechskorngetreide grob schroten und über Nacht im Wasser einweichen (nicht im Kühlschrank).

Morgens: Hafer flocken. In einer trockenen Pfanne Flocken, Sonnenblumenkerne, Erdnüsse und Sesam rösten (auf Stufe 2 von 3), ab und zu umrühren. Wenn es duftet und sich einige Kerne deutlich verfärben, vom Herd nehmen. Es dunkelt noch etwas in der Pfanne nach. Bananen schälen. Mit Äpfeln, Süßkartoffel und Zitrone pürieren (Thermomix: 1 Min Stufe 4, 13 Sekunden Stufe 8). Püree unter den Schrot rühren. Auf zwei Schüsselchen verteilen. Von oben mit der Knuspermischung bedecken. Mit Pampelmusat dekorieren.

Heidelbeernester

S	—	—	MFT	S	2
Süß	Roh	Vegan	Geräte	Schrot	Person
Tag 26					

- 4 Esslöffel Sechskorngetreide
- 8 Esslöffel Wasser
- 2 Esslöffel Nackthafer
- 4 Esslöffel Sahne
- 3 kleine Äpfel (280 g)
- 1/2 geschälte Zitrone
- 2 Esslöffel Haselnüsse
- 250 g Heidelbeeren
- nach Geschmack: 1-2 Teelöffel Honig pro Portion

Abends: Sechskorngetreide grob schroten und über Nacht im Wasser einweichen (nicht im Kühlschrank).

Morgens: Hafer flocken. Zusammen mit der Sahne unter das geschrotete Getreide rühren. Äpfel, Zitrone und Haselnüsse zusammen grob pürieren / raffeln (Thermomix: 1 Minute auf Stufe 4, 10 Sekunden auf Stufe 8). Ebenfalls unter das Getreide rühren. Zwei ausreichend große Schüsseln am Rand mit dem Getreide-Obstgemisch „auslegen“, sodass in der Mitte eine große Kuhle bleibt. Je 125 g Heidelbeeren in die Kuhle schütten. Eventuell etwas Honig über die Beeren gießen.

Dr. Bruker vertrat die Meinung, dass wir Beeren nicht waschen sollen, auch wenn uns das auf Anhieb eigenartig erscheint. Zu viel Wertvolles waschen wir weg - und wirklich Pestizide wegwaschen können wir sowieso nicht.

Nektarinen-Nuss-Frühstück

S	—	—	M	S	2
Süß	Roh	Vegan	Mühle	Schrot	Person
Tag 27					

- 6 Esslöffel Sechskorngetreide
- 12 Esslöffel Wasser
- 60 g Nüsse:
  1 Esslöffel Mandeln
  1 Esslöffel Haselnüsse
  1 Esslöffel Sonnenblumenkerne
- 2 Esslöffel Sahne
- Saft von 1/2 Zitrone
- 1 Apfel (125 g)
- 3 Nektarinen (brutto: 375 g)

Abends: Sechskorngetreide grob schroten und über Nacht im Wasser einweichen (nicht im Kühlschrank). Nüsse getrennt einweichen.

Morgens: Schrot mit Sahne, Zitronensaft und abgetropften Nüssen verrühren. Apfel und entsteinte Nektarinen (eine halbe Nektarine für die Dekoration beiseite legen) in kleine Stücke schneiden, ebenfalls unterziehen. Auf zwei Schüsseln verteilen. Die Nektarinenhälfte in dünne Spalten schneiden und als Deko auf den Schrot legen.

Süßliche Zucchini

—	R	V	M	S	1
Süß	Roh	Vegan	Mühle	Schrot	Person
Tag 28					

- 3 Esslöffel Sechskorngetreide
- 6 Esslöffel Wasser
- 2 Esslöffel Sonnenblumenkerne
- 2 Feigen
- 1 kleiner Apfel (82 g)
- 135 g Zucchini, 1 Cherry-Tomate

Abends: Sechskorngetreide grob schroten und über Nacht im Wasser einweichen (nicht im Kühlschrank).

Sonnenblumenkerne und Feigen jeweils getrennt in Wasser einweichen.

Morgens: Sonnenblumenkerne und Feigen abtropfen lassen. Feigen kleinschneiden und beides unter den eingeweichten Schrot mischen. Apfel ungeschält und mit Kerngehäuse in feine Streifen schneiden. Von der Zucchini eine hauchdünne Scheibe abschneiden, den Rest zerkleinern. Zucchini und Apfel in den Schrot geben, gut vermischen. Zucchinischeibe viermal einschneiden, kleine Tomate vierteln und beide als Dekoration nutzen.

Pflaumenschrotmus

S	—	—	M+T	S	2
Süß	Roh	Vegan	Geräte	Schrot	Person
Tag 29					

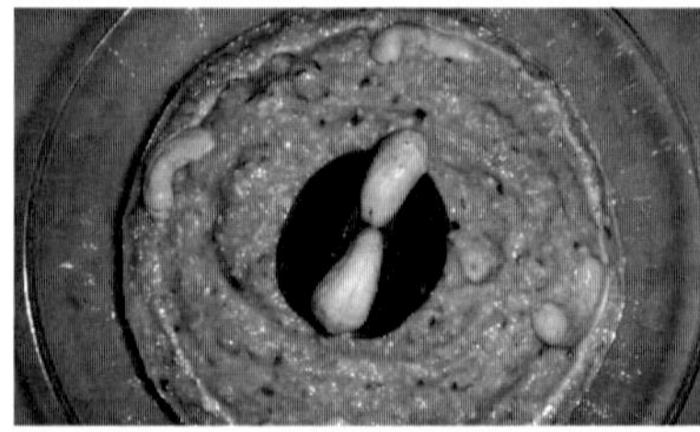

- 6 Esslöffel Sechskorngetreide
- 12 Esslöffel Wasser
- 40 g Cashewnüsse
- 2 Esslöffel Sahne
- 1 Banane (Bruttogewicht: 160 g)
- 205 g Pflaumen (Bruttogewicht)
- 1 kleiner Apfel (120 g)
- 1-2 Prisen Sternanis
- 1 Pflaume als Dekoration

Abends: Sechskorngetreide grob schroten.
Über Nacht im Wasser einweichen (nicht im Kühlschrank). Cashewnüsse getrennt in Wasser einweichen.

Morgens: Schrot mit Sahne und der Hälfte der abgetropften Cashewnüsse verrühren. Banane schälen, Pflaumen entkernen. Alles Obst zusammen pürieren (Thermomix: 1 Min Stufe 4), mit Sternanis würzen und zu dem Schrot geben. Auf zwei Schüsseln verteilen. Die beiden Pflaumenhälften „schlitzen“, Cashewnüsse in die Schlitze stecken und Schrot mit restlichen Cashewnüssen dekorieren.

Tomaten-Gurken-Müsli

—	—	—	M	S	1
Süß	Roh	Vegan	Mühle	Schrot	Person
Tag 30					

- 3 Esslöffel Sechskorngetreide
- 6 Esslöffel Wasser
- 12 Mandeln
- 1 Esslöffel Leinöl
- 1 Esslöffel saure Sahne (40 g)
- 1 Prise Salz
- 1 Tomate (120 g)
- 1 Stück Gurke (90 g)
- 8 Blättchen Basilikum

Abends: Sechskorngetreide grob schroten.
Über Nacht im Wasser einweichen (nicht im Kühlschrank). Mandeln getrennt in Wasser einweichen.

Morgens: Mandeln abtropfen lassen und mit Leinöl und saurer Sahne unter das Getreide rühren. Mit etwas Salz abschmecken. Tomate und Gurke in kleine Stücke schneiden, Basilikum fein hacken. Alles miteinander mischen. Mit ein bisschen Basilikum und einigen Gurkenscheiben dekorieren.

Haselnussschauer Aprikosia

S	R	V	M+T	S	2
Süß	Roh	Vegan	Geräte	Schrot	Person
Tag 31					

- 4 Esslöffel Sechskorngetreide
- 2 Esslöffel Hirse
- 12 Esslöffel Wasser
- 50 g Haselnüsse
- 1/2 Zitrone
- 300 g Aprikosen
- 2 kleine Äpfel (200 g)
- 4 g Ingwer

Abends: Sechskorngetreide grob schroten und mit der Hirse über Nacht im Wasser einweichen (nicht im Kühlschrank). Haselnüsse getrennt in Wasser einweichen.

Morgens: Haselnüsse grob hacken (Thermomix: 3 Sekunden auf Stufe 6). 4 kleine Aprikosen zur Seite legen. Die restlichen Aprikosen entkernen, Zitrone schälen, Äpfel halbieren und alles zusammen mit dem ungeschälten Ingwer zusammen pürieren (1 Minute auf Stufe 4, 10 Sekunden auf Stufe 8). Ebenfalls unter das Getreide rühren.

Auf zwei Schüsseln verteilen. Beide mit den gehackten Haselnüssen bestreuen. Die 4 Aprikosen halbieren, Kerne entfernen und mit der Schnittfläche nach oben in die Haselnüsse drücken.

August

Äpfel, Aprikose, Birne, Brombeere, Heidel-, Him- und Johannisbeere, Kirsche, Kiwi, Melone, Mirabelle, Pflaume, Pfirsich, Reneclaude, Stachelbeere

Aprikosen-mit-Sesam-Müsli, Tag 3

Sommermüsli Exquisa, Tag 4

Pflaumenschiffchen, Tag 12

Luxus-Frischkorngericht, Tag 17

Minzikose-Frühstück, Tag 18

Emmer-Schlemmer, Tag 19

Honigmelone on the Oats

S	R	—	MFT	SF	2
Süß	Roh	Vegan	Geräte	Schrot Flocken	Person
Tag 1					

- 3 Esslöffel Sechskorngetreide
- 6 Esslöffel Wasser
- 40 g Leinsamen
- 1/2 Honigmelone (580 g gewogen mit Schale, aber ohne Kerne)
- 3 Esslöffel Nackthafer
- 2 Bananen (335 g ungeschält gewogen)
- 1/2 Zitrone
- 2 Teelöffel Zitronat

Abends: Sechskorngetreide grob schroten und über Nacht in Wasser einweichen (nicht im Kühlschrank).

Morgens: Leinsamen fein schroten (Thermomix: 5 Sek Stufe 10). Von der Melone seitlich zwei Scheiben wegschneiden, den Rest aus der Schale lösen. Hafer flocken, Bananen und Zitrone schälen und mit dem Melonenrest pürieren (1 Min Stufe 4, 13 Sek Stufe 8) und unter den Schrot rühren. Auf zwei Schüsseln verteilen. Die Melonenscheiben schälen, in Stücke schneiden und die Stücke oben auf dem Müsli wieder zusammenlegen. Jeweils 1 Teelöffel Zitronat aufsetzen.

Träuble on Top

S	—	V	M+T	S	2
Süß	Roh	Vegan	Geräte	Schrot	Person
Tag 2					

- 5 Esslöffel Sechskorngetreide
- 1 Esslöffel Buchweizen
- 12 Esslöffel Wasser
- 40 g Erdnüsse
- 500 g Äpfel
- 1/2 Zitrone geschält
- 150 g Trauben (an Rebe gewogen)

Abends: Sechskorngetreide schroten und mit dem Buchweizen über Nacht in Wasser einweichen (nicht in den Kühlschrank stellen). Erdnüsse getrennt in etwas Wasser einweichen.

Morgens: Erdnüsse abtropfen lassen und unter das Schrot rühren. Äpfel halbieren oder vierteln, mit der Zitrone pürieren (Thermomix: 1 Min Stufe 4, 13 Sek Stufe 8). Unter den Schrot rühren. Weintrauben halbieren und bis auf 16 Hälften untermischen. Auf zwei Schüsseln verteilen. Die Traubenhälften dekorativ auf die Schüssel legen.

Aprikosen-mit-Sesam-Müsli

S	—	—	F+T	F	2
Süß	Roh	Vegan	Geräte	Flocken	Person
Tag 3					

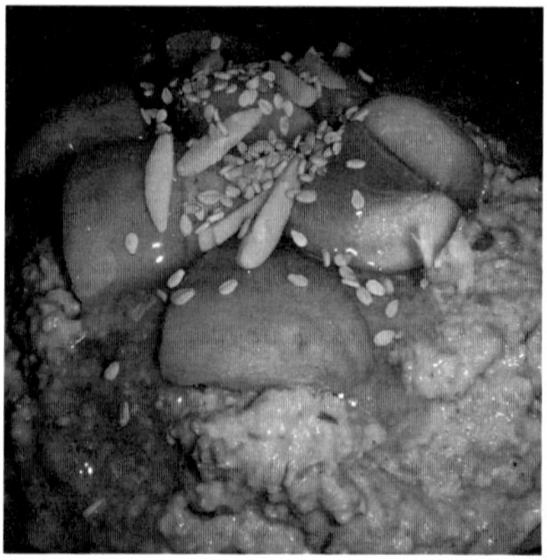

- 40 g Sonnenblumenkerne
- 3 Esslöffel Nackthafer
- 3 Esslöffel Dinkel
- 2 Esslöffel Sesam, ungeschält
- 210 g Aprikosen (brutto)
- 1 Apfel (140 g)
- 1 Birne (170 g)
- 4 Esslöffel Sahne
- 1 Aprikose zur Dekoration
- etwas Sesam
- einige Mandelsplitter
- eventuell 1-2 Teelöffel Honig

Abends: Sonnenblumenkerne gut bedeckt in Wasser einweichen.

Morgens: Getreide mit dem Sesam mischen und flocken. Aprikosen entkernen, Apfel halbieren, Birne vierteln. Obst mit Sahne und Getreidemischung pürieren (Thermomix: 1 Minute Stufe 4, 4 Sekunden Stufe 8).
Auf zwei Schüsseln verteilen. Die Aprikose grob würfeln und jeweils die Hälfte auf einer der Schüsseln drapieren. Mit Sesam und Mandelsplitter bestreuen. Wer es gerne süß mag, gießt 1-2 Teelöffel Honig über die Aprikosen.

Sommermüsli Exquisa

S	—	—	M	S	1
Süß	Roh	Vegan	Mühle	Schrot	Person
Tag 4					

- 2 Esslöffel Sechskorngetreide
- 1 Esslöffel Gerste
- 6 Esslöffel Wasser
- 30 g Pinienkerne
- Saft von 1/2 Zitrone
- 30 g Erdnussmus
- 40 g Schmand
- 1 Nektarine (150 g)
- 90 g Pflaumen (Gewicht mit Stein)

Abends: Sechskorngetreide mit der Gerste mittelgrob schroten und im Wasser verrühren. Über Nacht einweichen (nicht im Kühlschrank).

Morgens: Pinienkerne im trockenen Topf auf mittlerer Hitze (Stufe 2 von 3) rösten, bis sie gelb sind. Schrot mit Zitronensaft, Erdnussmus und Schmand verrühren. Nektarine entsteinen, würfeln und unter den Schrot ziehen. Pflaumen halbieren und an den Rand des Müslis stellen. Die Pinienkerne in die Mitte schütten.

Frühstück Manuella

S	R	V	—	G	1
Süß	Roh	Vegan	Geräte	Getreide	Person
Tag 5					

- 1 Esslöffel Hirse
- 1 Esslöffel Nackthafer
- 1 Esslöffel Buchweizen
- 5 Esslöffel Wasser
- 30 g Walnüsse
- 1 Birne (180 g)
- 95 g Pflaumen (Gewicht mit Stein)

Abends: Getreide mit Wasser verrühren. Über Nacht einweichen (nicht im Kühlschrank).

Morgens: Walnüsse unter das Getreide rühren. Obst kleinschneiden und ebenfalls unterziehen. Fertig.

Erdnuss-Nektarinen-Mix

S	—	V	M+T	S	2
Süß	Roh	Vegan	Geräte	Schrot	Person
Tag 6					

- 6 Esslöffel Sechskorngetreide
- 12 Esslöffel Wasser
- 30 g Erdnüsse
- 2 Nektarinen (300 g Gewicht mit Steinen)
- 1 Apfel (150 g)
- 40 g Erdnussmus
- 1/2 geschälte Zitrone

Abends: Getreide schroten und mit Wasser verrühren. Über Nacht einweichen (nicht im Kühlschrank). Erdnüsse in Wasser einweichen.

Morgens: Nektarinen entsteinen, vierteln. Apfel vierteln. Mit Erdnussmus und Zitrone gut pürieren (Thermomix: 1 Minute Stufe 4, 4 Sekunden Stufe 8). Unter den Schrot rühren. Auf zwei Schüsselchen verteilen, die abgetropften Erdnüsse am Rand verteilen.

Plümliberg

S	—	—	M+T	S	2
Süß	Roh	Vegan	Geräte	Schrot	Person
Tag 7					

- 6 Esslöffel Sechskorngetreide
- 12 Esslöffel Wasser
- 30 g Mandeln
- 250 g Pflaumen (mit Stein)
- 1 Apfel (135 g)
- 1/2 geschälte Zitrone
- 2 Teelöffel Honig
- gestiftelte Mandeln

Abends: Getreide und Nüsse wie für Tag 6 beschrieben einweichen.

Morgens: Pflaumen entsteinen, die Hälfte mit einem halben Apfel und der geschälten Zitrone pürieren (Thermomix: 1 Minute Stufe 4). Bis auf 8 Stück die Mandeln hinzugeben und nochmals kurz durchschlagen (5 Sekunden auf Stufe 8). Unter das Schrot rühren. Restliches Obst in Stücke schneiden und unterziehen. Auf zwei Schüsselchen verteilen, jeweils 4 Mandeln am Rand verteilen. In die Mitte den Honig gießen und ein paar gestiftelte Mandeln darüber streuen).

Banana mit Anis-Sahna

S	—	—	M+T	S	2
Süß	Roh	Vegan	Geräte	Schrot	Person
Tag 8					

- 3 Esslöffel Sechskorngetreide
- 3 Esslöffel Buchweizen
- 10 Esslöffel Wasser
- 50 g Rosinen
- 3 Bananen
  (590 g Gewicht mit Schale)
- 1 kleine Zitrone
- 1 Apfel (140 g)
- 80 g Sahne
- 1-2 Prisen Anis

Abends: Sechskorngetreide schroten und mit dem Buchweizen im Wasser verrühren. Über Nacht einweichen (nicht im Kühlschrank). Rosinen getrennt in Wasser einweichen.

Morgens: Rosinen abtropfen lassen. Bananen und Zitrone schälen, zusammen mit der Hälfte der Rosinen pürieren (Thermomix: 1 Minute Stufe 4, 5 Sekunden Stufe 8). Apfel klein schneiden. Restliche Rosinen, Apfel und Obstpüree unter den Getreidebrei mischen.

Sahne mit dem Anis halb steifschlagen. Auf zwei Schüsselchen verteilen, die Sahne als Dekoration darauf verteilen.

Honigsüßes Müsli ohne Honig

S	R	V	M+T	S	2
Süß	Roh	Vegan	Geräte	Schrot	Person
Tag 9					

- 6 Esslöffel Sechskorngetreide
- 12 Esslöffel Wasser
- 1 Limette
- 200 g Honigaprikosen
- 1/2 reife Honigmelone (Fruchtfleisch 200 g; brutto 670 g)
- 1 kleiner Apfel (90 g)
- 50 g Sonnenblumenkernmus
- 1 Aprikose zur Dekoration (Foto siehe nächste Seite unten)

Abends: Sechskorngetreide schroten, mit Wasser zu einem dicklichen Brei verrühren. Über Nacht einweichen (nicht im Kühlschrank).

Morgens: Limette schälen, Aprikosen entsteinen, Fruchtfleisch aus der Melone lösen. Apfel vierteln. Das Obst zusammen mit dem Sonnenblumenkernmus pürieren (Thermomix: 1 Minute Stufe 4, 6 Sekunden Stufe 8). Unter den Schrot rühren. Auf zwei Schüsselchen verteilen. Die halbierte Aprikose in schmale Spalten schneiden, je eine Hälfte fächerartig auf das Frischkorngericht legen. Achtung: Fertig gekauftes Nussmus hat keine Rohkostqualität.

Aprikosenberg im Kokoskranz

S	—	V	M+T	S	2
Süß	Roh	Vegan	Geräte	Schrot	Person
Tag 10					

- 6 Esslöffel Sechskorngetreide
- 12 Esslöffel Wasser
- 2 Esslöffel Kokosflocken
- 2 Esslöffel Sonnenblumenkerne
- 150-170 ml Wasser
- 1 Limette
- 375 g Aprikosen
- 1 Apfel (115 g)
- 1 Aprikose zur Dekoration
- 2-3 Esslöffel Kokoschips

Abends: Getreide schroten, mit Kokosflocken und Sonnenblumenkernen vermischen und mit Wasser verrühren. Über Nacht einweichen (nicht im Kühlschrank).

Morgens: Limette schälen, Aprikosen entsteinen, Apfel vierteln. Limette, Apfel und die Hälfte der Aprikosen pürieren, dann die restlichen Aprikosen hinzugeben und nochmals grob pürieren (Thermomix: 10 Sekunden Stufe 10, 5 Sekunden auf Stufe 5). Unter den Schrot rühren. Auf zwei Schüsselchen verteilen. Die Aprikose würfeln, je eine Hälfte in die Mitte des Schrotbergs legen. Den Rand des Frischkorngerichts mit Kokoschips bestreuen.

Honigsüßes Müsli ohne Honig (Rezept links)

Frischkorn Exotika

S	—	—	MTF	S	2
Süß	Roh	Vegan	Geräte	Schrot	Person
Tag 11					

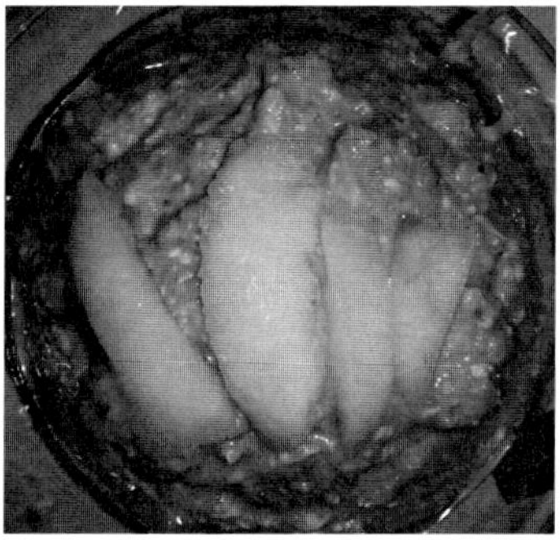

- 3 Esslöffel Sechskorngetreide
- 6 Esslöffel Wasser
- 50 g getrocknete Papaya
- 3 Esslöffel Nackthafer
- 1 Limette
- 2 Esslöffel Sahne
- 1 Apfel (115 g)
- 1/2 Honigmelone (400 g Fruchtfleisch)
- 20 g Pinienkerne
- 1-2 Teelöffel Honig pro Person

Abends: Sechskorngetreide schroten und im Wasser verrühren. Über Nacht einweichen (nicht im Kühlschrank). Papaya getrennt in Wasser einweichen.

Morgens: Hafer flocken und mit der Sahne unter den Schrot rühren. Limette schälen, Melonenfleisch aus der Melone löffeln. Apfel vierteln. Limette, Apfel und die Hälfte der Melone pürieren (Thermomix: 1 Minute Stufe 4, dann 13 Sekunden auf Stufe 8). Unter den Schrot rühren. Rest Melone kleinschneiden, etwas zum Dekorieren beiseite legen. Pinienkerne und Melone unter den Schrot rühren. Auf zwei Schüsselchen verteilen. In der Mitte mit Melone dekorieren, auf den Rand Honig träufeln.

Pflaumenschiffchen

S	—	—	M+T	S	2
Süß	Roh	Vegan	Geräte	Schrot	Person
Tag 12					

- 3 Esslöffel Sechskorngetreide
- 3 Esslöffel Hirse
- 120 ml Wasser
- 22 Mandeln
- 400 g Pflaumen (brutto)
- 1 Apfel (120 g)
- 1 Zitrone
- 2 Esslöffel Mohn
- 1 Esslöffel cremiger Honig

Abends: Sechskorngetreide schroten und mit der Hirse im Wasser verrühren. Über Nacht einweichen (nicht im Kühlschrank). Mandeln getrennt in Wasser einweichen.

Morgens: Pflaumen entsteinen, 8 schöne Hälften zur Seite legen. Apfel und Zitrone vierteln, zusammen mit den restlichen Pflaumen und dem Mohn pürieren (Thermomix: 1 Minute Stufe 4, 13 Sekunden Stufe 8). Unter den Schrot rühren. Je nach Süße der Pflaumen ist Honig erforderlich. Auf zwei Schüsselchen verteilen. Jede Schüssel wie folgt dekorieren: 4 Pflaumenhälften mit der Schnittfläche nach oben auf den Schrot legen. In jede Pflaumenhälfte senkrecht eine Mandel pieksen. Die anderen Mandeln dekorativ auf der Oberfläche verteilen (siehe Foto unten links).

Pinientopping auf Nektarinen

S	—	V	M+T	S	2
Süß	Roh	Vegan	Geräte	Schrot	Person
Tag 13					

- 6 Esslöffel Sechskorngetreide
- 12 Esslöffel Wasser
- 50 g Pinienkerne
- 1/2 Zitrone
- 1 Apfel (120 g)
- 165 g Nektarinenfruchtfleisch

Abends: Sechskorngetreide schroten und im Wasser verrühren. Über Nacht einweichen (nicht im Kühlschrank).

Morgens: Pinienkerne in der trockenen Pfanne bei mittlerer Hitze rösten, bis sie duften und hellbraun sind. Dann sofort die Pfanne vom Ofen nehmen, weil sie schnell nachdunkeln. Geschälte Zitrone, geviertelten Apfel und Nektarinenfleisch pürieren (Thermomix: 1 Minute Stufe 4, 13 Sekunden Stufe 8). Unter den Schrot rühren. Auf zwei Schüsselchen verteilen. Die noch warmen Pinienkerne darüber verteilen.

Kraftfrühstück mit der Hilde

S	R	—	M+T	S	2
Süß	Roh	Vegan	Geräte	Schrot	Person
Tag 14					

- 6 Esslöffel Sechskorngetreide
- 12 Esslöffel Wasser
- 50 g Sonnenblumenkerne
- 2 Esslöffel Leinsamen
- 1/2 geschälte Zitrone
- 2 geschälte Bananen (340 g)
- 2 Äpfel (200 g)
- 1/2 Teelöffel gem. Muskatnuss
- 1-2 Teelöffel Zitronat)

Abends: Sechskorngetreide schroten und im Wasser verrühren.

Über Nacht einweichen (nicht im Kühlschrank). Sonnenblumenkerne getrennt in Wasser einweichen.

Morgens: Leinsamen schroten (Thermomix: 3 Sekunden Stufe 10). Bananen schälen, Äpfel halbieren. 2 Apfelhälften zur Seite legen, das restliche Obst pürieren (1 Minute Stufe 4, 13 Sekunden Stufe 8). Eine Apfelhälfte würfeln und mit Obstpüree, den abgetropften Sonnenblumenkernen, Muskatnuss und Leinsamen unter den Schrot rühren. Auf zwei Schüsselchen verteilen. Die verbliebene Apfelhälfte in feine Spalten schneiden, jeweils ein Viertel auf den Schrot legen und eindrücken, damit das weiße Fruchtfleisch nicht oxidiert und hässlich-braun wird. Mit ein bisschen Zitronat dekorieren.

Rogg'n Roll Birnen

S	—	—	M+T	S	2
Süß	Roh	Vegan	Geräte	Schrot	Person
Tag 15					

- 6 Esslöffel Rogen
- 11 Esslöffel Wasser
- 25 g Cashewnüsse
- 3 Esslöffel Sahne
- 50 g Rosinen
- 1/2 geschälte Zitrone
- 2 Birnen (390 g)
- 2 Äpfel (235 g)

Abends: Roggen schroten und in Wasser zu einem dicklichen Brei verrühren. Über Nacht einweichen (nicht im Kühlschrank). Cashewnüsse und Rosinen in einem Glas zusammen über Nacht einweichen.

Morgens: Nüsse und Rosinen abtropfen lassen, 4 Nüsse beiseite legen. Den Rest mit der Sahne unter den Schrot rühren. Obst vierteln und pürieren (Thermomix: 1 Minute Stufe 4, 13 Sekunden Stufe 8) und Obstpüree ebenfalls unter das Schrot rühren. Auf zwei Schüsselchen verteilen. Jeweils 2 Cashewnüsse in die Mitte legen.

Trauben-Igel

S	R	V	M+Z	S	2
Süß	Roh	Vegan	Geräte	Schrot	Person
Tag 16					

- 3 Esslöffel Sechskorngetreide
- 3 Esslöffel Emmer
- 12 Esslöffel Wasser
- 3 Äpfel (360 g)
- 1/2 Zitrone geschält
- 20 Mandeln
- 300 g kernlose süße Trauben (an der Rebe gewogen)

Abends: Getreide zusammen schroten, im Wasser verrühren. Über Nacht einweichen (nicht im Kühlschrank).

Morgens: Äpfel vierteln. Zitronenhälfte kleinschneiden. Äpfel und Zitrone zerhacken (im Zerkleinerer), zum Schluss noch die Mandeln hinzufügen. Unter den Schrot rühren. Etwa zwei Drittel der Trauben halbieren und unter den Schrot rühren. Auf zwei Schüsseln verteilen. Die restlichen Trauben halbiert oder als Ganzes oben in das Müsli stecken.

Luxus-Frischkorngericht

S	—	—	M	S	2
Süß	Roh	Vegan	Mühle	Schrot	Person
Tag 17					

- 3 Esslöffel Sechskorngetreide
- 3 Esslöffel Nackthafer
- 12 Esslöffel Wasser
- 1/2 Zitrone
- 2 Nektarinen (mit Kern gewogen: 285 g)
- 1 Banane (mit Schale: 200 g)
- 1 Apfel (155 g)
- 60 g Sahne
- 1 Löffelspitze Zimt
- 1 Teelöffel flüssiger Honig
- 2 Esslöffel Pistazien

Abends: Sechskorngetreide mittelgrob schroten. Mit Hafer im Wasser zu einem dicklichen Brei verrühren. Über Nacht einweichen (nicht im Kühlschrank).

Morgens: Zitrone auspressen, Saft und zerdrücktes Fruchtfleisch unter den Schrot rühren. Obst vorbereiten, 1/4 Nektarine zur Seite legen und den Rest in kleine Stücke schneiden. Die Obststücke unter den Schrot mischen. Auf zwei Schüsseln verteilen. Die Oberfläche glatt streichen. Die Sahne mit dem Zimt halb steif schlagen, dann den Honig zugeben und steif schlagen. Mit einem Teelöffelchen vier Häufchen auf das Müsli setzen. In jedes Sahnehäubchen eine Pistazie drücken. Das Nektarinenviertel in 6-8 dünne Spalten schneiden, jeweils die Hälfte in die Mitte des Müsli legen. Die restlichen Pistazien darüber verteilen.

Minzikose-Frühstück

S	—	V	M+Z	S	1
Süß	Roh	Vegan	Geräte	Schrot	Person
Tag 18					

- 3 Esslöffel Sechskorngetreide
- 3 Esslöffel Wasser
- 1/2 Zitrone
- 1 Esslöffel Mandeln
- 1 Esslöffel Pistazien
- 210 g Aprikosen (mit Kern gewogen)
- 1 Apfel (115 g)
- 1/2 Teelöffel getrocknete Pfefferminze

Abends: Getreide schroten, im Wasser verrühren. Über Nacht stehen lassen (nicht im Kühlschrank).

Morgens: Zitrone auspressen, Saft und Fruchtfleisch unter den Schrot rühren. Mandeln und Pistazien im Zerkleinerer grob hacken. Obst vorbereiten, die Hälfte der entkernten Aprikosen und einen halben Apfel pürieren (Zerkleinerer) und mit der Minze unter den Schrot rühren. Eine Aprikose zur Seite legen, die restlichen Aprikosen und den halben Apfel würfeln, unterrühren. Die Aprikose in schmale Spalten schneiden und in der Mitte wie ein Windrad auslegen.

Emmer-Schlemmer

S	—	—	Z	K	1
Süß	Roh	Vegan	Zerkl.	Keime	Person
Tag 19					

- Keime gezogen von 3 Esslöffel Emmer
- 4 große Feigen (100 g)
- 1/2 Zitrone
- 1 kleine Möhre (50 g)
- 12 Mandeln
- 1 Messerspitze gem. Vanille
- 2 Esslöffel Sahne
- 8 Esslöffel Einweichwasser
- 1 Teelöffel Honig
- 1 Apfel (115 g)

Vorher: Zweieinhalb Tage vorher Emmer zum Keimen ansetzen.

Abends: Feigen in Wasser einweichen.

Morgens: Zitrone schälen und vierteln. Feigen abtropfen lassen; vierteln. Möhre grob klein schneiden. Zitrone mit Feigen, Möhre und Mandeln klein hacken (Zerkleinerer), dann Vanille, Sahne, Einweichwasser und Honig nacheinander hinzugeben. Zum Schluss zu einer schönen sämigen Soße hacken. Apfel vierteln. Ein Viertel beiseite legen. Rest würfeln und mit Emmerkeimen vermischen. Auf einen Teller häufeln. Die Feigensoße an den Rand setzen. Letztes Apfelviertel in Spalten schneiden, schräg in die Feigensoße drücken.

Faules Frühstück

S	—	V	M	S	1
Süß	Roh	Vegan	Mühle	Schrot	Person
Tag 20					

- 1 Esslöffel Sechskorngetreide
- 2 Esslöffel Weizen
- 6 Esslöffel Wasser
- 20 g Rosinen
- 20 g Mandeln
- 1 Apfel (120 g)
- 1 Esslöffel Zitronensaft
- 1-2 Esslöffel Kokoschips

Abends: Sechskorngetreide und Weizen mittelgrob schroten und mit Wasser verrühren. Über Nacht einweichen (nicht im Kühlschrank).
Rosinen mit Mandeln getrennt in Wasser einweichen.

Morgens: Apfel klein schneiden. Rosinen und Mandeln abtropfen lassen. Alles zusammen mit dem Zitronensaft unter das Getreide rühren. Glatt streichen und die Kokoschips am Rand verteilen.

Faules Frühstück Nr. 2

S	—	—	F	F	1
Süß	Roh	Vegan	Flocker	Flocken	Person
Tag 21					

- 30 g Sonnenblumenkerne
- 1 Banane (mit Schale: 200 g)
- 1 Esslöffel Zitronensaft
- 3 Esslöffel Dinkel
- 1 Esslöffel Leinsamen
- 1 Apfel (100 g)
- 1 Esslöffel Sahne
- 1 gehäufter Teelöffel Pampelmusat

Abends: Sonnenblumenkerne in etwas Wasser einweichen und über Nacht stehen lassen.

Morgens: Sonnenblumenkerne abtropfen lassen.

Banane mit einer Gabel zerdrücken, mit Zitronensaft und den Kernen verrühren. Dinkel mit dem Leinsamen flocken, Apfel würfeln und mit der Sahne zu der Banane geben. Alles gut vermischen und obendrauf einen Klecks Pampelmusat „klatschen“.

Waldroggenbeeren

S	—	V	M	S	1
Süß	Roh	Vegan	Mühle	Schrot	Person
Tag 22					

- 3 Esslöffel Roggen
- 6 Esslöffel Wasser
- 3 Feigen (65 g)
- 20 g Cashewnüsse
- 125 g tiefgekühlte Waldbeeren
- Saft von 1/2 Zitrone
- 1-2 Teelöffel Kokosflocken

Abends: Roggen mittelgrob schroten, mit Wasser verrühren. Über Nacht einweichen (nicht im Kühlschrank). Feigen und Cashewnüsse getrennt einweichen. Waldbeeren aus dem Tiefkühlschrank nehmen und in den Kühlschrank setzen.

Morgens: Cashewnüsse und Feigen abtropfen lassen. Zitronensaft und Cashewnüsse mit dem Schrot rühren. Feigen kleinschneiden und zusammen mit den Waldbeeren ebenfalls unterrühren. Oberfläche glatt streichen und mit den Kokosflocken dekorieren.

Waldbeeren Part 2

S	—	—	M	S	1
Süß	Roh	Vegan	Mühle	Schrot	Person
Tag 23					

- 3 Esslöffel Sechskorngetreide
- 6 Esslöffel Wasser
- 1 große Zitronen
- 1 Esslöffel Honig
- 10 g Cashewnussmus
- 1 Apfel (150 g)
- 125 g tiefgekühlte Waldbeeren
- 12 Mandeln

Abends: Getreide mittelfein schroten und mit Wasser verrühren. Über Nacht stehen lassen (nicht im Kühlschrank). Waldbeeren aus dem Tiefkühlschrank nehmen und in den Kühlschrank setzen.

Morgens: Zitrone auspressen und mit Honig und Cashewnussmus unter den Schrot rühren. Apfel würfeln, mit Beeren und Mandeln mischen und auf einen Teller häufeln. Schrotsoße an den Rand gießen.

Reiseműsli Nr. 1

S	R	V	—	S	3
Süß	Roh	Vegan	Geräte	Schrot	Person
Tag 24					

- 9 Esslöffel Sechskorngetreide geschrotet (mitgebracht)
- 18 Esslöffel Wasser
- 2 Äpfel (ca. 300 g)
  1 große Birne (ca. 200 g)
- 30 g Mandeln, 4 Feigen
- 2 Esslöffel Sonnenblumenkerne

Abends: Getreide mit Wasser verrühren. Über Nacht einweichen (nicht im Kühlschrank).

Morgens: Obst kleinschneiden, Feigen ebenfalls und mit den Mandeln unter den Schrot rühren. In der großen Schüssel lassen und mit Sonnenblumenkernen bestreuen.

Reisemüsli Nr. 2

S	—	V	—	S	3
Süß	Roh	Vegan	Geräte	Schrot	Person
Tag 25					

- Restmüsli vom Vortag (ca. 3 Untertassen; im Kühlschrank)
- 1 größere Nektarine
- 2-3 Esslöffel Kokoschips

Morgens: Frischkorngericht auf drei Schüsselchen verteilen, mit Kokoschips bestreuen. Eine Nektarine in Spalten schneiden und einige Spalten fächerartig auf das Frischkorngericht legen. Schmeckt wie neu :-)

Reisemüsli Nr. 3

S	R	V	—	G	1
Süß	Roh	Vegan	Geräte	Getreide	Person
Tag 26					

- 2 Esslöffel Buchweizen
- 1 Esslöffel Sonnenblumenkerne
- 1 kleine Banane (ca. 170 g)
- 1 Apfel (ca. 130 g)
- 12 Mandeln
- 1/2 Limette

Abends: Getreide und Kerne in Wasser einweichen und stehen lassen (nicht im Kühlschrank).

Morgens: Limettensaft mit einer Gabel aus der Limette „pressen“ und unter den Schrot rühren. Obst kleinschneiden und mit den Mandeln unter den Schrot rühren.

Reiseműsli Nr. 4

S	R	V	—	G	1
Süß	Roh	Vegan	Geräte	Getreide	Person
Tag 27					

- 2 EL Hirse, 1 EL Nackthafer
- 1 Esslöffel Sonnenblumenkerne
- 4 Esslöffel Wasser
- Saft von 1/2 Limette
- 1 Banane (170 g mit Schale)
- 1 Apfel (130 g)
- 7 dicke Trauben

Abends: Getreide und Kerne mit Wasser verrühren. Über Nacht einweichen (nicht im Kühlschrank).

Morgens: Limettensaft unter das Getreide rühren. Banane und Apfel kleinschneiden, mit dem Schrot mischen. Mit den Trauben dekorieren.

Reisemüsli Nr. 5

S	—	V	—	G	1
Süß	Roh	Vegan	Geräte	Getreide	Person
Tag 28					

- 2 Esslöffel Nackthafer
- 1 Esslöffel Sonnenblumenkerne
- 2 Esslöffel Mandeln
- 4 Esslöffel Wasser
- 1 Banane (170 g mit Schale)
- 3 große Aprikosen
- 1-2 Teelöffel Kokoschips

Abends: Getreide und Nüsse mit Wasser verrühren. Über Nacht einweichen (nicht im Kühlschrank).

Morgens: Obst kleinschneiden und unterrühren. Mit Kokoschips bestreuen.

Spitzkohl-Frischkorngericht

—	—	V	M	S	1
Süß	Roh	Vegan	Mühle	Schrot	Person
Tag 29					

- 3 Esslöffel Sechskorngetreide
- 6 Esslöffel Wasser
- 3 Feigen (65 g)
- 130 g Spitzkohl
- 1 kleiner Apfel (90 g)
- 1 Esslöffel Kürbiskernöl
- 1 Esslöffel Sonnenblumenkerne

Abends: Getreide schroten, in Wasser quellen lassen (nicht im Kühlschrank). Feigen getrennt einweichen.

Morgens: Spitzkohl und Apfel kleinschneiden. Mit dem Öl unter den Schrot rühren. Mit Sonnenblumenkernen bestreuen.

Gekürbtes Traubenmüsli

S	—	—	M+Z	S	1
Süß	Roh	Vegan	Geräte	Schrot	Person
Tag 30					

- 3 Esslöffel Sechskorngetreide
- 6 Esslöffel Wasser
- 100 g Hokkaidokürbis (ohne Kerne gewogen; ungeschält)
- 12 Mandeln
- 1 Esslöffel Sahne
- 125 g kleine kernlose Trauben
- 1 Teelöffel gestiftelte Mandeln

Abends: Getreide grob schroten und mit dem Wasser verrühren. Über Nacht einweichen (nicht im Kühlschrank).

Morgens: Hokkaidokürbis in grobe Stücke schneiden, im Zerkleinerer mit den Mandeln zerhacken. Mit der Sahne unter den Schrot rühren, die Trauben unterziehen. Mit gestiftelten Mandeln bestreuen.

Traubel-Apfelora-Frischkorn

S	—	V	M	S	1
Süß	Roh	Vegan	Mühle	Schrot	Person
Tag 31					

- 2 Esslöffel Sechskorngetreide
- 1 Esslöffel Emmer
- 6 Esslöffel Wasser
- 14 Mandeln
- 100 g kleine kernlose Trauben
- 1 Apfel (125 g)
- 1-2 Teelöffel Kokoschips

Abends: Getreide grob schroten und mit dem Wasser verrühren. Über Nacht einweichen (nicht im Kühlschrank). Mandeln getrennt in Wasser einweichen.

Morgens: Trauben von der Rebe abzupfen, Apfel in Stückchen schneiden und beides unter den Schrot rühren. Mandeln abtropfen lassen, bis auf 4 Stück unterrühren. Mit den 4 Mandeln und den Kokoschips dekorieren.

September

Ananas, Brom-, Heidel-, Him- und Johannisbeeren, Kiwis, Melonen, Mirabellen, Pflaumen, Pfirsiche, Reneclauden, Stachelbeeren, Weintrauben

Allerleihaselmüsli, Tag 5

Feige à Roggen, Tag 8

Halva auf Zucchini, Tag 18

Röggelchen in süb, Tag 19

Nocken Auf Pflaumenschaum, Tag 21

Sauer-macht-lustig-Gericht, Tag 26

Emmer-Cocktailrad

S	R	V	Z	K	1
Süß	Roh	Vegan	Zerkl.	Keime	Person
Tag 1					

- Sprossen von 3 Esslöffel Emmer
- 2 Esslöffel Sonnenblumenkerne
- 10 Mandeln
- Saft von 1/2 Limette
- 1 kleine Banane (170 g)
- 1 Nektarine (115 g)
- 2 gelbe Pflaumen (175 g)
- 1 kleiner Apfel (100 g)

Vorher: 2,5 Tage vorher Emmer zum Keimen ansetzen.

Abends: Mandeln und Sonnenblumenkerne in Wasser einweichen.

Morgens: Emmer nochmals abspülen. Mandeln und Kerne abtropfen lassen. Mit Banane und Limettensaft zu einem grützeartigen Brei pürieren (z.B. mit dem Zerkleinerer). In die Mitte eines großen flachen Tellers legen. Das restliche Obst wenn nötig entsteinen und in Spalten um den Brei legen. Einige Apfelspalten in den Brei stecken.

Links oben: Emmer-Cocktailrad

Rechts oben: Lachende Pflaume

Unten: Herbsteinstimmung

Lachende Pflaumen

S	R	V	M+Z	S	1
Süß	Roh	Vegan	Geräte	Schrot	Person
Tag 2					

- 3 Esslöffel Sechskorngetreide
- 6 Esslöffel Wasser
- 10 Mandeln
- 2 Feigen (50 g)
- 6 g Ingwer
- 1 kleiner Apfel (80 g)
- 3 gelbe Pflaumen (150 g)
- 1/2 Limette
- 1 Esslöffel Sonnenblumenöl
- 4 Esslöffel Einweichwasser
- 2 Rosinen

Abends: Getreide grob schroten und mit Wasser zu einem dicklichen Brei verrühren. Über Nacht stehen lassen (nicht im Kühlschrank). Mandeln und Feigen getrennt in Wasser einweichen.

Morgens: Limette schälen, Apfel vierteln, Ingwer und Feigen etwas klein schneiden. Zusammen pürieren (z.B. im Zerkleinerer). Dann Öl und Einweichwasser ebenfalls unterschlagen.

Die Pflaumen entsteinen. Eine halbe und ein achtel Pflaume zurückbehalten, den Rest würfeln und mit dem Püree unter den Schrot rühren. Die Oberfläche glatt streichen. Die halbe Pflaume halbieren, als „Augen" auf das Müsli legen, die Achtelpflaume als Mund. 2 Rosinen als Pupillen auf die „Augen" legen.

Herbsteinstimmung

S	R	V	M	S	2
Süß	Roh	Vegan	Mühle	Schrot	Person
Tag 3					

- 6 Esslöffel Sechskorngetreide
- 12 Esslöffel Wasser
- 20 Mandeln
- 50 g getrocknete Aprikosen
- Frischobst: 1/2 Birne (90 g), 1 Nektarine (130 g), 1 Apfel (100 g)
- Saft von 1/2 Limette

Abends: Getreide grob schroten und mit Wasser zu einem dicklichen Brei verrühren. Über Nacht stehen lassen (nicht im Kühlschrank). Mandeln und Aprikosen getrennt in Wasser einweichen.

Morgens: Obst in kleine Stücke schneiden. Aprikosen abtropfen lassen und ebenfalls klein schneiden. Mit frischem Obst und Limettensaft unter den Schrot rühren. Auf zwei Schüsseln verteilen, Oberfläche glatt streichen. Mandeln abtropfen lassen und jeweils die Hälfte dekorativ auf das Müsli legen.

Flockenmohn

S	R	V	F+T	F	2
Süß	Roh	Vegan	Geräte	Flocken	Person
Tag 4					

- 50 g Walnüsse
- 2 Esslöffel Mohn
- 3 Esslöffel Dinkel
- 3 Esslöffel Nackthafer
- 2 Äpfel (235 g)
- 1 Banane (180 g brutto)
- 2 Nektarinen (260 g brutto)
- 1/2 Limette

Abends: Walnüsse in Wasser einweichen.

Morgens: Mohn zusammen mit dem Getreide flocken. Obst in kleine Stücke schneiden, eine Nektarine beiseite legen, den Rest mit Limette und Getreide/Mohnmischung pürieren (z.B. Thermomix 1 Min Stufe 4). Auf zwei Schüsseln verteilen, die zweite Nektarine würfeln und in die Mitte des Flockenbergs streuen. Den Rand mit den abgetropften Walnüssen belegen.

Allerleihaselmüsli

S	R	V	M+T	S	2
Süß	Roh	Vegan	Geräte	Schrot	Person
Tag 5					

- 4 Esslöffel Sechskorngetreide
- 2 Esslöffel Hirse
- 12 Esslöffel Wasser
- 30 g Haselnüsse
- 45 g Trockenpflaumen
- 1 Banane (200 g brutto)
- 3 Äpfel (350 g)
- 1 Nektarine (140 g brutto)
- 30 g Haselnussmus
- 1/2 geschälte Limette

Abends: Sechskorngetreide grob schroten, zusammen mit der Hirse in dem Wasser zu einem dicklichen Brei verrühren. Über Nacht stehen lassen (nicht im Kühlschrank). Die Haselnüsse und Trockenpflaumen jeweils getrennt in Wasser einweichen.

Morgens: Nektarinen entkernen, eine Nektarine und einen Apfel beiseite legen. Banane schälen und mit dem restlichen Obst grob vorschneiden. Zusammen mit den abgetropften Trockenpflaumen und dem Haselnussmus pürieren (z.B. Thermomix 1 Minute Stufe 4, 13 Sekunden Stufe 10). Obstpüree unter den Schrot mischen. Apfel klein schneiden und ebenfalls untermischen. Auf zwei Schüsseln verteilen, Oberfläche glatt streichen. Nektarine in Spalten schneiden, Nüsse abtropfen lassen. Nektarinenspalten und Nüsse gleichmäßig auf dem Müsli auslegen.

Sprossende Aliens

S	R	—	T	K	2
Süß	Roh	Vegan	Therm	Keime	Person
Tag 6					

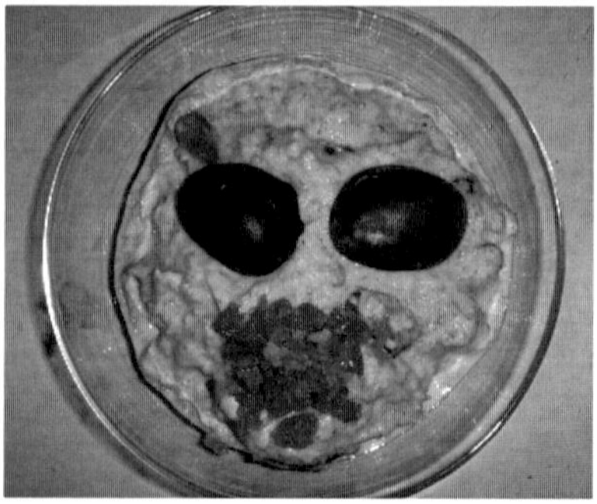

- 6 Esslöffel Dinkel (= 170 g Keime)
- 50 g Sonnenblumenkerne
- 1 Limette
- 4 kleine Äpfel (350 g)
- 2 Teelöffel Honig
- 245 g Pflaumen (brutto)
- 2 Teelöffel Zitronat

Vorher: 2-3 Tage vorher Dinkel zum Keimen ansetzen.

Abends: Sonnenblumenkerne in Wasser einweichen.

Morgens: Limette schälen, vierteln, Äpfel vierteln und zusammen mit Honig, abgetropften Sprossen und Sonnenblumenkernen pürieren (Thermomix: 1 Minute Stufe 4, 13 Sekunden Stufe 10). Pflaumen entsteinen, 2 für die Dekoration beiseite legen. Die anderen in Stückchen schneiden und unter das Püree mischen. Auf zwei Schüsseln verteilen, Oberfläche glatt streichen. Die restlichen Pflaumen sauber halbieren, jeweils mit der Schnittfläche leicht schräg nebeneinander auf das Müsli legen (gibt die Aliens-Augen), das Zitronat in einem Klecks als Mund deponieren

Leinpflaumen

S	R	V	M+Z	S	2
Süß	Roh	Vegan	Geräte	Schrot	Person
Tag 7					

- 6 Esslöffel Sechskorngetreide
- 12 Esslöffel Wasser
- 20 Mandeln
- 2 Esslöffel Leinsamen
- 1/2 geschälte Zitrone
- 1 kleiner Apfel (85 g)
- 250 g Pflaumen (mit Stein gewogen)
- 1 Nektarine (150 g mit Stein gewogen)

Abends: Getreide mittelgrob schroten. Mit dem Wasser verrühren und über Nacht einweichen (nicht im Kühlschrank). Mandeln getrennt in einem Glas in Wasser einweichen.

Morgens: Zitrone und Apfel vierteln, Pflaumen und Nektarine entsteinen. Leinsamen im Zerkleinerer grob mahlen. Zitrone, Apfel und die Hälfte der Pflaumen zu dem Leinsamen geben und pürieren. Püree unter den Getreideschrot ziehen. Pflaumen bis auf eine (zwei Hälften) und Nektarine würfeln. Unter den Schrot rühren.

Auf zwei Schüsseln verteilen, Oberfläche glatt streichen. Die Pflaumenhälften in Spalten schneiden und jeweils in die Mitte des Müslis legen. Mandeln abtropfen lassen und am Rand „einstecken".

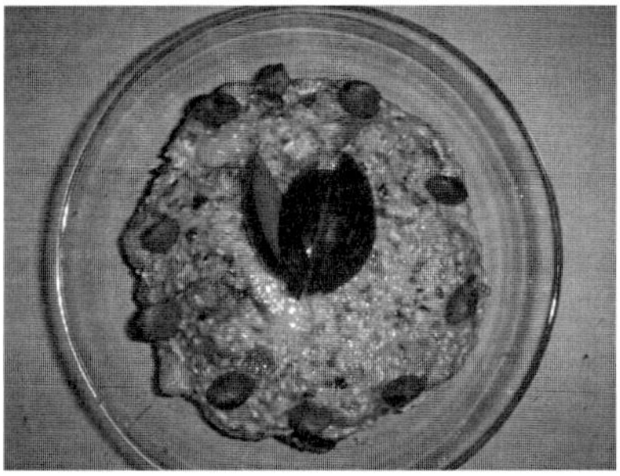

Links oben: Leinpflaumen

Rechts oben: Feigen à Roggen

Unten: Fitnessfrühstück

Feigen à Roggen

S	R	V	M+Z	S	1
Süß	Roh	Vegan	Geräte	Schrot	Person
Tag 8					

- 3 Esslöffel Roggen
- 6 Esslöffel Wasser
- 10 Mandeln
- Saft von 1/2 Zitrone
- 1 Apfel (105 g)
- 1 Birne (165 g)
- 1 frische Feige (88 g)
- Einige Kokosstreifen (Rohkostqualität; keine Raspeln!)

Abends: Roggen mittelgrob schroten. Mit dem Wasser verrühren und über Nacht einweichen (nicht im Kühlschrank). Mandeln getrennt in Wasser einweichen.

Morgens: Apfel und Birne in Stücke schneiden, mit dem Zitronensaft pürieren (z.B. im Zerkleinerer). Mit dem Schrot vermischen. Den Obstschrot auf einem großen flachen Teller ausbreiten, in die Mitte ein Loch bohren. Die Feige von oben so in Segmente schneiden, dass sie ganz unten noch zusammen hält. In die Mitte des Obstschrots setzen.

In jeden Feigenzwischenraum einen Kokosstreifen stecken, den Rand des Schrotbreis ebenfalls mit Streifen belegen.

Fitnessfrühstück

—	R	V	F	K	1
Süß	Roh	Vegan	Flocker	Keime	Person
Tag 9					

- 3 Esslöffel Sonnenblumenkerne
- 10 Mandeln
- 90 g Wirsingsauerkraut
- 1 kleiner Apfel (110 g)
- 1 Esslöffel Nackthafer
- 4 gestrichene Teelöffel Haselnussmus (Rohkostqualität)

Vorher: 2-3 Tage vorher Sonnenblumenkerne zum Keimen ansetzen (s. Basisrezepte); ergibt 80 g.

Abends: Mandeln in Wasser einweichen.

Morgens: Mandeln abtropfen lassen, Apfel würfeln und mit Sauerkraut und Keimen mischen. Hafer am Rand entlang flocken, Nussmuss gleichmäßig an vier Punkten verteilen. (Wer kein Wirsingsauerkraut hat, nimmt normales Sauerkraut.)

OneBBO am Morgen

S	R	V	M+T	S	2
Süß	Roh	Vegan	Geräte	Schrot	Person
Tag 10					

- 6 Esslöffel Roggen
- 4 Feigen (70 g)
- 50 g Sonnenblumenkerne
- 220 g Kürbis
- 1/2 Zitrone
- 1 Birne (165 g)
- 1 Apfel (105 g)
- 2 Esslöffel Rosinen

Abends: Roggen mittelgrob schroten. Mit dem Wasser verrühren und über Nacht einweichen (nicht im Kühlschrank). Mandeln und Feigen jeweils getrennt in einem Glas in Wasser einweichen.

Morgens: Kürbis fein raffeln (Thermomix 1 Min Stufe 4, 10 Sek Stufe 8). Dann 2 Feigen, Zitrone, kleingeschnittene Birne hinzugeben und pürieren (Einstellung wie beschrieben). Restliche Feigen und Apfel würfeln, mit den abgetropften Sonnenblumenkernen und dem Püree unter den Roggenschrot rühren. Auf zwei Schüsseln verteilen, Oberfläche glattstreichen und am Rand die Rosinen ausstreuen.

Gefüllte Melone

S	R	—	M+T	S	2
Süß	Roh	Vegan	Geräte	Schrot	Person
Tag 11					

- 6 Esslöffel Sechskorngetreide
- 50 g Rosinen
- 20 g Mandeln
- 1 kleine Honigmelone
- 1/2 Zitrone
- Obst: 2 kleine Äpfel (160 g), 1 kleine Banane (130 g), ca. 250 g Melonenfleisch
- 2 Teelöffel Pampelmusat

Abends: Getreide mittelgrob schroten. Mit dem Wasser verrühren und über Nacht einweichen (nicht im Kühlschrank). Mandeln und Rosinen jeweils getrennt in einem Glas in Wasser einweichen.

Morgens: Äpfel vierteln. Mit der geschälten Banane und der Zitrone pürieren (Thermomix: 1 Minute auf Stufe 4, 13 Sekunden auf Stufe 8). Schrot und Mandeln hinzugeben und pürieren (3 Sekunden „Turbo“). Melone halbieren, Kerne entfernen. Das Fruchtfleisch zur Hälfte für eine andere Mahlzeit verwenden. 250 g in kleinere Stücke schneiden und mit den abgetropften Rosinen unter den Schrot rühren. Die Melonenhälften unten ganz leicht flach anschneiden, sodass sie besser stehen. Mit der Schrotmasse füllen. In die Mitte jeweils einen Teelöffel Pampelmusat legen.

Kokostraum

S	R	V	T+F	G+F	2
Süß	Roh	Vegan	Geräte	Getreide Flocken	Person
Tag 12					

- 3 Esslöffel Hirse
- 20 Mandeln
- 20 g Kokosstreifen
- 3 Äpfel (285 g)
- 2 Bananen (285 g brutto)
- 3 Esslöffel Nackthafer
- 40 g Kokoscreme (Coconut butter)
- 4 Kokosstreifen (Rohkostqualität, keine Kokosraspeln)
- 2 Esslöffel Rosinen

Abends: Hirse mit etwas Wasser verrühren und über Nacht einweichen (nicht im Kühlschrank). Mandeln getrennt in einem Glas in Wasser einweichen.

Morgens: Kokosstreifen zerkleinern (Thermomix: 2 Sekunden Turbo). Äpfel halbieren, zwei Hälften würfeln. Den Rest mit den geschälten Bananen und der Kokoscreme pürieren (1 Minute Stufe 4, 10 Sekunden Stufe 8). Dann die Mandeln hinzugeben und ebenfalls mit zerkleinern (3 Sekunden Stufe 8). Hafer flocken. Flocken mit Hirse, Apfelwürfeln und Obstpüree gut mischen und auf zwei Schüsselchen verteilen.

Oberfläche glätten und mit selbstgemachten Kokosstreuseln bestreuen. Noch mit je 2 Kokosstreifen dekorieren.

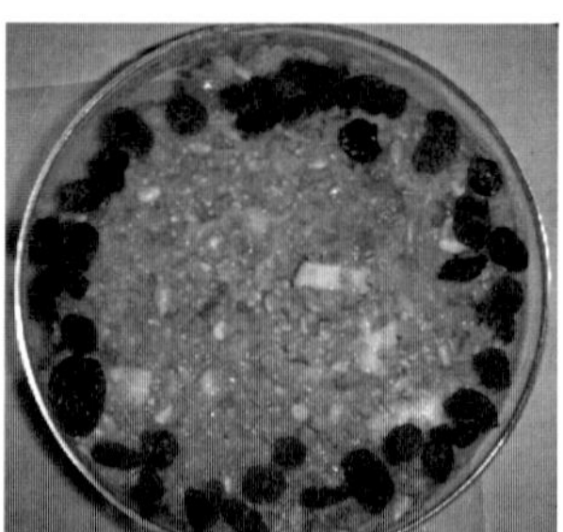

Links oben: OneBBO am Morgen
Links unten: Kokostraum
Rechts oben: Gefüllte Melone

Trauben in Apfelschaum

S	R	V	M+T	S	2
Süß	Roh	Vegan	Geräte	Schrot	Person
Tag 13					

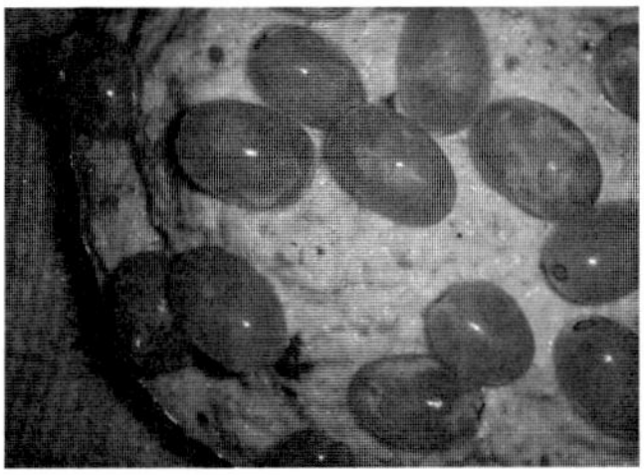

- 6 Esslöffel Sechskorngetreide
- 12 Esslöffel Wasser
- 3-4 Äpfel (360 g)
- 30 g Haselnussmus (Rohkostqualität)
- 1/2 geschälte Zitrone
- 6 g Ingwer
- 250 g Trauben (kleine kernlose)

Abends: Getreide grob schroten, mit Wasser verrühren und über Nacht einweichen (nicht in den Kühlschrank stellen).

Morgens: Zitrone, halbierte Äpfel, Haselnussmuss und ungeschälten Ingwer zusammen mit dem eingeweichten Getreide pürieren (Thermomix: 1 Minute Stufe 4, 13 Sekunden Stufe 8). Die Hälfte der Trauben unter den Apfelschaum rühren. Auf zwei Schüsseln verteilen und mit den restlichen Trauben bestreuen.

Apfelberg mit Pflaumensoße

S	R	—	M+T	S	2
Süß	Roh	Vegan	Geräte	Schrot	Person
Tag 14					

- 6 Esslöffel Dinkel
- 11 Esslöffel Wasser
- 30 g getrocknete Aprikosen
- 50 g Sonnenblumenkerne
- 50 g Honig
- 250 g Pflaumen (netto)
- 1 Banane (160 g mit brutto)
- 1 Apfel (120 g)

Abends: Dinkel grob schroten, mit dem Wasser verrühren und über Nacht einweichen (nicht in den Kühlschrank stellen). Getrennt davon Aprikosen und Sonnenblumenkerne in Wasser einweichen.

Morgens: Pflaumen, Honig, abgetropfte Kerne und abgetropfte Aprikosen zusammen pürieren (Thermomix 1 Minute auf Stufe 8). Banane hinzugeben, nochmals gut pürieren (10 Sekunden Turbo). Apfel würfeln und unter das Getreide rühren. Getreide auf zwei Suppenteller in die Mitte häufeln, die Pflaumensoße an den Rand gießen.

Kohlrabi-Frischkorngericht

—	—	V	M+Z	S	1
Süß	Roh	Vegan	Geräte	Schrot	Person
Tag 15					

- 3 Esslöffel Sechskorngetreide
- 6 Esslöffel Wasser
- 10 Mandeln
- 160 g geschälte Kohlrabi
- 1 kleiner Apfel (80 g)
- 5 grüne Oliven
- 5 schwarze Oliven
- 1 kleine Tomate (38 g)
- 1-2 Esslöffel gehackter Schnittlauch

Abends: Getreide grob schroten, mit dem Wasser verrühren. Über Nacht einweichen (nicht im Kühlschrank). Getrennt davon die Mandeln in Wasser einweichen.

Morgens: Kohlrabi, Apfel und Mandeln im Zerkleinerer raffeln. Unter den Schrot rühren. Oliven in Ringe schneiden, mit den Schnittlauchröllchen unterziehen. Tomaten in Achtel schneiden und die Oberfläche mit den Tomatenspalten dekorieren.

Rote Beete in Krautring

—	R	—	M+Z	S	1
Süß	Roh	Vegan	Geräte	Schrot	Person
Tag 16					

- 3 Esslöffel Sechskorngetreide
- 6 Esslöffel Wasser
- 12 Mandeln
- 75 g milchsaurer Spitzkohl
- 100 g rote Beete
- 1 kleiner Apfel (90 g)

Abends: Getreide mittelgrob schroten, mit dem Wasser verrühren und über Nacht einweichen (nicht im Kühlschrank). Getrennt davon die Mandeln in Wasser einweichen.

Morgens: Rote Beete und Apfel grob zerteilen und raffeln (Zerkleinerer).

In die Mitte eines Desserttellers häufeln. Spitzkohlkraut mit Getreideschrot verrühren und um die Rote Beete legen. Mit den abgetropften Mandeln dekorieren. Mit Messer und Gabel servieren.

Pflaumenziegel

S	R	V	M+T	S	2
Süß	Roh	Vegan	Geräte	Schrot	Person
Tag 17					

- 6 Esslöffel Sechskorngetreide
- 12 Esslöffel Wasser
- 24 Mandeln
- 1 Birne (170 g)
- 2 kleine Äpfel (170 g)
- 1 Banane (180 g, ungeschält gewogen)
- 1/2 geschälte Zitrone
- 290 g Pflaumenhälften (ohne Steine gewogen)

Abends: Getreide mittelgrob schroten. Mit dem Wasser verrühren und über Nacht einweichen (nicht im Kühlschrank). Mandeln getrennt in Wasser einweichen.

Morgens: Obst in Stücke schneiden und dann bis auf die Pflaumen zusammen pürieren (Thermomix: 1 Minute auf Stufe 4), die abgetropfen Mandeln hinzugeben und nochmals kurz durchpürieren (10 Sekunden Stufe 7). Auf zwei Schüsseln verteilen und die Oberfläche ziegelartig mit Pflaumenhälften abdecken.

Halva auf Zucchini

S	R	V	M+T	S	2
Süß	Roh	Vegan	Geräte	Schrot	Person
Tag 18					

- 6 Esslöffel Sechskorngetreide
- 12 Esslöffel Wasser
- 24 Mandeln
- 50 g getrocknete Aprikosen
- 50 g Sesamsaat
- 50 g Honig
- 1 Teelöffel Aprikosenkernöl
- 1 Zucchini (170 g)
- 2 Äpfel (200 g)
- 1 kleine geschälte Zitrone

Abends: Getreide mittelgrob schroten. Mit dem Wasser verrühren und über Nacht einweichen (nicht im Kühlschrank). Mandeln und Aprikosen je getrennt in Wasser einweichen.

Morgens: Sesam fein mahlen (Thermomix 20 Sek Stufe 10). In einer kleinen Schüssel mit Honig und Öl verrühren. Obst und Zucchini in Stücke schneiden und dann zusammen pürieren (1 Min Stufe 4, 13 Sek Stufe 8), die abgetropfen Mandeln hinzugeben und mit dem Schrot verrühren. Auf zwei Schüsseln verteilen. Aprikosen abtropfen lassen und die Hälften mit der Innenseite nach oben / der Wölbung nach unten als Kranz auf das Müsli legen. Das Sesamhalva zwischen den Händen zu Kügelchen rollen und in die Aprikosen füllen.

Röggelchen in süß

S	R	—	T	K	2
Süß	Roh	Vegan	Thermo	Keime	Person
Tag 19					

- 6 Esslöffel Roggen
- 2 Esslöffel Sonnenblumenkerne
- 2 Esslöffel Buchweizen
- 4 Esslöffel Wasser
- 1 Banane (170 g brutto)
- 3 Äpfel (260 g)
- 30 g Mandelmus Rohkostqualität
- 1 kleine Zitrone
- 2 Datteln
- einige Kokosstreifen
- 1-2 Teelöffel Pampelmusat

Vorher: 1,5 bis 2 Tage vorher Roggen zum Keimen ansetzen (Basisrezept).

Abends: Sonnenblumenkerne und Buchweizen mischen, mit Wasser verrühren und über Nacht einweichen (nicht im Kühlschrank).

Morgens: Roggen nochmals durchspülen. Einen Apfel beiseite legen. Banane und Zitrone schälen und das Obst in größere Stücke zerteilen. Mit dem Mandelmus und den abgetropften Roggenkeimen pürieren (Thermomix: 1 Min Stufe 4, 13 Sek Stufe 8). Den letzten Apfel würfeln und mit den eingeweichten Kernen/Getreide unter das Püree rühren. Auf zwei Schüsseln verteilen. Die Datteln in Ringe schneiden und kreisförmig auf den Schrot legen. In die Mitte einige Kokosstreifen legen und jeweils mit etwas Pampelmusat toppen.

Pflaumenziegel

Halva auf Zucchini

Mohnpfläumchen

S	—	V	M+T	S	2
Süß	Roh	Vegan	Geräte	Schrot	Person
Tag 20					

- 6 Esslöffel Sechskorngetreide
- 12 Esslöffel Wasser
- 50 g Rosinen
- 30 g Walnüsse
- 1/2 kleine geschälte Zitrone
- 100 g entsteinte Pflaumen
- 2 Äpfel (250 g)
- 2-4 Teelöffel Mohn
- 6 Walnussstücke als Dekoration

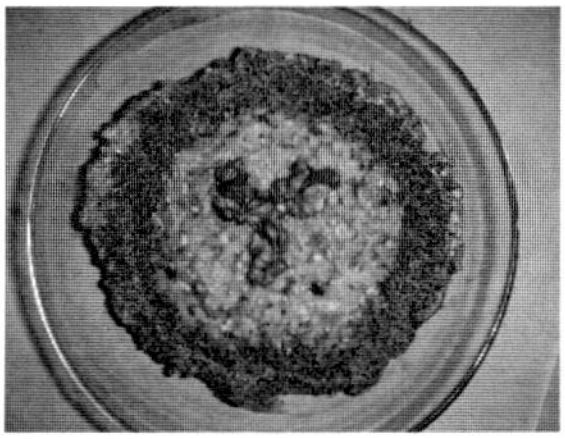

Abends: Getreide grob schroten, mit Wasser verrühren und über Nacht einweichen (nicht im Kühlschrank). Jeweils getrennt Rosinen und Walnüsse in Wasser einweichen.

Morgens: Äpfel und Zitrone grob vorschneiden und mit den abgetropften Rosinen pürieren (Thermomix 1 Minute Stufe 4, 10 Sekunden Stufe 8). Dann abgetropfte Walnüsse und Pflaumen hacken (3 Sekunden Stufe 6). Alles unter den Getreideschrot rühren und auf zwei Schüsseln verteilen. Den Rand mit Mohn bestreuen, in die Mitte ein paar Walnussstückchen legen.

Nocken auf Pflaumenschaum

S	R	V	M+T	S	2
Süß	Roh	Vegan	Geräte	Schrot	Person
Tag 21					

- 6 Esslöffel Sechskorngetreide
- 11 Esslöffel Rosineneinweichwasser
- 1/2 Teelöffel Delifrut
- 1/2 kleine geschälte Zitrone
- 125 g entsteinte Pflaumen
- 3 Äpfel (260 g)
- einige Kokosstreifen
- 1-2 Teelöffel Sonnenblumenkerne

Abends: Getreide grob schroten, mit Wasser verrühren und über Nacht einweichen (nicht im Kühlschrank).

Morgens: Äpfel, Pflaumen und Zitrone grob vorschneiden und pürieren (Thermomix: 1 Minute Stufe 4, 13 Sekunden Stufe 8). Auf zwei tiefe Teller verteilen. Getreideschrot mit Delifrut verrühren. Mit einem Esslöffel 6 Nocken abstechen (oder mit den Händen Kugeln formen) und auf jeden Teller drei Stück legen. Mit Kokosstreifen und Sonnenblumenkernen bestreuen.

Gemüseporridge

—	R	V	F+T	F	1
Süß	Roh	Vegan	Geräte	Flocken	Person
Tag 22					

- 3 Esslöffel Dinkel
- 2-3 Tomaten (170 g)
- 125 g Schlangengurke
- 16 g Petersilie (mit Stengel)
- 1 kleiner Apfel (100 g)
- 10 g Mandeln
- 1 Esslöffel Zitronensaft
- 1 Prise Schabziegerklee
- ein kleines Büschel Petersilie
- 1 Prise geriebene Muskatnuss

Morgens: Dinkel flocken. Gemüse und Apfel grob vorschneiden. Etwa zwei Drittel der Flocken mit Tomaten, Gurke, Petersilie, Apfel, Mandeln und Zitronensaft pürieren (Thermomix: 1 Minute Stufe 4, 10 Sekunden Stufe 8). Mit einer Prise Schabziegerklee und nach Geschmack etwas frisch geriebener Muskatnuss abschmecken. In eine Schüssel geben und den Rand mit den restlichen Flocken bestreuen, in die Mitte etwas Petersilie setzen.

Süße Linsen

S	R	—	M	S+K	1
Süß	Roh	Vegan	Mühle	Schrot Keime	Person
Tag 23					

- 3 Esslöffel Sechskorngetreide
- 6 Esslöffel Wasser
- 25 g Trockenaprikosen
- 20 g Walnüsse
- 100 g entsteinte Pflaumen
- 75 g Linsensprossen
- 20 g weißer Honig
- 1-2 Teelöffel Pampelmusat

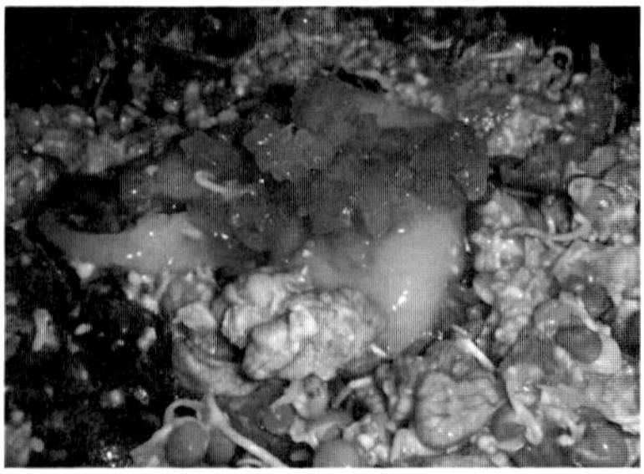

Vorher: Linsen 2 bis 3 Tage keimen lassen (siehe Basisrezept).

Abends: Getreide grob schroten, mit Wasser verrühren und über Nacht einweichen (nicht im Kühlschrank). Aprikosen und Walnüsse jeweils getrennt in Wasser einweichen.

Morgens: Pflaumen klein schneiden. Mit den Linsensprossen, Walnüssen und abgetropften klein geschnittenen Aprikosen unter den Getreideschrot mischen. Oberfläche glattstreichen. Einen Klecks Honig auf die Oberfläche geben und darauf etwas Pampelmusat setzen.

Zuckermelonensuppe

S	R	V	M+T	S	2
Süß	Roh	Vegan	Geräte	Schrot	Person
Tag 24					

- 6 Esslöffel Hirse
- 12 Esslöffel Wasser
- 20 Mandeln
- 1/2 Zuckermelone (790 g brutto)
- 1 Banane (140 g brutto)
- 1 Apfel (100 g)

Abends: Getreide grob schroten und über Nacht in Wasser einweichen (nicht im Kühlschrank aufbewahren). Mandeln getrennt einweichen.

Morgens: Melonenfleisch ohne Kerne mit abgetropften Mandeln, Getreideschrot und der Banane pürieren (Thermomix 1 Minute Stufe 4, 13 Sekunden Stufe 8). Auf zwei Schüsseln verteilen. Den Apfel würfeln und auf die Suppe legen.

Apfel-Cashew-Frischkorn

S	—	V	M	S	1
Süß	Roh	Vegan	Mühle	Schrot	Person
Tag 25					

- 3 Esslöffel Sechskorngetreide
- 6 Esslöffel Wasser
- 1/2 Limette, 2 Esslöffel Wasser
- 2 Äpfel (180 g)
- 25 g Cashewnüsse
- 3 Teelöffel Leinsamen

Abends: Getreide schroten, über Nacht in Wasser einweichen (nicht im Kühlschrank).

Morgens: Saft der Limette und 2 Esslöffel Wasser unter den Schrot rühren. Äpfel in kleine Stücke schneiden und mit den grob zerteilten Cashewnüssen untermischen. Oberfläche glatt streichen und am Rand mit Leinsamen bestreuen.

Sauer-macht-lustig-Gericht

—	—	V	F	F	1
Süß	Roh	Vegan	Flocker	Flocken	Person
Tag 26					

- 3 Esslöffel Dinkel
- Saft von 1/2 Limette
- 100 g Saurer Rettich
- 1 Apfel (110 g)
- 1 Esslöffel Sonnenblumenöl
- 1 Esslöffel Sonnenblumenkerne
- 1 Esslöffel Kürbiskerne
- 1-2 Teelöffel Rosinen (10 g)

Morgens: Dinkel flocken, mit Limettensaft verrühren. Apfel und Rettich würfeln. Flocken mit Apfel, Rettich, Öl und Kernen mischen. Oberfläche glatt streichen, Rosinen in der Mitte verteilen.

Mavis-die-Raffelprinzessin

S	R	V	M+Z	S	2
Süß	Roh	Vegan	Geräte	Schrot	Person
Tag 27					

- 6 Esslöffel Sechskorngetreide
- 12 Esslöffel Wasser
- 50 g getrocknete Aprikosen
- Saft und Fleisch von 1/2 Zitrone
- 2 Äpfel (220 g)
- 1 Birne (180 g)
- 1 Banane (140 g brutto)
- 2 Esslöffel Sonnenblumenkerne

Abends: Getreide grob schroten und über Nacht in Wasser einweichen (nicht im Kühlschrank). Aprikosen getrennt einweichen.

Morgens: Die Zutaten nacheinander raffeln (Zerkleinerer): Äpfel zusammen mit Zitrone, dann die Birne, dann Banane mit abgetropften Aprikosen. Alles unter den Schrot mischen, in Hügelform auf zwei Schüsselchen verteilen. Mit Sonnenblumenkernen bestreuen

Zuckermelonenhut

S	R	V	F	F	2
Süß	Roh	Vegan	Flocker	Flocken	Person
Tag 28					

- 3 Esslöffel Hirse
- 4 Esslöffel Wasser
- 1/2 Zuckermelone (750 g brutto)
- 2 Äpfel (200 g)
- 3 Esslöffel Nackthafer
- Saft von 1/2 Zitrone
- 2 Teelöffel Rosinen

Abends: Hirse über Nacht in Wasser einweichen (nicht im Kühlschrank).

Morgens: Äpfel klein schneiden, Hafer flocken.
Beides mit Zitronensaft und Hirse verrühren. Eine Hälfte der halben Melone leerkratzen und das Fruchtfleisch kleinschneiden, ebenfalls unter das Gemisch rühren. Auf zwei Schüsseln verteilen. Die restliche Zuckermelone mit einem Esslöffel in größeren, flachen Stücken herausschaben. Das Müsli damit abdecken. In die Mitte ein paar Rosinen setzen.

Champagnerfrühstück alkofrei

S	R	—	M+Z	S	2
Süß	Roh	Vegan	Geräte	Schrot	Person
Tag 29					

- 6 Esslöffel Sechskorngetreide
- 12 Esslöffel Wasser
- 50 g Sonnenblumenkerne
- 1 geschälte Limette
- 2 Äpfel (180 g)
- 2 Champagner-Birnen (410 g)
- 2 Teelöffel flüssiger Honig
- 2 Teelöffel Sonnenblumenkerne

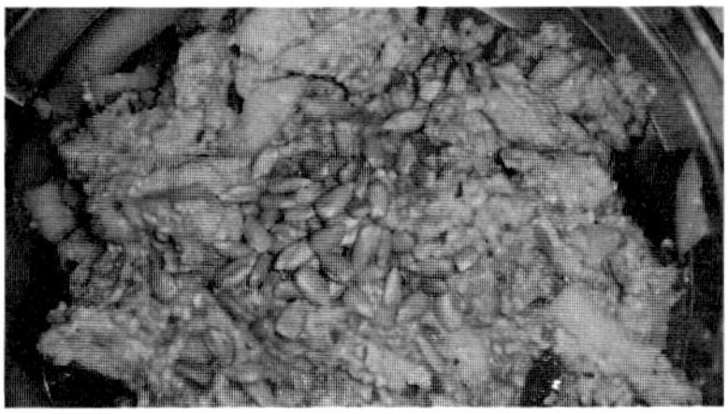

Abends: Getreide grob schroten, über Nacht einweichen (nicht im Kühlschrank). Sonnenblumenkerne getrennt einweichen.

Morgens: Limette, abgetropfte Kerne und Äpfel möglichst fein pürieren (Zerkleinerer) und unter den Schrot ziehen. Die ungeschälten Birnen in kleine Stifte oder Würfel schneiden, ebenfalls untermischen. Auf zwei Schüsselchen verteilen. In die Mitte je einen Teelöffel Honig geben, darauf einige Kerne streuen.

Nektarinenblüte

S	R	V	M+T	S	2
Süß	Roh	Vegan	Geräte	Schrot	Person
Tag 30					

- 3 Esslöffel Sechskorngetreide
- 6 Esslöffel Wasser
- 1 Limette
- 2 Äpfel (200 g),
- 2 geschälte Bananen (320 g brutto)
- 3 Esslöffel Nackthafer
- 50 g Mandelmus (Rohkostqualität)
- 1 Nektarine
- Je 1 Esslöffel Sesam / Leinsamen

Abends: Getreide grob schroten, über Nacht in Wasser einweichen (nicht im Kühlschrank).

Morgens: Limette schälen, Äpfel vierteln, Banane in große Stücke brechen, Hafer flocken und alles mit dem Mandelmus pürieren (Thermomix 1 Minute Stufe 4, 13 Sekunden Stufe 8). Auf zwei Schüsselchen verteilen. Oberfläche glatt streichen. Die Nektarine halbieren und jede Hälfte in 8 Spalten schneiden. Jeweils 8 Spalten auf einer Schüssel am Rand aufstellen, teils versetzt. Das sieht wie Blütenblätter aus. In die Mitte einer Schüssel Sesam, und in die andere Leinsamen schütten.

Oktober

Saison: Ananas, Äpfel, Apfelsinen, Birnen, Brombeeren, Grapefruits, Kiwis, Mango, Melonen, Mirabellen, Pflaumen, Quitten, Tomaten, Weintrauben

Fenchel-Frühstück, Tag 7

Melisse in Frischkorngericht, Tag 13

Glacé-Pflaumen, Tag 16

Neongrüner Morgen, Tag 17

Mandarinenkaltschale, Tag 26

Chinakohl-Frischkorngericht, Tag 27

Studentenfutter

S	—	V	M+Z	S	2
Süß	Roh	Vegan	Geräte	Schrot	Person
Tag 1					

- 6 Esslöffel Sechskorngetreide
- 12 Esslöffel Wasser
- 40 g Rosinen
- 40 g Erdnüsse
- 1/2 geschälte Zitrone
- 3 kleine Äpfel (270 g)
- 2 Esslöffel Rosinen-Einweichwasser
- 1 Birne (200 g)
- 1 TL geriebene Mandarinenschale

Abends: Getreide grob schroten und über Nacht in Wasser einweichen (nicht im Kühlschrank).

Weinbeeren und Erdnüsse jeweils getrennt für sich ebenfalls in etwas Wasser einweichen.

Morgens: Halbe Zitrone in Stücke schneiden, Äpfel achteln und zusammen pürieren (Zerkleinerer), dabei noch 2 Esslöffel von dem Einweichwasser der Rosinen hinzufügen, damit das ganze schön „breiig" wird. Weinbeeren und Erdnüsse abtropfen lassen, Birne in kleine Stücke schneiden und mit dem Apfelmus unter den Schrot rühren. Auf zwei Schüsselchen verteilen und jeweils in die Mitte etwas Mandarinenschale (oder Zitronenschale) streuen.

Zentrale Birne

S	—	—	M+T	S	2
Süß	Roh	Vegan	Geräte	Schrot	Person
Tag 2					

- 3 Esslöffel Sechskorngetreide
- 3 Esslöffel Emmer
- 12 Esslöffel Wasser
- 1/2 geschälte Zitrone
- 2 kleine Äpfel (135 g)
- 2 Birnen (420 g)
- 1/2 Teelöffel Zimt
- 30 g Honig (1 Esslöffel)
- 50 g Kürbiskerne
- Etwa 2-4 Teelöffel Kokosraspeln

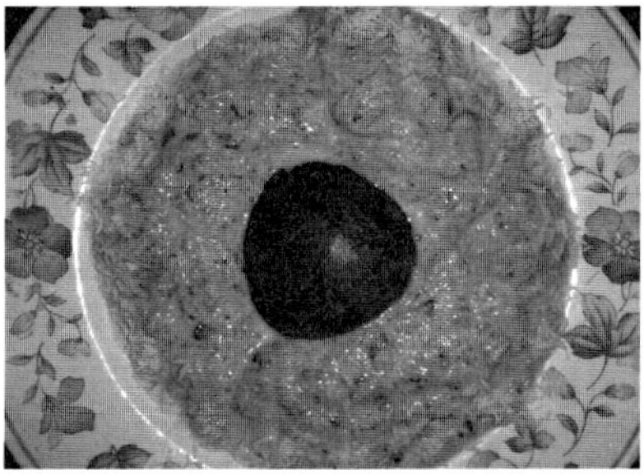

Abends: Getreide grob schroten und über Nacht in Wasser einweichen (nicht im Kühlschrank).

Morgens: Zitrone in Stücke schneiden, Äpfel achteln, eine Birne in Scheiben schneiden und zusammen mit dem Schrot pürieren (Thermomix: 1 Min Stufe 4, 13 Sek Stufe 8). Dann Zimt, Honig und Kürbiskerne hinzugeben und nochmals durchschlagen, sodass die Kürbiskerne gehackt, aber nicht zu fein sind (4 Sek Stufe 6). Die zweite Birne längs halbieren. Je eine Hälfte mit der Schnittseite nach unten auf einen Suppenteller legen. Die Hälfte dann vorsichtig längs und quer durchschneiden, damit die Birne einfach zu essen ist. Darauf achten, dass die Birnenform erhalten bleibt. Den Schrotbrei um die Birne gießen, am Rand mit Kokosraspeln bestreuen.

Haselhaferdoping

S	R	V	M+T	S	2
Süß	Roh	Vegan	Geräte	Schrot	Person
Tag 3					

- 6 Esslöffel Sechskorngetreide
- 12 Esslöffel Wasser
- 40 g Haselnüsse
- 2 Esslöffel Nackthafer
- 1/2 geschälte Zitrone
- 3 kleine Äpfel (280 g)
- 1 Banane (brutto 170 g)
- 2 Mandarinen

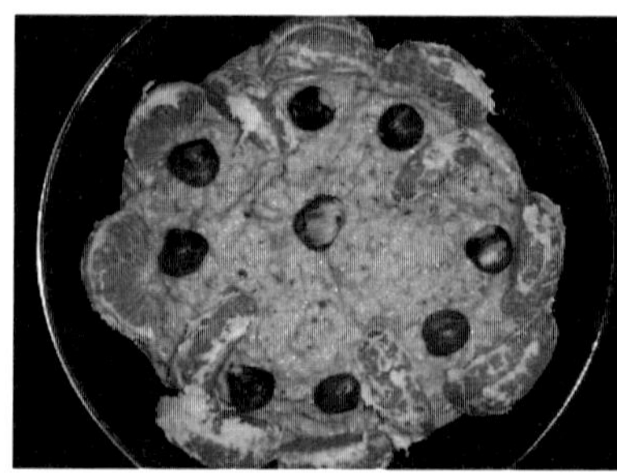

Abends: Sechskorngetreide grob schroten und über Nacht in Wasser einweichen (nicht im Kühlschrank). Die Haselnüsse getrennt davon in Wasser einweichen.

Morgens: Hafer mittelfein mahlen (entweder in der Getreidemühle oder Thermomix: 20 Sekunden Stufe 10). Nüsse abtropfen lassen, 18 als Dekoration zur Seite legen. Die restlichen Nüsse mit Zitrone, Äpfeln, Hafer und der Banane pürieren (1 Minute Stufe 4, 13 Sekunden Stufe 8). Das Püree auf zwei Schüsseln verteilen. Jede Schüssel mit Mandarinenscheiben und den restlichen Haselnüssen dekorieren.

Peppermint-Porridge

S	—	—	M+T	S	2
Süß	Roh	Vegan	Geräte	Schrot	Person
Tag 4					

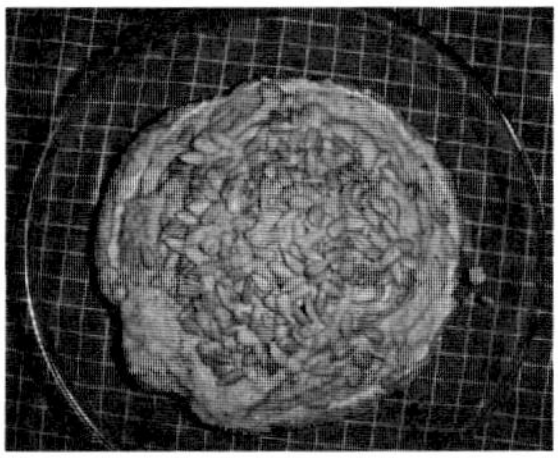

- 6 Esslöffel Nackthafer
- 1/2 geschälte Zitrone
- 1 Banane (ohne Schale: 130 g)
- 4 kleine Äpfel (365 g)
- 1 gehäufter Teelöffel getrocknete Pfefferminze
- 4 Esslöffel Sahne
- 2 Mandarinen
- 2 Esslöffel Sonnenblumenkerne
- etwas gemahlene Zitronenschale

Morgens: Hafer fein schroten (Getreidemühle oder Thermomix: 20 Sekunden Stufe 10). Obst zusammen mit Pfefferminze, Sahne und Hafer pürieren (1 Minute Stufe 4, 13 Sekunden Stufe 8). Die geschälten Mandarinen auf zwei Schüsselchen verteilen. Das Püree darüber gießen. Mit Sonnenblumenkernen und Zitronenschale dekorieren.

Knusperhäubchen um 6.00 Uhr

S	—	—	M	S	2
Süß	Roh	Vegan	Mühle	Schrot	Person
Tag 5					

- 4 Esslöffel Sechskorngetreide
- 8 Esslöffel Wasser
- 2 Esslöffel Nackthafer
- 2 Esslöffel Sonnenblumenkerne
- 2 Äpfel (190 g)
- 1 Birne (190 g)
- 20 g Butter
- 35 g Honig
- 2 Esslöffel Sahne
- Saft von 1/2 Zitrone
- 2 Mandarinen

Abends: Sechskorngetreide mittelgrob schroten und im Wasser über Nacht einweichen (nicht im Kühlschrank).

Morgens: Hafer und Sonnenblumenkerne in einer trockenen Pfanne auf mittlerer Stufe rösten. Äpfel und Birne würfeln und mit dem Zitronensaft unter das eingeweichte Schrot rühren. Die Mandarinen schälen, eine davon klein schneiden und ebenfalls unterrühren. Auf zwei Schüsselchen verteilen. Wenn Hafer und Kerne hellbraun sind bzw. gut duften, Butter, Honig und Sahne gut unterrühren, bis sich alles etwas bindet und goldbraun ist. Vom Herd nehmen. Die Masse gleichmäßig auf den beiden Müslis verteilen und die Seiten mit der in Stücke geteilten zweiten Mandarine dekorieren.

Fröhliches Haferkornmüsli

S	—	V	—	G	1
Süß	Roh	Vegan	Geräte	Getreide	Person
Tag 6					

- 3 Esslöffel Nackthafer
- 4-5 Esslöffel Wasser
- 1 Mandarine
- 1 Esslöffel Macadamia-Nussöl
- 1 Apfel (100 g)
- 20 g eingeweichte Rosinen
- 20 g Cashewnüsse

Abends: Hafer ungeschrotet über Nacht in Wasser einweichen (nicht im Kühlschrank). (Eventuell 10 g Rosinen einweichen.)

Morgens: Mandarine schälen. Obst kleinschneiden. Alle Zutaten mit einander verrühren. Es sieht einfach farbig, nett und fröhlich aus! Wer den Geschmack von Macadamia-Nussöl nicht mag, kann es weglassen oder durch Sahne ersetzen (dann ist es nicht mehr vegan).

Fenchel-Frühstück

—	—	V	M+F	S+F	1
Süß	Roh	Vegan	Geräte	Getreide	Person
Tag 7					

- 2 Esslöffel Sechskorngetreide
- 4 Esslöffel Wasser
- 1 Esslöffel Nackthafer
- 1 Esslöffel Kürbiskernöl
- 1 Esslöffel Gemüsekochbrühe (oder Wasser)
- 75 g Fenchel
- 1 Banane (mit Schale: 130 g)
- 1 kleiner Apfel (100 g)
- 1-2 Esslöffel Kürbiskerne

Abends: Sechskorngetreide grob schroten und über Nacht in Wasser einweichen (s.o.).

Morgens: Hafer flocken und mit Kürbiskernöl und Gemüsekochbrühe unter den Schrot rühren. Vom Fenchel ein bisschen von dem grünen Teil für die Dekoration in Scheiben schneiden und beiseite legen. Rest Fenchel, geschälte Banane und Apfel klein schneiden und ebenfalls unterrühren. Fencheldeko in die Mitte legen, am Rand mit Kürbiskernen bestreuen.

Zwei Feige Datteln

S	—	V	M+F	S+F	2
Süß	Roh	Vegan	Geräte	Getreide	Person
Tag 8					

- 4 Esslöffel Sechskorngetreide
- 8 Esslöffel Wasser
- 2 Esslöffel Emmer
- 2 Äpfel (210 g)
- 1/2 Birne (125 g)
- 2 (große) Datteln
- 2 Feigen
- Saft von 1/2 Zitrone
- 3 Esslöffel Rosineneinweichwasser
- 2 Esslöffel Kokosraspeln
- 2 Esslöffel Sonnenblumenkerne

Abends: Sechskorngetreide grob schroten und über Nacht im Wasser einweichen (nicht im Kühlschrank).

Morgens: Emmer flocken. Äpfel und Birne würfeln, Datteln und Feigen in kleine Stücke schneiden. Alles zusammen mit dem Zitronensaft und der Einweichflüssigkeit unter den Schrot rühren. Auf zwei Schüsseln verteilen. Je einen Esslöffel Kokosraspeln in die Mitte des Müslis rieseln lassen, den Rand mit je einem Esslöffel Sonnenblumenkernen bestreuen.

Birnenuntergang

S	R	V	M+T	S	2
Süß	Roh	Vegan	Geräte	Schrot	Person
Tag 9					

- 3 Esslöffel Sonnenblumenkerne
- 6 Esslöffel Sechskorngetreide
- 12 Esslöffel Wasser
- 40 g Haselnüsse
- 2 kleine Bananen (270 g)
- 1/2 Zitrone
- 1 kleiner Apfel (100 g)
- 1/2 Birne (90 g)

Vorher: 36 Stunden vorher Sonnenblumenkerne zum Keimen ansetzen.

Abends: Sechskorngetreide grob schroten und über Nacht im Wasser einweichen (nicht im Kühlschrank).
Haselnüsse getrennt in Wasser einweichen.

Morgens: Abgetropfte Nüsse, geschälte Bananen, geschälte Zitrone, geviertelten Apfel und abgetropfte Keime gut miteinander pürieren (Thermomix: 1 Minute Stufe 4, 13 Sekunden Stufe 8). Obstpüree und Schrot miteinander verrühren und auf zwei Schüsselchen verteilen. Die halbe Birne längs halbieren, jeweils in Schnitze teilen. Auf jedes Müsli die Birnenschnitze von einer Viertelbirne im Kreis mit der Schale nach oben gut in das Müsli drücken.

Flockig-nussiges Frischkorn

S	—	—	M+T	S	2
Süß	Roh	Vegan	Geräte	Schrot	Person
Tag 10					

- 3 Esslöffel Sechskorngetreide
- 6 Esslöffel Wasser
- 1/2 geschälte Zitrone
- 3 Äpfel (300 g)
- 1 Birne (200 g)
- 40 g Haselnüsse
- 3 Esslöffel Nackthafer
- 2 Esslöffel Leinsamen
- 3 Esslöffel Sahne
- 6 Haselnüsse zur Dekoration

Abends: Sechskorngetreide grob schroten und über Nacht im Wasser einweichen (nicht im Kühlschrank).

Morgens: Zitrone, 2 Äpfel und Birne pürieren (Thermomix: 1 Minute Stufe 4, 13 Sekunden Stufe 8). Dann die Haselnüsse hinzugeben und nochmals durchschlagen, sodass sie in etwa grob gehackt sind (6 Sekunden Stufe 6). Hafer zusammen mit dem Leinsamen flocken. Flocken, Obstpüree, Sahne und Schrot miteinander mischen. Auf zwei Schüsselchen verteilen. Jeweils 3 Haselnüsse in die Mitte des Müslis als Dekoration legen.

Blau-Träublosinen

S	R	V	M+T	S	2
Süß	Roh	Vegan	Geräte	Schrot	Person
Tag 11					

- 4 Esslöffel Sechskorngetreide
- 2 Esslöffel Nackthafer
- 12 Esslöffel Wasser
- 4 Äpfel (360 g)
- 60 g eingeweichte Rosinen
- 6 g Ingwer ungeschält
- 30 g Haselnüsse
- 200 g blaue Trauben

Abends: Getreide grob schroten und über Nacht im Wasser einweichen (nicht im Kühlschrank).

Morgens: Äpfel, eingeweichte Rosinen und Ingwer pürieren (Thermomix: 1 Min Stufe 4, 11 Sek Stufe 8). Dann die Haselnüsse hinzugeben und nochmals durchschlagen, sodass sie in etwa grob gehackt sind (2 Sek Stufe 8). Mit dem Schrot mischen. Bis auf zwei kleine Zweiglein die Trauben abziehen und unterrühren. Auf zwei Schüsselchen verteilen und mit den kleinen Reben dekorieren.

Mandarinat

S	—	V	M+Z	S	2
Süß	Roh	Vegan	Geräte	Schrot	Person
Tag 12					

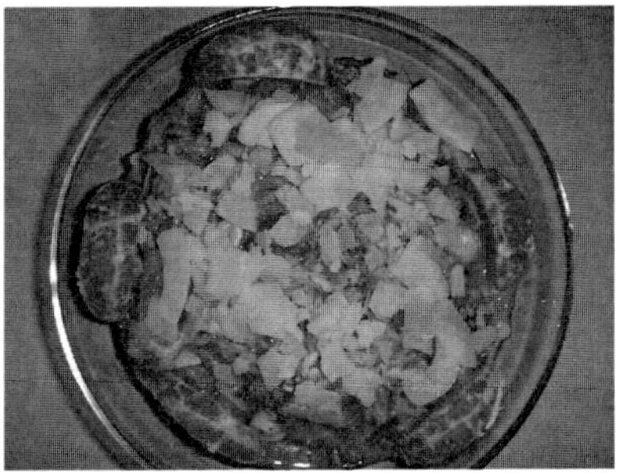

- 3 Esslöffel Roggen
- 3 Esslöffel Nackthafer
- 10 Esslöffel Wasser
- 40 g Erdnüsse
- 3 Äpfel (320 g)
- Saft von 1/2 Zitrone
- 4 Mandarinen (brutto 390 g)
- 2 Esslöffel Kokoschips

Abends: Getreide grob schroten und über Nacht im Wasser einweichen (nicht im Kühlschrank). Erdnüsse getrennt einweichen.

Morgens: Äpfel und Zitronensaft im Zerkleinerer pürieren. Mit den abgetropften Erdnüssen unter den Schrot rühren. 3 Mandarinen in kleine Stücke schneiden, untermischen. Auf zwei Schüsselchen verteilen, die Oberflächen mit Kokoschips bestreuen. Dann die Stücke von je einer halben Mandarine gleichmäßig am Rand auflegen.

Melisse in Frischkorngericht

S	R	V	M+Z	S	1
Süß	Roh	Vegan	Geräte	Schrot	Person
Tag 13					

- 2 Esslöffel Emmer
- 1 Esslöffel Hirse
- 1 Esslöffel Sonnenblumenkerne
- 6 Esslöffel Wasser
- Saft von 1/2 Zitrone
- 1 kleine Banane (brutto 140 g)
- 2 Mandarinen
- 3 Ästchen Zitronenmelisse

Abends: Emmer grob schroten, mit Hirse und Sonnenblumenkernen über Nacht im Wasser einweichen (nicht im Kühlschrank).

Morgens: Zitronensaft mit dem Schrot pürieren. Geschälte Banane und geschälte Mandarinen in Stückchen schneiden und mit dem Schrot vermischen. Bis auf eine Spitze die Melisse klein hacken und unter das Müsli ziehen. Die restliche Melisse als Dekoration in the Mitte des Müslis legen.

Birne für Erwachsene

S	—	—	F	F	1
Süß	Roh	Vegan	Flocker	Flocken	Person
Tag 14					

- 3 Esslöffel Hafer
- 1 größere Birne (285 g)
- 2 Feigen (36 g)
- 2 Esslöffel Sahne
- 2 Esslöffel Zitronenlikör
- 14 Mandeln

Morgens: Hafer in eine Schüssel flocken. Birne würfeln (nicht schälen, Kerngehäuse nicht entfernen), Feigen kleinschneiden und zum Hafer geben. Mit den Flüssigkeiten verrühren.

Oberfläche glatt streichen und mit den Mandeln dekorieren.

Ein Reisschritt mit Pflaume

S	R	V	M+Z	S	2
Süß	Roh	Vegan	Geräte	Schrot	Person
Tag 15					

- 5 Esslöffel Sechskorngetreide
- 1 Esslöffel Naturreis
- 12 Esslöffel Wasser
- Saft von 1/2 Zitrone
- 210 g entsteinte Pflaumen
- 2 kleine Äpfel (220 g)
- 30 g Haselnüsse

Abends: Getreide und Reis grob schroten und über Nacht im Wasser einweichen (nicht im Kühlschrank).

Morgens: Zitronensaft mit dem Schrot verrühren. Pflaumen pürieren (Zerkleinerer). Äpfel in kleine Stücke schneiden. Haselnüsse grob hacken. Obst unter den Schrot rühren, auf zwei Schüsselchen verteilen. Die Haselnüsse in der Mitte ausstreuen.

Glacé-Pflaumen

S	—	—	M	S	2
Süß	Roh	Vegan	Mühle	Schrot	Person
Tag 16					

- 4 Esslöffel Sechskorngetreide
- 2 Esslöffel Buchweizen
- 12 Esslöffel Wasser
- 1 Banane (ungeschält gewogen 150 g)
- 2 kleine Äpfel (210 g)
- 2 Esslöffel Sahne
- 2 Esslöffel Sonnenblumenkerne
- 150 g aufgetaute Pflaumen ohne Stein (am Vorabend aus dem Tiefkühlschrank nehmen)
- 50 g Honig
- 1/2 Teelöffel Zimt
- Einige gestiftelte Mandelstücke

Abends: Sechskorngetreide grob schroten und mit dem Buchweizen über Nacht im Wasser einweichen (nicht im Kühlschrank).

Morgens: Banane schälen. Äpfel und Banane klein schneiden, mit der Sahne und den Sonnenblumenkernen unter den Schrot rühren. Auf zwei Schüsselchen verteilen. Pflaumen pürieren, mit Honig und Zimt mischen. Das Pflaumenmus über die Müslioberfläche ziehen und mit Mandeln bestreuen.

Neongrüner Morgen

S	—	—	M+T	S	2
Süß	Roh	Vegan	Geräte	Schrot	Person
Tag 17					

- 4 Esslöffel Sechskorngetreide
- 2 Esslöffel Reis
- 12 Esslöffel Wasser
- 2 kleine Bananen (brutto: 260 g)
- 2 kleine Äpfel (230 g)
- 1/2 geschälte Zitrone
- 45 g Kürbiskernmus
- 50 g Schmand
- 2 Teelöffel Kürbiskerne
- 2 Ästchen Zitronenmelisse

Abends: Getreide und Reis grob schroten, über Nacht im Wasser einweichen (nicht im Kühlschrank).

Morgens: Bananen schälen. Mit einem Apfel, der halben Zitrone, Kürbiskernmus und Schmand pürieren (Thermomix: 1 Minute Stufe 4, 10 Sekunden Stufe 6). Den anderen Apfel kleinschneiden und mit dem Obstpüree unter den Schrot rühren. Auf zwei Schüsselchen verteilen. Mit Kürbiskernen und Zitronenmelisse dekorieren

Kubakabana

S	—	—	M	S	2
Süß	Roh	Vegan	Mühle	Schrot	Person
Tag 18					

- 4 Esslöffel Sechskorngetreide
- 2 Esslöffel Reis
- 14 Esslöffel Wasser
- 2 Feigen
- 2 Äpfel (300 g)
- 40 g Kokosraspeln
- Saft von 1/2 Zitrone
- 2 Esslöffel Zitronenlikör
- 1 Esslöffel Kokoschips
- 2 Teelöffel Zitronat

Abends: Sechskorngetreide grob schroten, Reis flocken und zusammen über Nacht im Wasser einweichen (nicht im Kühlschrank). Feigen getrennt in Wasser einweichen.

Morgens: Äpfel und abgetropfte Feigen würfeln. Mit Kokosraspeln, Zitronensaft und Zitronenlikör unter den Schrot rühren. Auf zwei Schüsselchen verteilen. Die Mitte mit Kokoschips bestreuen, darauf je einen Teelöffel Zitronat klecksen.

Sägespäne-Topping

S	—	V	M	S	2
Süß	Roh	Vegan	Mühle	Schrot	Person
Tag 19					

- 4 Esslöffel Sechskorngetreide
- 2 Esslöffel Nackthafer
- 12 Esslöffel Wasser
- 30 g Sonnenblumenkerne
- 25 g Pinienkerne
- 25 g Kokosraspeln
- 1 großer Apfel (200 g)
- 1 Banane (brutto 150 g)
- 20 g Ananaschips

Abends: Sechskorngetreide grob schroten, zusammen mit den Haferkörnern über Nacht im Wasser einweichen (nicht im Kühlschrank).

Sonnenblumenkerne getrennt in etwas Wasser einweichen.

Morgens: In einer trockenen Pfanne Pinienkerne und Kokosraspeln unter gelegentlichem Rühren (Einstellung Herdplatte: 2 von 3) rösten, bis die Kokosraspeln leicht gebräunt sind. Dann die Pfanne von der Platte nehmen, aber noch nachheizen lassen. Während der Röstzeit die Sonnenblumenkerne abtropfen lassen. Apfel fein schneiden, beides unter den Schrot rühren. Die Banane schälen und mit einer Gabel zerdrücken und zu Mus schlagen, ebenfalls unterrühren. Auf zwei Schüsselchen verteilen und die Oberfläche etwas glätten. Die Müslis mit der Röstmischung bestreuen, in die Mitte die Ananaschips geben

Reisgriesfrühstück

S	R	V	F	F	1
Süß	Roh	Vegan	Flocker	Flocken	Person
Tag 20					

- 3 Esslöffel Naturreis
- 6 Esslöffel Wasser
- 20 g Walnüsse
- 1 Apfel (140 g)
- 1 Stück Süßkartoffel (65 g)
- 1 Teelöffel eingeweichte Rosinen

Abends: Reis flocken und im Wasser einweichen. Über Nacht stehen lassen, aber nicht in den Kühlschrank stellen.

Morgens: Walnüsse in grobe Stücke zerteilen, Apfel und Süßkartoffel würfeln.

Mit dem eingeweichten Reis vermischen.

In die Mitte die Rosinen platzieren.

Orientalika

S	—	—	F	F	1
Süß	Roh	Vegan	Flocker	Flocken	Person
Tag 21					

- 3 Esslöffel Einkorn
- 1 Banane (mit Schale: 140 g)
- 2 Esslöffel Sahne
- 2 Rosinen-Einweichwasser
- 2 Esslöffel Pinienkerne
- 3 Ästchen Zitronenmelisse
- 1 Apfel (125 g)
- 2 Datteln
- 1/2 Teelöffel Zitronat

Morgens: Einkorn flocken. Banane mit der Gabel pürieren. Flocken mit Sahne, Banane, Einweichwasser und einem Esslöffel Pinienkerne verrühren.

Zitronenmelisse fein hacken, Apfel würfeln, Datteln in Stückchen schneiden und alles untermischen. In die Mitte einen Esslöffel Pinienkerne streuen und mit dem Zitronat toppen.

Dezente Melisse

S	—	V	M+T	S	2
Süß	Roh	Vegan	Geräte	Schrot	Person
Tag 22					

- 6 Esslöffel Sechskorngetreide
- 12 Esslöffel Wasser
- 30 g Mandeln
- 2 Äpfel (260 g)
- 1 Birne (160 g)
- 1/2 Zitrone
- 3 Ästchen Zitronenmelisse
- 1 Banane (brutto 140 g)
- 2 Esslöffel eingeweichte Rosinen
- 2 Teelöffel gestiftelte Mandeln

Abends: Getreide grob schroten und über Nacht im Wasser einweichen (nicht im Kühlschrank).

Morgens: Mandeln grob hacken Thermomix: ein paar mal Turbo drücken; dann umfüllen. 1 Apfel, die Birne, geschälte Zitrone, Melissenblätter und die geschälte Banane zusammen pürieren (1 Minute Stufe 4, 13 Sekunden Stufe 8). Den zweiten Apfel würfeln und mit Obstpüree, Schrot, Mandeln sowie den abgetropften Rosinen verrühren und auf zwei Schüsselchen verteilen. In die Mitte die gestiftelten Mandeln streuen.

Errötende Überraschung

S	—	V	M+T	S	2
Süß	Roh	Vegan	Geräte	Schrot	Person
Tag 23					

- 3 Esslöffel Gerste
- 3 Esslöffel Kamut
- 12 Esslöffel Wasser
- 1/2 geschälte Zitrone
- 1 kleine geschälte Banane (75 g)
- 250 g tiefgekühlte Erdbeeren
- 1 Apfel (180 g)
- 2 gestrichene Esslöffel Pinienkerne

Abends: Getreide grob schroten und wie für Tag 22 beschrieben einweichen.

Morgens: Zitrone, Banane und Erdbeeren zusammen pürieren (Thermomix: 1 Minute Stufe 4, 13 Sekunden Stufe 8). Den Apfel würfeln und mit Obstpüree und Schrot mischen. Auf zwei Schüsselchen verteilen. In die Mitte die Pinienkerne streuen.

Prinzessin auf der Erbse

S	—	V	M+T	S	2
Süß	Roh	Vegan	Geräte	Schrot	Person
Tag 24					

- 40 g grüne Trockenerbsen
- 6 Esslöffel Sechskorngetreide
- 12 Esslöffel Wasser
- 40 g Erdnüsse
- Saft 1/2 Zitrone
- 2 kleine geschälte Bananen (180 g)
- 1 Birne (160 g)
- 1 Apfel (150 g)
- 1-2 Teelöffel Kokosraspeln
- 6 Ananaschips

Vorher: 40 g Erbsen 24 Stunden einweichen, 1,5 Stunden kochen (ergibt 100 g), dann 12 Stunden im Kühlschrank aufbewahren.

Abends: Getreide grob schroten und über Nacht im Wasser einweichen (nicht im Kühlschrank). Erdnüsse getrennt einweichen.

Morgens: Zitronensaft, Banane, Birne und Erbsen zusammen pürieren (Thermomix: 1 Minute Stufe 4, 13 Sekunden Stufe 8). Den Apfel würfeln und mit Püree und Schrot mischen. Auf zwei Schüsselchen verteilen. In die Mitte etwas Kokosraspeln streuen und darauf die Ananaschips legen.

Sesam-Schließe-Dich-Flocken

S	—	V	F	F	2
Süß	Roh	Vegan	Flocker	Flocken	Person
Tag 25					

- 40 g Sonnenblumenkerne
- 2 Esslöffel Nackthafer
- 4 Esslöffel Einkorn
- 2 El Sesamsamen, ungeschält
- 1 Esslöffel eingeweichte Rosinen
- 4 Esslöffel Kokosmilch
- 3 Mandarinen
- 2 Äpfel (210 g)
- 175 g Trauben
- 2 Teelöffel Kokoschips

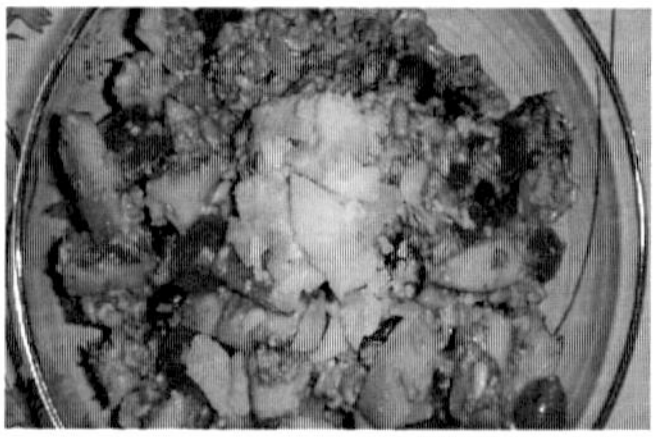

Abends: Sonnenblumenkerne mit Wasser bedeckt über Nacht einweichen.

Morgens: Hafer, Einkorn und Sesam mischen und flocken. Flocken mit Sonnenblumenkernen (mit Resteinweichwasser), Rosinen und Kokosmilch verrühren. Mandarinen wie Zitronen auspressen. Äpfel würfeln und mit Trauben, Mandarinensaft und Mandarinenfruchtfleisch unter die Flocken ziehen. Auf zwei Schüsselchen verteilen. In die Mitte einige Kokoschips streuen.

Mandarinenkaltschale

S	—	—	M+Z	S	2
Süß	Roh	Vegan	Geräte	Schrot	Person
Tag 26					

- 6 Esslöffel Sechskorngetreide
- 12 Esslöffel Wasser
- 20 Mandeln
- 6 Mandarinen (mit Schale: 400 g)
- 1 Apfel (130 g)
- 1/2 geschälte Zitrone
- 20 g Haselnussmus
- 3 Esslöffel Sahne
- 2 Teelöffel Zitronenmelissenhonig

Abends: Getreide grob schroten und über Nacht im Wasser einweichen (nicht im Kühlschrank).
Mandeln getrennt einweichen.

Morgens: Mandarinen schälen, eine als Dekoration verwahren. Fünf Mandarinen, Apfel, Zitrone, Haselnussmus, Sahne und Honig miteinander pürieren (z.B. Zerkleinerer) und unter den Schrot rühren. Die „Suppe" auf zwei Schüsseln verteilen und die abgetropften Mandeln und restlichen Mandarinenstücke kreisförmig darauf legen.

Chinakohl-Frischkorngericht

—	R	V	F+T	F	1
Süß	Roh	Vegan	Geräte	Flocken	Person
Tag 27					

- 3 Esslöffel Nackthafer
- 4 Esslöffel Wasser
- Saft von 1/2 Zitrone
- 1 Esslöffel Walnussöl
- 125 g Chinakohlblätter
- 1 Apfel (100 g)
- 1 Esslöffel großblättrige Petersilie
- 3 Teelöffel Leinsamen

Abends: Hafer flocken und mit dem Wasser verrühren. Über Nacht stehen lassen (nicht im Kühlschrank).

Morgens: Zitronensaft und Öl mit den Haferflocken verrühren. Chinakohl mit Apfel und Petersilie grob raffeln (Thermomix: 20 Sekunden Stufe 4). Mit dem Schrot vermischen und die Oberfläche glattstreichen. Den Rand mit Leinsamen bestreuen, in die Mitte ein Ästchen Petersilie stecken.

Haferkeim-Sauerkraut

—	R	V	F	K	1
Süß	Roh	Vegan	Flocker	Keime	Person
Tag 28					

- Keime von 2 Esslöffel Nackthafer
- 1 Esslöffel Nackthafer
- 5 Walnüsse
- 1 Apfel (100 g)
- 1 Esslöffel Walnussöl
- 75 g Sauerkraut

Vorher: Hafer 48-60 Stunden keimen lassen.

Morgens: Keime nochmals durchspülen und in eine Schüssel geben. 1 Esslöffel Hafer dazu flocken. Walnüsse knacken. Apfel vierteln, ein Viertel beiseite legen, den Rest würfeln. Alle Zutaten miteinander vermischen. Das letzte Apfelviertel in Spalten schneiden und auf das Keimgericht legen.

Rosenschrötli

S	—	V	M+T	S	2
Süß	Roh	Vegan	Geräte	Schrot	Person
Tag 29					

- 3 Esslöffel Sechskorngetreide
- 3 Esslöffel Nackthafer
- 12 Esslöffel Wasser
- 3 kleine Äpfel (260 g)
- 1 Banane (mit Schale: 170 g)
- Saft von 1/2 Zitrone
- 1 Esslöffel Rosenwasser
- 20 Mandeln

Abends: Sechskorngetreide schroten. Mit Hafer im Wasser verrühren, über Nacht stehen lassen (nicht im Kühlschrank).

Morgens: Zwei Äpfel und geschälte Banane pürieren (Thermomix: 14 Sekunden Stufe 8). Dritten Apfel fein würfeln, mit Obstpüree, Zitronensaft, Rosenwasser und Getreide vermischen. Auf zwei Schüsselchen verteilen und glätten. Jeweils 10 Mandeln „längs" an den Rand legen.

Schokoschock

S	—	—	F+T	F	2
Süß	Roh	Vegan	Geräte	Flocken	Person
Tag 30					

- 4 Esslöffel Nackthafer
- 2 Esslöffel Rundkorn-Naturreis
- 12 Esslöffel Wasser
- 3 Bananen (brutto 490 g)
- 60 g Haselnussmus
- 1/2 gestrichener Teelöffel gemahlene Vanille
- 1 Esslöffel Kakao (10-12 g)
- 3 Esslöffel Sahne
- Für die Dekoration: 1-2 Teelöffel Kokosraspeln

Abends: Hafer und Naturreis flocken.

Über Nacht in Wasser einweichen (nicht im Kühlschrank).

Morgens: Flocken mit den restlichen Zutaten pürieren (Thermomix: 1 Minute Stufe 4, 4 Sekunden Stufe 6). Auf zwei Schüsselchen verteilen und in die Mitte einen halben Teelöffel Kokosraspeln streuen.

Birne Movletti

S	R	V	M+T	K	2
Süß	Roh	Vegan	Geräte	Keime	Person
Tag 31					

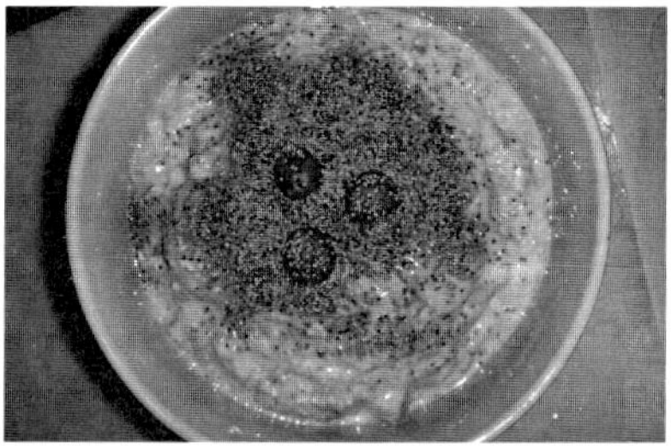

- Keime von 3 Esslöffel Einkorn
- 3 Esslöffel Sechskorngetreide
- 6 Esslöffel Wasser
- 30 g Haselnüsse
- 3 Birnen (550 g)
- 6 g Ingwer
- 1/2 Zitrone geschält
- 2 Teelöffel Mohn

Vorher: Einkorn bis zu einer Sprossenlänge von ca. 2 mm keimen lassen (ca. 3 Tage).

Abends: Sechskorngetreide grob schroten. Über Nacht in Wasser einweichen (nicht im Kühlschrank). Haselnüsse getrennt einweichen.

Morgens: Schrot, Keime, zwei Birnen, Ingwer und Zitrone zusammen pürieren (Thermomix: 1 Minute Stufe 4, 10 Sekunden Stufe 10). Die dritte Birne würfeln. Von den Haselnüssen 6 Stück als Dekoration zur Seite legen und die restlichen Haselnüsse mit den Birnenwürfeln unter den Schrotpüree ziehen. Auf zwei Schüsselchen verteilen und mit je drei Haselnüsse belegen, mit etwas Mohn bestreuen.

November

Saisonfrüchte (international) sind Ananas, Avocado, Äpfel, Apfelsinen, Birnen, Clementinen, Grapefruits, Kiwis, Litschis, Papaya, Quitten

Gourmetbirnen, Tag 3

Avocadoschaum, Tag 9

Klops mit Mandarinensoße, Tag 13

Vanilleschaum, Tag 20

Orangenknabberspaß, Tag 27

Pistazikaki, Tag 30

Apfelhügel in Avocadoring

S	R	—	M+T	S	2
Süß	Roh	Vegan	Geräte.	Schrot	Person
Tag 1					

- 6 Esslöffel Sechskorngetreide
- 12 Esslöffel Wasser
- 1 Avocado (260 g brutto)
- 1 Banane (140 g mit Schale)
- 1/2 geschälte Zitrone
- 30 g Honig
- 2 Äpfel (160 g)
- 100 g kleine süße Trauben
- 1-2 Esslöffel Kürbiskerne

Abends: Sechskorngetreide grob schroten und über Nacht im Wasser einweichen (nicht im Kühlschrank).

Morgens: Avocadokern entfernen (Frucht längs einschneiden, die beiden Hälften gegeneinander drehen, dann geht der Kern bei einer reifen Frucht leicht heraus), Fruchtfleisch sorgfältig auslöffeln. Banane schälen. Avocadofruchtfleisch, Banane und Zitrone mit dem Honig pürieren (Thermomix: 1 Minute Stufe 4). Die Äpfel halbieren. Je zwei Hälften auf einen großen Teller legen. Die Apfelhälften erst in Spalten schneiden, dann in die Querrichtung schneiden. Dabei vorsichtig die Form zusammenhalten, damit das Ganze nicht auseinander fällt. Die Schrotmasse über diese Hälften drücken, sodass „Halbkugeln“ erhalten bleiben. Die Avocadocreme um die beiden Hälften verteilen. Mit Trauben und Kürbiskernen verzieren.

Ananasstern

S	—	—	M	S	2
Süß	Roh	Vegan	Mühle	Schrot	Person
Tag 2					

- 3 Esslöffel Sechskorngetreide
- 1 Esslöffel Emmer
- 1 Esslöffel Einkorn
- 1 Esslöffel Gerste
- 12 Esslöffel Wasser
- 3 getrocknete Feigen (65 g)
- 3 Esslöffel Einweichwasser
- Saft von 1/2 Zitrone
- 1 Birne (250 g)
- 1 kleiner Apfel (80 g)
- 2 Scheiben Ananas (180 g brutto)
- 4 Teelöffel Zitronenlikör

Abends: Getreide grob schroten und über Nacht im Wasser einweichen (nicht im Kühlschrank). Feigen getrennt in Wasser einweichen.

Morgens: Zitronensaft und 3 Esslöffel vom Feigeneinweichwasser mit dem Schrot verrühren. Feigen abtropfen lassen, klein schneiden. Birne und Apfel ebenfalls würfeln und alles unter den Schrot rühren. Auf zwei Schüsselchen verteilen und die Oberfläche glatt streichen. Von einer Ananas zwei dünne Scheiben abschneiden, den Rand abschneiden (Mittelstück mit verwenden) und in Achtel schneiden. Die Achtel bis auf eins auf dem Müsli wieder zusammenlegen, das letzte Stück in die Mitte „spießen". Die Ananasstücke mit je 2 Teelöffel Zitronenlikör „tränken".

Gourmetbirnen

S	R	V	T	K	1
Süß	Roh	Vegan	Thermo	Keime	Person
Tag 3					

- 3 Esslöffel Roggen
- 1 große symmetrische Birne (280 g)
- Saft von 1/4 Zitrone
- 8 Walnüsse
- 2 Mandarinen
- 3 Ästchen Zitronenmelisse

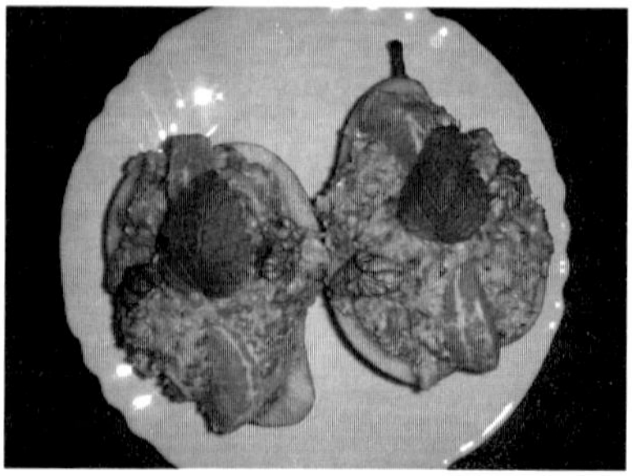

Vorher: Roggen 24-36 Stunden keimen lassen.

Morgens: Birne längs halbieren. An den runden Unterseiten eine kleine Scheibe abschneiden. So stehen die Birnen besser. Mit einem Messer 0,5-1 cm vom Birnenrand entlang fahren, das Gehäuse 2- bis 3 mal in Querrichtung etwa 1 cm tief gut einschneiden. Dann das Innere mit einem Löffel vorsichtig herausheben. Finger im Zitronensaft benetzen und den aufgeschnittenen Birnenrand damit befeuchten (Birnen werden bei Luftkontakt sonst schnell braun). Walnüsse knacken. Roggenkeime nochmals durchwaschen, zusammen mit dem Birneninneren und den abgeschnittenen Scheiben, dem Rest Zitronensaft, Walnüssen (bis auf 4 Viertel), Mandarinen (4 Stück beiseite legen) und der Zitronenmelisse (2 Blättchen beiseite legen) pürieren (Thermomix: 4 x Turbo drücken, 20 Sekunden Stufe 4). Den festen Püree in die Birnenhälften häufeln. Mit den Walnuss- und Mandarinenstückchen sowie den Melissenblättchen dekorieren. Mit Messer und Gabel servieren.

Teltower Nussflocken

—	—	V	F	F	1
Süß	Roh	Vegan	Flocker	Flocken	Person
Tag 4					

- 10 Mandeln
- 3 Esslöffel Nackthafer
- 1 Esslöffel Zitronensaft
- 1 Esslöffel Walnussöl
- 10 schwarze Oliven
- 4 geknackte Walnüsse
- 65 g Möhre
- 110 g Teltower Rübchen
- etwas gehackte Petersilie

Abends: Mandeln in Wasser einweichen.

Morgens: Hafer flocken. Zitronensaft und Walnussöl, Oliven, Mandeln und Walnüsse zu den Flocken geben. Möhre und Rübchen kleinschneiden, ebenfalls unterziehen. Oberfläche glatt streichen und mit Petersilie dekorieren.

Gebrannte Mandeln auf Gerste

S	—	—	M+Z	S	2
Süß	Roh	Vegan	Geräte	Schrot	Person
Tag 5					

- 6 Esslöffel Gerste
- 12 Esslöffel Wasser
- 1 Esslöffel Sonnenblumenöl
- 30 g Honig (1 Esslöffel)
- 30 g Mandeln
- 3 kleine Äpfel (320 g)
- 2 geschälte Mandarinen

Abends: Gerste grob schroten und über Nacht im Wasser einweichen (nicht im Kühlschrank).

Morgens: Öl und Honig in einer beschichteten Pfanne bei mittlerer Einstellung erhitzen. Mandeln grob hacken (Zerkleinerer), hinzufügen. Unter Rühren erhitzen, bis die Mandeln goldbraun sind. Äpfel vierteln, vier Viertel zur Seite legen. Die restlichen Äpfel und die Mandarinen pürieren (Zerkleinerer). Zwei Apfelviertel würfeln und mit dem Püree unter den Gerstenschrot ziehen. Die warme Mandelmasse zügig in den Schrot einarbeiten. Auf zwei Schüsselchen verteilen, Oberfläche glatt streichen. Die restlichen beiden Apfelviertel in Spalten schneiden und mit den Schnittseiten in das Müsli drücken.

Bananensplit

S	R	V	M+T	S	2
Süß	Roh	Vegan	Geräte	Schrot	Person
Tag 6					

- 4 Esslöffel Sechskorngetreide
- 2 Esslöffel Gerste
- 13 Esslöffel Wasser
- 30 g Haselnüsse
- 3 geschälte Bananen (brutto 530 g)
- 1 kleiner Apfel (100 g)
- 1/2 geschälte Zitrone
- 1/2 gestrichener Teelöffel Zimt

Abends: Getreide grob schroten und über Nacht im Wasser einweichen (nicht im Kühlschrank).

Morgens: Haselnüsse, zwei Bananen, Apfel (grob vorgeschnitten), Zitrone und Zimt zusammen pürieren (Thermomix: 1 Minute Stufe 4, 10 Sekunden Stufe 10). Zwei Suppenteller aufstellen, in der Mitte jeweils aus der Hälfte des Schrots eine Art „Brot“ formen. Den Bananenpüree um diesen Berg geben. Die dritte Banane in Stücke schneiden und auf das Püree streuen.

Apfelkruska

S	—	—	T	G	2
Süß	Roh	Vegan	Thermo	Getreide	Person
Tag 7					

- 6 Esslöffel Buchweizen
- 8 Esslöffel Wasser
- 1/2 geschälte Zitrone
- 4 Äpfel (450 g)
- 1/2 gestrichenen Teelöffel Piment
- 2 Mandarinen
- 1 Banane (mit Schale: 130 g)
- 16 Cashewnüsse
- 2 Teelöffel Honig

Abends: Buchweizen über Nacht im Wasser einweichen (nicht im Kühlschrank).

Morgens: Eingeweichten Buchweizen, Zitrone, halbierte Äpfel und Piment zusammen pürieren (Thermomix: 1 Minute Stufe 4, 10 Sekunden Stufe 10).

Mandarinen und geschälte Banane klein schneiden und auf zwei Schüsselchen verteilen. Buchweizenmus darüber gießen, die Cashewnüsse im Kreis auf den Rand legen. In die Mitte den Honig tropfen lassen.

Kokostrauben à la Sophie

S	—	V	M+T	S	2
Süß	Roh	Vegan	Geräte	Schrot	Person
Tag 8					

- 3 Esslöffel Sechskorngetreide
- 3 Esslöffel Einkorn
- 12 Esslöffel Wasser
- 1/2 geschälte Zitrone
- 2 kleine Äpfel (180 g)
- 1 Banane (Bruttogewicht: 145 g)
- 20 g Kokoscreme
- 20 g Kokosraspeln
- 210 g Trauben (ohne Rebe)

Abends: Getreide schroten und über Nacht im Wasser einweichen (nicht im Kühlschrank).

Morgens: Alle Zutaten bis auf die Trauben gut miteinander pürieren (Thermomix: 1 Minute Stufe 4, 16 Sekunden Stufe 8). Bis auf 16 Trauben die Trauben unterrühren. Auf zwei Schüsselchen verteilen und mit den restlichen kreisförmig angeordneten Trauben dekorieren.

Avocadoschaum

S	—	—	M+T	S	2
Süß	Roh	Vegan	Geräte	Schrot	Person
Tag 9					

- 3 Esslöffel Sechskorngetreide
- 3 Esslöffel Nackthafer
- 12 Esslöffel Wasser
- 30 g Haselnüsse
- 1 Avocado (Bruttogewicht 260 g)
- 1/2 geschälte Zitrone
- 2 kleine Äpfel (180 g)
- 1 Banane (Bruttogewicht: 145 g)
- 2 Esslöffel Sahne
- 40 g Honig (1 Esslöffel)
- 2 Mandarinen

Abends: Getreide schroten und über Nacht im Wasser einweichen (nicht im Kühlschrank). Haselnüsse getrennt in Wasser einweichen.

Morgens: Avocado entkernen, das Fruchtfleisch aus der Schale löffeln. Haselnüsse abtropfen lassen, 2 zusammen mit den Mandarinen als Dekoration benutzen. Ansonsten alle Zutaten gut miteinander pürieren (Thermomix: 1 Minute Stufe 4, 13 Sekunden Stufe 10). Auf zwei Schüsselchen verteilen. Mandarinen schälen, wie eine Blume öffnen und so auf das Müsli legen (die „runden" Seiten auf das Müsli), in die Mitte je eine Haselnuss stecken.

Fraiche mit Walnuss

S	—	—	M+Z	S	2
Süß	Roh	Vegan	Geräte	Schrot	Person
Tag 10					

- 4 Esslöffel Sechskorngetreide
- 8 Esslöffel Wasser
- 25 g Cashewnüsse
- 2 kleine Äpfel (185 g)
- 1 Banane (mit Schale: 180 g)
- 1 Mandarine
- 1 Esslöffel Creme fraiche
- 5 Walnüsse (als Dekoration)

Abends: Getreide schroten, über Nacht im Wasser einweichen (nicht im Kühlschrank). Cashewnüsse getrennt einweichen.

Morgens: Banane schälen, einen Apfel vierteln. Apfel, Banane, geschälte Mandarine im Zerkleinerer fein zermusen. Fruchtpüree und Creme fraiche unter den Schrot rühren. Den zweiten Apfel würfeln und untermischen. Auf zwei Schüsselchen verteilen. Walnüsse knacken und die Viertel kreisförmig auf das Müsli legen.

Thronende Mandarine

S	—	V	F+T	F	2
Süß	Roh	Vegan	Geräte	Flocken	Person
Tag 11					

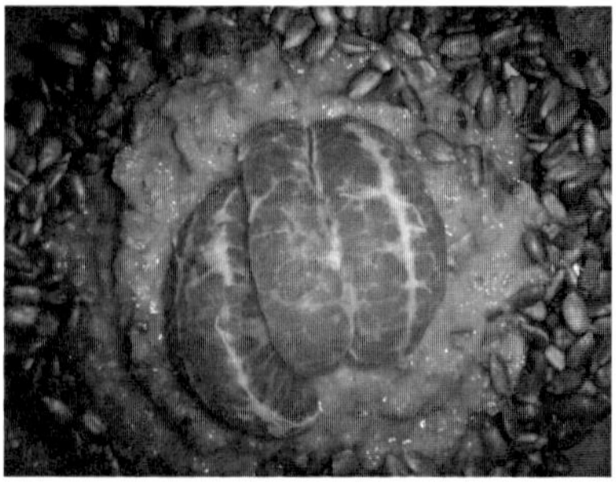

- 2 Esslöffel Nackthafer
- 2 Esslöffel Dinkel
- 1 große Birne (270 g)
- 1 Banane (mit Schale: 185 g)
- Saft einer halben Zitrone
- 1 Mandarine
- 3 Esslöffel Sonnenblumenkerne

Morgens: Getreide flocken. Mit Birne, geschälter Banane und Zitronensaft grob pürieren (Thermomix: 1 Minute Stufe 4). Auf zwei Schüsselchen verteilen, Mandarine schälen und jeweils eine Hälfte mit der Rundung nach oben auf das Müsli legen. Sonnenblumenkerne in der trockenen Pfanne rösten, bis sie hellgelb und duften. An den Rand streuen.

Einweizen

S	—	—	M+T	S	2
Süß	Roh	Vegan	Geräte	Schrot	Person
Tag 12					

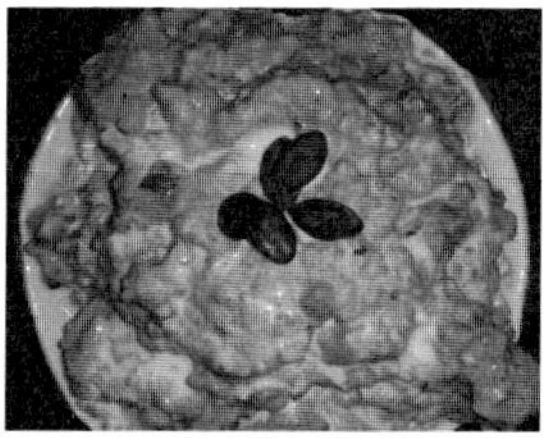

- 3 Esslöffel Einkorn
- 3 Esslöffel Buchweizen
- 10 Esslöffel Wasser
- 1/2 geschälte Zitrone
- 1 große Birne (240 g)
- 2 Äpfel (225 g)
- 2 Esslöffel Kürbiskerne
- 20 g Kürbiskernmus
- 4 Esslöffel Sahne

Abends: Einkorn grob schroten und mit dem Buchweizen über Nacht in dem Wasser einweichen (nicht in den Kühlschrank stellen).

Morgens: Eine Viertel Birne und einen halben Apfel zur Seite legen. Das restliche Obst mit Kürbiskernen und Kürbiskernmus pürieren (Thermomix 1 Minute Stufe 4, 13 Sekunden Stufe 8). Birnenstück und halben Apfel kleinschneiden, mit Getreide und Obstpüree vermischen. Auf zwei Schüsselchen verteilen. In die Mitte ein paar Kürbiskerne streuen, die Sahne oben drüber gießen.

Klops mit Mandarinensoße

S	—	—	FZ	F	2
Süß	Roh	Vegan	Geräte	Flocken	Person
Tag 13					

- 2 Esslöffel Sahne
- 2 Mandarinen
- 2 Esslöffel eingeweichte Rosinen
- 5 Esslöffel Rosineneinweichwasser
- 6 Esslöffel Gerste
- 3 kleine Äpfel (270 g)
- 1/2 geschälte Zitrone
- 2 Esslöffel Sonnenblumenkerne
- 2 Mandeln
- 1/2 TL ger. Mandarinenschale

Morgens: Sahne, geschälte Mandarinen, Rosinen und Einweichwasser im Zerkleinerer zu einer leicht schaumigen Soße verquirlen. Auf zwei kleine Schüsselchen verteilen. Gerste flocken. Geviertelte Äpfel und geschälte Zitrone im Zerkleinerer fein pürieren. Mit den Sonnenblumenkernen und den Flocken verrühren. Die Flocken zu zwei großen Klößen formen und jeweils auf ein Glastellerchen setzen. In die Mitte eine Mandel stecken und mit geriebener Schale bestreuen.

Pfefferminz im Cashewrand

S	—	V	M+T	S	2
Süß	Roh	Vegan	Geräte	Schrot	Person
Tag 14					

- 6 Esslöffel Sechskorngetreide
- 12 Esslöffel Wasser
- 40 g Cashewnüsse
- 1 Birne (260 g)
- 2 Äpfel (220 g)
- 1 Banane (brutto: 140 g)
- 1 gehäufter TL getrocknete Pfefferminze

Abends: Getreide grob schroten, und über Nacht in Wasser einweichen (nicht im Kühlschrank).

Morgens: Cashewnüsse grob hacken (Thermomix: 1 x Turbo drücken) und zur Seite legen. Birne, 1 Apfel, geschälte Banane und die Pfefferminze (zwischen den Händen verreiben) zusammen pürieren (1 Minute Stufe 4, 13 Sekunden Stufe 8). Den zweiten Apfel würfeln und auf zwei Schüsselchen verteilen. Obstpüree darüber gießen. Den Rand mit den gehackten Nüssen bestreuen.

Obstnest

S	—	—	M	S	2
Süß	Roh	Vegan	Mühle	Schrot	Person
Tag 15					

- 6 Esslöffel Sechskorngetreide
- 12 Esslöffel Wasser
- 3 Esslöffel Sahne
- 2 Esslöffel Sonnenblumenkerne
- Saft von 1 kleinen Zitrone
- 2 Teelöffel Akazienhonig
- 1 Apfel (115 g)
- 1 Mandarine
- 1 Kiwi
- 300 g kleine süße Trauben

Abends: Getreide grob schroten, und über Nacht in Wasser einweichen (nicht im Kühlschrank).

Morgens: Schrot mit Sahne und Sonnenblumenkernen verrühren. Zitronensaft und Akazienhonig gleichmäßig auf 2 Schüsselchen verteilen und gut verquirlen. Mandarine und Kiwi schälen, klein schneiden. Apfel würfeln und Trauben von der Rebe zupfen. Das Obst (jeweils die Hälfte für eine Schüssel) gut mit dem Zitronensaft-Honig vermischen. Den Schrot gleichmäßig auf den Rand legen.

Kiwi-Hochburg

S	—	—	MFZ	S	2
Süß	Roh	Vegan	Geräte	Schrot	Person
Tag 16					

- 4 Esslöffel Dinkel
- 9 Esslöffel Wasser
- 1 kleine geschälte Zitrone
- 2 kleine Äpfel (220 g)
- 65 g Schmand
- 40 g Erdnussmus
- 2 Esslöffel Dinkel
- 2 Teelöffel Honig
- 2 Kiwis
- 2 Esslöffel Erdnüsse

Abends: 4 Esslöffel Dinkel grob schroten, und über Nacht in Wasser einweichen (nicht im Kühlschrank).

Morgens: Zitrone, geviertelte Äpfel, Schmand und Erdnussmus pürieren (Zerkleinerer). 2 Esslöffel Dinkel flocken und mit dem Obstpüree unter den Dinkelschrot rühren. Auf zwei Schüsselchen verteilen. An den Rand je 1-2 Teelöffel dünnflüssigen Honig tröpfeln. Kiwis schälen (z.B. mit einem Kartoffelschälmesser) und in dünne Scheiben schneiden. Die Kiwischeiben jeweils auf die Schrothügel legen, sodass diese abgedeckt sind. Die Erdnüsse auf den Rand streuen.

Erdnussglasur auf Müsli

S	—	—	M+T	S	2
Süß	Roh	Vegan	Geräte	Schrot	Person
Tag 17					

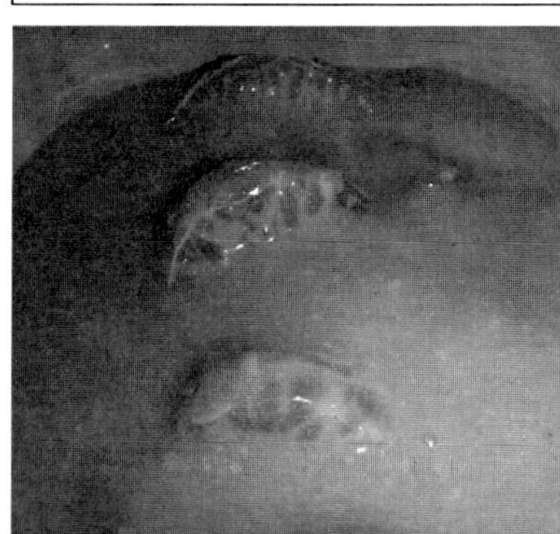

- 6 Esslöffel Sechskorngetreide
- 12 Esslöffel Wasser
- 20 g Haselnüsse
- 20 g Erdnüsse
- 1 Birne (220 g)
- 1 kleine geschälte Zitrone
- 1 kleiner Apfel (120 g)
- 1 Mandarine
- 40 g Erdnussmus
- 40 g flüssiger Honig (1 Esslöffel)
- 1,5 Esslöffel heißes Wasser

Abends: Sechskorngetreide schroten, über Nacht in Wasser einweichen (nicht im Kühlschrank).

Morgens: Haselnüsse und Erdnüsse hacken (z.B. 2 x Turbo im Thermomix) und zur Seite legen. Birne, Zitrone und Apfel vierteln und miteinander pürieren (Thermomix: 1 Minute Stufe 4, 10 Sekunden Stufe 8). Mit den gehackten Nüssen unter den Schrot ziehen. Auf zwei Schüsselchen verteilen. Die Mandarine schälen und die Stückchen einzeln jeweils in einer Reihe auf das Müsli legen. Erdnussmus und Honig verrühren, dann das heiße Wasser einrühren. Über Müsli und Mandarinen gießen (mit einem Esslöffel, damit es gleichmäßig wird).

Scharfes Kraut

—	R	V	—	G	1
Süß	Roh	Vegan	Geräte	Getreide	Person
Tag 18					

- 3 Esslöffel Hirse
- 3 Esslöffel Sonnenblumenkerne
- 7 Esslöffel Wasser
- 1 getrocknete Feige (ca. 20 g)
- 80 g scharfes Rotkraut
- 80 g weißer Rettich
- 1 Esslöffel Walnussöl
- 1-2 Esslöffel gehackter Dill

Abends: Hirse und Sonnenblumenkerne über Nacht in Wasser einweichen (nicht im Kühlschrank). Feige getrennt in Wasser einweichen.

Morgens: Vom Rettich drei dünne Scheiben für die Dekoration abschneiden. Den Rest mit der abgetropften Feige würfeln und mit Öl und Rotkraut unter die Hirse rühren. Die Rettichscheiben fächerartig auf das Rotkraut legen, den Rand der Schüssel mit Dill ausstreuen, auch etwas Dill auf den Rettich streuen.

Wer kein scharfes Rotkraut hat, nimmt Sauerkraut und würzt es pikant mit Chili oder Cayennepfeffer.

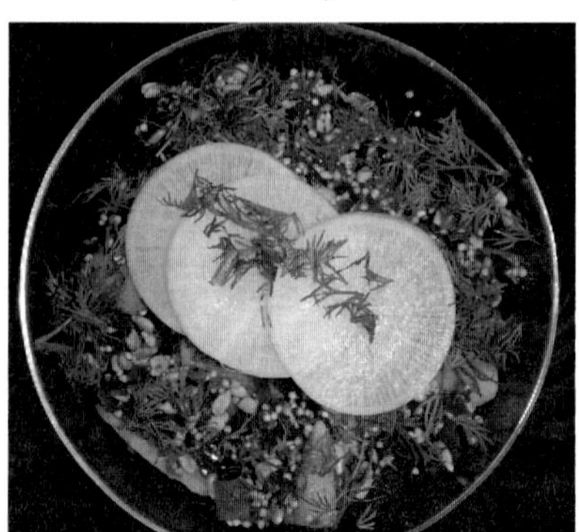

Sprossenschale

S	R	V	T	K	1
Süß	Roh	Vegan	Thermo	Keime	Person
Tag 19					

- 3 Esslöffel Dinkel
- 12 Mandeln
- 2 geschälte Mandarinen
- 1/2 geschälte Zitrone
- 1 Birne (200 g)
- 4 geknackte Walnüsse

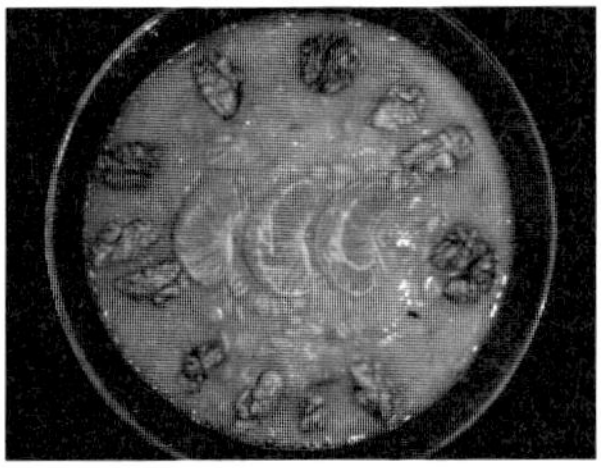

Vorher: Dinkel etwa drei Tage lange keimen lassen.

Morgens: Mandeln grob hacken (Thermomix: 2 x Turbo) und zur Seite legen. Keime nochmals durchspülen, abtropfen lassen. Von einer Mandarine 3 Stückchen als Dekoration zur Seite legen. Zitrone vierteln, Birne grob zerteilen und mit den Keimen grob pürieren - die Keime bleiben größtenteils erhalten (1 Minute Stufe 4). Mit den Mandeln in einer Schüssel mischen. Auf den Rand die Walnüsse in Stücken in Kreisform legen, in die Mitte die Mandarinenstückchen fächerartig auflegen.

Vanilleschaum

S	R	V	M+K	S	2
Süß	Roh	Vegan	Geräte	Schrot	Person
Tag 20					

- 6 Esslöffel Sechskorngetreide
- 12 Esslöffel Wasser
- 40 g Haselnüsse
- 1/4 Teelöffel gemahlene Vanille
- 1 kleine geschälte Zitrone
- 2 kleine geschälte Bananen (150 g brutto)
- 3 Äpfel (300 g)
- 1 Kiwi

Abends: Getreide mittelgrob schroten und über Nacht im Wasser einweichen (nicht im Kühlschrank). Haselnüsse getrennt in Wasser einweichen.

Morgens: Vanille unter den Schrot rühren. Haselnüsse abtropfen lassen und mit den restlichen Früchten bis auf die Kiwi in der Küchenmaschine mit dem Hackmesser durchschlagen, bis sich eine schöne schaumige Masse ergibt. Mit dem Schrot verrühren und auf zwei Schüsselchen verteilen. Die Kiwifrucht mit einem Kartoffelschälmesser schälen, quer in zwei Hälften schneiden und jeweils mit der runden Seite nach unten in das Müsli drücken

Lebkuchentouch

S	—	—	M+K	S	2
Süß	Roh	Vegan	Geräte	Schrot	Person
Tag 21					

- 6 Esslöffel Sechskorngetreide
- 150 ml Wasser
- 1 gehäufter TL Lebkuchengewürz
- 3 Esslöffel Sahne
- 1/2 kleine geschälte Zitrone
- 2 Birnen (485 g)
- 1 geschälte Bananen (140 g brutto)
- 6 g frischer Ingwer
- 16 Mandeln
- 1-2 Teelöffel Orangeat

Abends: Getreide mittelgrob schroten und über Nacht im Wasser einweichen (nicht im Kühlschrank).

Morgens: Lebkuchengewürz und Sahne unter den Schrot rühren. Obst grob zerteilen und in der Küchenmaschine mit dem Hackmesser durchschlagen, bis sich eine schöne glatte Masse ergibt. Mit dem Schrot verrühren, auf zwei Schüsselchen verteilen. Mandeln kreisförmig obenauf legen, in die Mitte einen Tupfer Orangeat geben.

Kardamomträubchen

S	—	—	M+K	S	2
Süß	Roh	Vegan	Geräte	Schrot	Person
Tag 22					

- 3 Esslöffel Sechskorngetreide
- 3 Esslöffel Buchweizen
- 150 ml Wasser
- 30 g Erdnüsse
- 3 Äpfel (300 g)
- Saft von 1/2 Zitrone
- 1/2 Teelöffel Kardamom
- 210 g Trauben (netto)
- 4 Esslöffel Sahne
- 1 Esslöffel Honig

Abends: Getreide mittelgrob schroten und über Nacht im Wasser einweichen (nicht im Kühlschrank). Erdnüsse getrennt einweichen.

Morgens: Äpfel vierteln und mit dem Zitronensaft in einer Küchenmaschine mit dem Hackmesser grob raffeln. Kardamom, abgetropfte Nüsse, Sahne, abgezupfte Trauben, geraffelte Äpfel und Honig unter den Schrot rühren. Auf zwei Schüsselchen verteilen.

Rot-Orange-Hirseflocken

—	R	V	F	F	1
Süß	Roh	Vegan	Flocker	Flocken	Person
Tag 23					

Foto siehe S. 215, links unten

- 3 Esslöffel Hirse
- 100 g Scharfes Rotkraut
- 1 Apfelsine (brutto 220 g)
- 1 Esslöffel Sesamöl
- 5 Walnüsse (10 Nusshälften)

Morgens: Hirse flocken. Die geschälte Apfelsine würfeln und mit Öl und Rotkraut gut unter die Flocken mischen. Frische Nüsse knacken, grob zerteilen und am Rand auslegen.

Ying-Yang-Birne

S	—	—	M	S	1
Süß	Roh	Vegan	Mühle	Schrot	Person
Tag 24					

Foto siehe S. 215, rechts unten

- 3 Esslöffel Sechskorngetreide
- 6 Esslöffel Wasser
- 1 Apfel (100 g)
- 35 g saure Sahne
- 20 g Honig
- 1 große schöne Birne (280 g)
- 1 Esslöffel Leinsamen

Abends: Getreide grob schroten und über Nacht im Wasser einweichen (nicht im Kühlschrank).

Morgens: Apfel in feine Streifen schneiden, mit saurer Sahne und Honig unter den Schrot rühren. Das Gemisch auf einem flachen Essteller ausstreichen. Die Birne halbieren und mit der Schnittfläche nach unten so auf das Müsli legen, dass die Formen wie ein Ying-Yang liegen. Das noch sichtbare Müsli mit Leinsamen bestreuen. Mit Messer und Gabel servieren.

Mangomania

S	—	V	FZ	F	2
Süß	Roh	Vegan	Geräte	Flocken	Person
Tag 25					

- 3 Esslöffel Nackthafer
- 3 Esslöffel Kokosraspeln
- 125 g Wasser
- 3 Esslöffel Nackthafer
- 1 Mango (450 g brutto)
- 2 kleine Äpfel (200 g)
- Saft von 1/2 Zitrone
- 1-2 Esslöffel Kokoschips

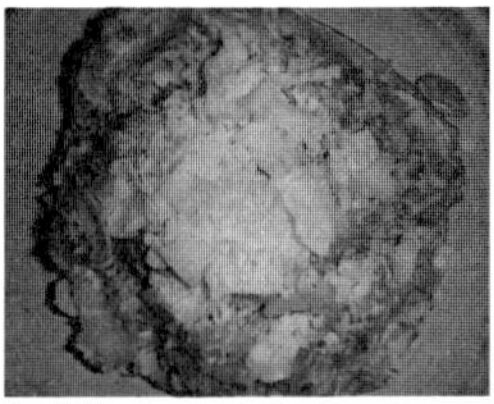

Abends: Hafer mit Kokosraspeln mischen und über Nacht in Wasser einweichen (nicht im Kühlschrank).

Morgens: 3 Esslöffel Hafer (nicht den eingeweichten Hafer!) flocken und zu dem eingeweichten Hafer geben. Mango schälen und Fruchtfleisch vom Kern schneiden. Die Hälfte des Fruchtfleischs mit den geviertelten Äpfeln und dem Zitronensaft grob pürieren (Zerkleinerer). Die andere Mangohälfte in Stücke schneiden, mit dem Obstpüree unter das Getreide mischen. Auf zwei Schüsselchen verteilen und jeweils mit Kokoschips bestreuen.

Aprikosenband

S	—	V	M+K	S	2
Süß	Roh	Vegan	Flocker	Schrot	Person
Tag 26					

- 6 Esslöffel Sechskorngetreide
- 120 g Wasser
- 6 getrocknete Aprikosen
- 1/2 Birne (130 g)
- 2 Äpfel (180 g)
- 1/2 geschälte Zitrone
- 1 geschälte Banane (90 g netto)
- 25 g Pistazien

Abends: Getreide grob schroten und über Nacht im Wasser einweichen (nicht im Kühlschrank). Aprikosen getrennt einweichen.

Morgens: Das frische Obst mit dem Schrot in der Küchenmaschine mit dem Hackmesser „schaumig pürieren“ und auf zwei Schüsselchen verteilen. Die Aprikosen quer durchschneiden, die Hälften in einem Kreis in das Müsli stecken – nicht am Rand, dafür reicht die Menge nicht. Einfach einstecken, wo ein geschlossener Kreis möglich ist. Pistazien auf den Rand streuen.

Tag 23: Rot-Orange-Hirseflocken

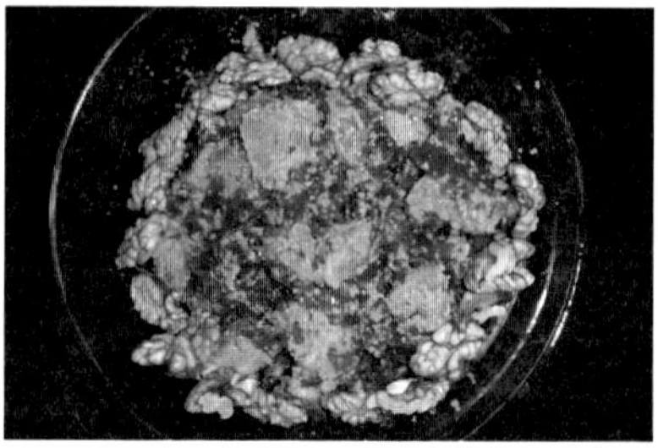

Tag 24: Ying-Yang-Birne

Orangenknabberspaß

S	—	—	M+Z	S	2
Süß	Roh	Vegan	Geräte	Schrot	Person
Tag 27					

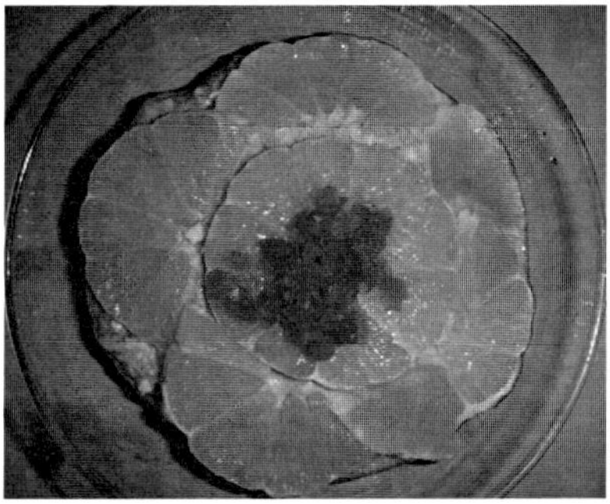

- 3 Esslöffel Sechskorngetreide
- 1 Esslöffel Naturreis
- 2 Esslöffel Buchweizen
- 2 Esslöffel Sonnenblumenkerne
- 160 g Wasser
- 1/2 geschälte Zitrone
- 2 Äpfel (180 g)
- 2 geschälte Bananen (brutto 220 g)
- 40 g Walnussmus
- 1 Apfelsine (brutto 240 g)
- 1-2 Teelöffel Orangeat

Abends: Sechskorngetreide mit dem Reis grob schroten, mit Buchweizen und Sonnenblumenkernen vermischen und über Nacht in Wasser einweichen (nicht im Kühlschrank).

Morgens: Zitrone, geviertelte Äpfel, Bananen und Walnussmus pürieren (Zerkleinerer) und unter den Schrot mischen. Auf zwei Schüsselchen verteilen. Die Apfelsine geschält in dünne Scheiben schneiden, zwei ganz lassen, den Rest halbieren. In die Mitte des Müslis je eine ganze Scheibe legen, den Rest der Oberfläche mit den Hälften abdecken. In die Mitte je einen Klecks Orangeat setzen.

Carobikaki

S	—	—	M+K	S	2
Süß	Roh	Vegan	Geräte	Schrot	Person
Tag 28					

- 6 Esslöffel Sechskorngetreide
- 150 g Wasser
- 10 g Carob
- 60 g Schmand
- 20 g Mandeln
- 1 Kaki (280 g)
- 1/2 geschälte Zitrone
- 1 Birne (240 g)
- 3 Esslöffel Kokosraspeln
- 2 Mandeln

Abends: Sechskorngetreide grob schroten und über Nacht in Wasser einweichen (nicht im Kühlschrank).

Morgens: Carob auf den Schrot sieben, Schmand hinzufügen und unterrühren. Zubereitung in der Küchenmaschine mit Hackmesser: Mandeln grob hacken. Kaki in Scheiben schneiden, die Hälfte mit der Zitrone und der grob zerteilten Birne zu den Mandeln geben und gründlich klein schlagen lassen. Unter den Getreideschrot rühren. Zwei Scheiben Kaki beiseite legen, den Rest würfeln und unter das Schrot mischen. Auf zwei Schüsselchen verteilen. Mit Kokosraspeln bestreuen. Je eine Kakischeibe in die Mitte legen, und in die Mitte der Kaki eine Mandel legen.

Zitrusmorgenröte

S	—	—	M+K	S	2
Süß	Roh	Vegan	Geräte	Schrot	Person
Tag 29					

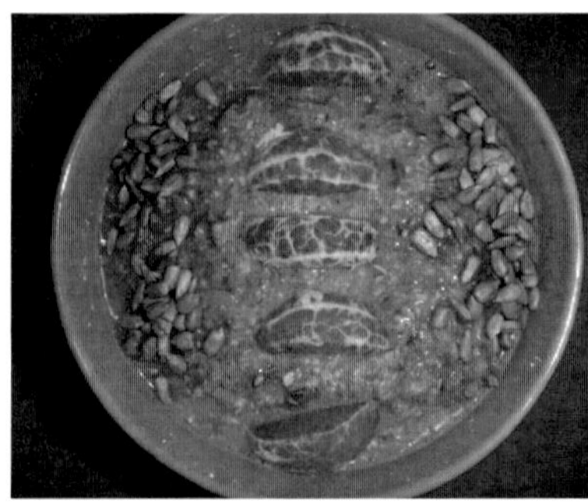

- 3 Esslöffel Sechskorngetreide
- 3 Esslöffel Roggen
- 150 g Wasser
- 60 g Honig
- 2 Esslöffel Sahne
- 1 Grapefruit (300 g brutto)
- 1 Orange (200 g brutto)
- 1/2 geschälte Zitrone
- 1 Mandarine
- 3 Teelöffel Sonnenblumenkerne

Abends: Getreide grob schroten und über Nacht in Wasser einweichen (nicht im Kühlschrank).

Morgens: Honig und Sahne unter den Schrot rühren. Grapefruit und Orange schälen, mit der Zitrone in der Küchenmaschine mit Hackmesser zerhacken. Unter den Schrot rühren und auf zwei Schüsselchen verteilen. Die Mandarine schälen, jeweils die Hälfte der Stücke in einer senkrechten Reihe mit der „Biegung" nach oben in das Müsli stecken, die Ränder mit Sonnenblumenkernen bestreuen.

Pistazikaki

S	—	—	M+Z	S	2
Süß	Roh	Vegan	Geräte	Schrot	Person
Tag 30					

- 4 Esslöffel Sechskorngetreide
- 1 Esslöffel Buchweizen
- 1 Esslöffel Nackthafer
- 12 Esslöffel Wasser
- 3 Äpfel (300 g)
- 1/2 geschälte Zitrone
- 4 Esslöffel Sahne
- 1 Esslöffel (20 g) Zitronenmelissenhonig
- 1 Kakifrucht (ca. 230 g)
- 1 gehäufter Esslöffel Pistazien

Abends: Sechskorngetreide mittelgrob schroten, mit Buchweizen und Hafer mischen und über Nacht im Wasser einweichen (nicht in den Kühlschrank stellen).

Morgens: Äpfel vierteln und mit der Zitrone im Zerkleinerer fein musen. Mit Sahne und Honig unter das Getreide rühren. Die Kaki halbieren, eine Hälfte würfeln und die Würfel unter den Schrot mischen. Auf zwei Schüsselchen verteilen.

Die zweite Kakihälfte in etwa 10 Spalten schneiden, je 5 Spalten am Rand so um das Müsli legen, dass die Rundungen nach oben schauen (siehe Foto). Die Pistazien so in die Mitte stecken, dass das ganze wie eine Blüte aussieht (wer keine Zeit hat, streut die Pistazien in die Mitte – ist auch nicht hässlich).

Dezember

Ein Monat, in dem das regionale Saisonobst knapp ist: Ananas, Avocado, Äpfel, Apfelsinen, Birnen, Clementinen, Grapefruits, Kiwis, Litschis, Papaya

Scharfsauerkranz, Tag 1

Kaki Especiàl, Tag 7

Wintersonne, Tag 16

Glühmüsli, Tag 18

Verhafertes Sauerkraut, Tag 19

Frühstückiger Friesenpelz, Tag 29

Scharfsauerkranz

—	—	V	F	F	1
Süß	Roh	Vegan	Flocker	Flocken	Person
Tag 1					

- 3 Esslöffel Hafer
- 35 g Cashewnussmus
- 1 Esslöffel Sesamöl
- 3 Esslöffel Rosineneinweichwasser
- 1 Apfelsine (netto 130 g)
- 100 g Scharfes Rotkraut
- 1/2 gestrichener Teelöffel getrocknete Pfefferminze
- 12 Mandeln

Morgens: Hafer flocken. Cashewnussmus mit Öl und Einweichwasser verrühren, bis alles „glatt" ist. Haferflocken einrühren. Die geschälte Apfelsine würfeln und ebenfalls unter den Hafer mischen. Rotkraut mit Pfefferminze mischen. In die Mitte eines großen Esstellers häufeln, die Hafermasse im Kranz um das Kraut legen und die Mandeln in den Hafer einstecken. Etwa 30 Minuten ziehen lassen.

Apfel-Apfel-Frühstück

S	R	—	M+Z	S	1
Süß	Roh	Vegan	Geräte	Schrot	Person
Tag 2					

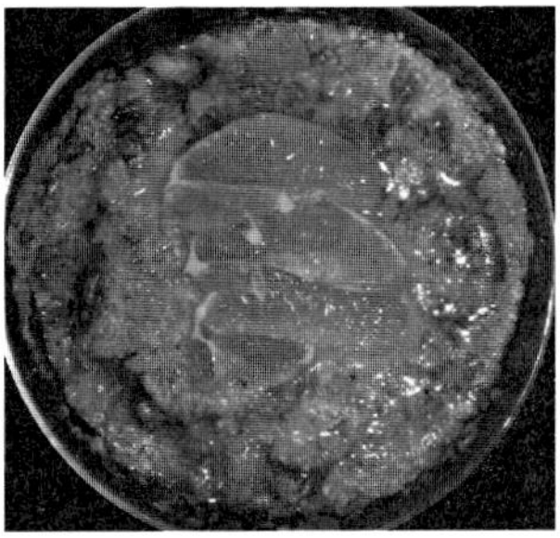

- 3 Esslöffel Sechskorngetreide
- 6 Esslöffel Wasser
- 1 Apfelsine (200 g brutto)
- 1 kleiner Apfel (100 g)
- 1/2 geschälte Zitrone
- 10 g frischer Ingwer
- 1 Esslöffel Sonnenblumenöl
- 14 g Walnüsse (etwa 6-7 Stück)
- 15 g Honig (2 gute Teelöffel)

Abends: Sechskorngetreide grob schroten und über Nacht in Wasser einweichen (nicht im Kühlschrank).

Morgens: Apfelsine schälen, eine Hälfte zur Seite legen. Die andere Hälfte, den Apfel, Zitrone und Ingwer grob zerkleinern, dann im Zerkleinerer pürieren. Unter den Schrot rühren. Die zweite Apfelsinenhälfte in Scheiben schneiden, drei der Scheiben als Dekoration zur Seite legen, den Rest würfeln. Apfelsinenwürfel, Öl und Walnüsse unterziehen. Die drei Apfelsinenscheiben fächerartig auflegen, den Honig am Rand verteilen.

Frucht unter Trockenhaube

S	—	V	MTF	S	2
Süß	Roh	Vegan	Geräte	Schrot	Person
Tag 3					

- 3 Esslöffel Nacktgerste
- 6 Esslöffel Wasser
- 1 Apfelsine (200 g brutto)
- 2 kleine Äpfel (175 g)
- 10 g Ingwer, frisch)
- 1 Banane (165 g brutto)
- 1/2 geschälte Zitrone
- 3 Esslöffel Gerste
- einige Stücke Ananaschips
- 24 Mandeln

Abends: 3 Esslöffel Gerste grob schroten, über Nacht in Wasser einweichen (nicht im Kühlschrank).

Morgens: Apfelsine schälen, mit den halbierten Äpfeln, Ingwer, der geschälten Banane und der halben Zitrone pürieren (Thermomix: 1 Minute Stufe 4, 13 Sekunden Stufe 8). Unter den Schrot rühren. Auf zwei Schüsselchen verteilen. 3 Esslöffel Gerste flocken, gleichmäßig auf das Müsli streuen, sodass es „trocken" aussieht. In die Mitte ein paar Ananaschips, die Mandeln außen zu einem Kreis legen.

Grüner Ring

S	—	V	M+Z	S	2
Süß	Roh	Vegan	Geräte	Schrot	Person
Tag 4					

- 6 Esslöffel Sechskorngetreide
- 150 g Wasser
- 40 g Rosinen
- 1 Banane (150 g brutto)
- 50 g Kürbiskernmus
- 1 Apfelsine (130 g netto)
- 2 kleine Äpfel (180 g)

Abends: Getreide grob schroten und über Nacht in Wasser einweichen (nicht im Kühlschrank). Rosinen getrennt einweichen.

Morgens: Im Zerkleinerer Rosinen mit Einweichwasser, geschälter Banane und Kürbiskernmus zu einer homogenen Creme mixen. Geschälte Apfelsine und Äpfel würfeln, unter den gequollenen Getreideschrot rühren. Auf zwei Suppenteller verteilen. Die grüne Creme am Rand verteilen.

Walnuss-Dreigestirn

S	R	—	M+T	S	2
Süß	Roh	Vegan	Geräte	Schrot	Person
Tag 5					

- 6 Esslöffel Sechskorngetreide
- 150 ml Wasser
- 3 kleine Äpfel (280 g)
- 1/2 geschälte Zitrone
- 2 geschälte Kiwi (130 g brutto)
- 1 geschälte Banane (120 g brutto)
- 30 g Walnusspaste
- 15 g Honig

Abends: Sechskorngetreide grob schroten und über Nacht in Wasser einweichen (nicht im Kühlschrank).

Morgens: Obst in größere Stücke vorschneiden und grob pürieren (z.B. Thermomix: 1 Minute Stufe 3). Obstpüree unter das Getreide mischen. Auf zwei Schüsselchen verteilen und die Oberfläche glatt streichen. Walnussmasse und Honig mit den Fingern verkneten, 6 Kugeln formen und jeweils drei auf das Müsli legen.

Mangococo

S	—	V	M+Z	S	2
Süß	Roh	Vegan	Geräte	Schrot	Person
Tag 6					

- 6 Esslöffel Sechskorngetreide
- 150 g Wasser
- 4 Esslöffel Kokosraspeln (40 g)
- 1/2 geschälte Zitrone
- 1 Banane (160 g brutto)
- 1 kleiner Apfel (95 g)
- 1 reife Mango (280 g Fruchtfleisch)
- 20 g Pistazien

Abends: Sechskorngetreide grob schroten und über Nacht in Wasser einweichen (nicht im Kühlschrank).

Morgens: Kokosraspeln unter das Getreide rühren. Zitrone, geschälte Banane und Apfel gut pürieren (z.B. Zerkleinerer). Mango schälen und das Fruchtfleisch vom Kern schneiden, in Streifen schneiden und unter das Müsli rühren. Auf zwei Schüsselchen verteilen, Oberfläche glätten und Pistazien in die Mitte streuen.

Kaki Especiàl

S	—	—	M+T	S	2
Süß	Roh	Vegan	Geräte	Schrot	Person
Tag 7					

- 3 Esslöffel Sechskorngetreide
- 3 Esslöffel Emmer
- 150 g Wasser
- 50 g Macadamianüsse
- 2 Äpfel (180 g)
- 1 Birne (225 g)
- 50 g saure Sahne
- 50 g eingeweichte Rosinen
- 1 Kaki (200 g)
- 50 g Honigmarzipan (gekauft)

Abends: Sechskorngetreide grob schroten und über Nacht in Wasser einweichen (nicht im Kühlschrank). Macadamianüsse getrennt einweichen.

Morgens: Äpfel, Birne, saure Sahne, eingeweichte Rosinen und Schrot sehr gründlich miteinander pürieren (Thermomix: 1 Minute Stufe 4, 13 Sekunden Stufe 8). Auf zwei Suppenteller verteilen. Kaki in zwei Hälften schneiden, jede Hälfte in etwa 0,5 cm dicke Scheiben schneiden. Die Scheiben sternförmig auf das Müsli legen. Die abgetropften Macadamianüsse in die Zwischenräume setzen. Honigmarzipan ebenfalls in Scheibchen schneiden und als kleinere Rosette in die Mitte legen.

Pomelo oho

S	R	V	—	G	1
Süß	Roh	Vegan	Geräte	Getreide	Person
Tag 8					

- 3 Esslöffel Hirse
- 60 ml Wasser
- 240 g Pomelo (netto)
- 1 geschälte, zerteilte Clementine
- 1 Esslöffel Sonnenblumenkerne

Abends: Hirse über Nacht in Wasser einweichen (nicht im Kühlschrank).

Morgens: Fruchtfleisch der Pomelo herauslösen, kleinschneiden, mit Sonnenblumenkernen und Clementine auf die Hirse streuen.

Rotsauerkraut mit Kohlrabi

—	R	V	F	F	1
Süß	Roh	Vegan	Flocker	Flocken	Person
Tag 9					

- 3 Esslöffel Dinkel
- 3 Esslöffel Rosineneinweichwasser
- 2 Esslöffel Olivenöl
- 1 kleine Kohlrabi (125 g)
- 100 g scharfes Rotkraut
- 10 Oliven

Morgens: Dinkel flocken und mit Einweichwasser und Öl verrühren. Von der Kohlrabi die „Kappe“ mit Blätteransatz abschneiden. Eventuell holziges Stück entfernen und ungeschält in kleine Streifen schneiden. Oliven halbieren. Alles gut miteinander vermischen und zum Schluss die „Kohlrabi-Kappe“ in die Mitte setzen.

Kiwi On Top

S	R	V	M+T	S	2
Süß	Roh	Vegan	Geräte	Schrot	Person
Tag 10					

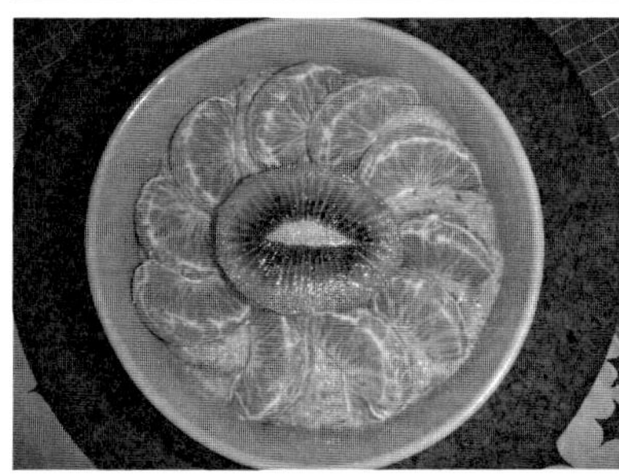

- 3 Esslöffel Sechskorngetreide
- 3 Esslöffel Gerste
- 150 ml Wasser
- 6 getrocknete Aprikosen (42 g)
- 4 kleine Äpfel (360 g)
- 20 Mandeln
- 2 Clementinen (150 g netto)
- 1 Kiwi (180 g brutto)

Abends: Getreide grob schroten und über Nacht in Wasser einweichen (nicht im Kühlschrank).

Aprikosen mit Wasser bedeckt getrennt einweichen.

Morgens: Äpfel halbieren. Mit eingeweichtem Schrot, Aprikosen plus Einweichwasser und den Mandeln pürieren (Thermomix 1 Minute Stufe 4, 13 Sekunden Stufe 8). Auf zwei Schüsselchen verteilen. Die Clementinen in Stücke teilen und leicht überlappend am Rand des Müslis kreisförmig auslegen. Kiwi schälen, quer durchschneiden und mit der Schnittfläche noch oben fest in das Müsli drücken.

Hafer mit Marzipan

S	—	—	F+T	F	2
Süß	Roh	Vegan	Geräte	Flocken	Person
Tag 11					

- 3 Esslöffel Nackthafer
- 6 Esslöffel Wasser
- 3 Esslöffel Dinkel
- 4 kleine Äpfel (360 g)
- 1 Banane (165 g brutto)
- 1/2 geschälte Apfelsine (60 g)
- 20 g Macadamianüsse
- 50 g Honigmarzipan

Abends: Hafer über Nacht in Wasser einweichen (nicht im Kühlschrank).

Morgens: Dinkel flocken, zum Hafer geben. Äpfel halbieren. Mit geschälter Banane und Apfelsine grob pürieren (Thermomix: 1 Minute Stufe 4). Obstpüree und Getreidemischung auf zwei Schüsselchen verteilen. Die Nüsse in die Mitte legen, den Marzipanblock in gleichmäßige Scheiben schneiden und am Rand im Kreis legen.

Grober Obstfug

S	—	—	M+T	S	2
Süß	Roh	Vegan	Geräte	Schrot	Person
Tag 12					

- 6 Esslöffel Sechskorngetreide
- 150 ml Wasser
- 20 g Mandeln
- 1 kleiner Apfel (95 g)
- 1 Banane (140 g brutto)
- 1 Birne (225 g)
- 1 geschälte Apfelsine (130 g)
- 4 Esslöffel Sahne

Abends: Sechskorngetreide grob schroten und über Nacht in Wasser einweichen (nicht im Kühlschrank). Mandeln getrennt einweichen.

Morgens: Apfel, Banane, Birne und abgetropfte Mandeln grob pürieren (Thermomix 1 Minute Stufe 3). Obstpüree und gewürfelte Apfelsine unter das Getreide mischen. Auf zwei Schüsselchen verteilen. Jeweils mit 2 Esslöffel Sahne übergießen.

Mungo-Wunder

S	—	—	T	K	2
Süß	Roh	Vegan	Thermo	Keime	Person
Tag 13					

- 75 g knapp gekeimte Mungbohnen (etwa 2 Esslöffel rohe Bohnen)
- 3 Esslöffel Buchweizen
- 3 Esslöffel Sonnenblumenkerne
- 125 g Wasser
- 1 Banane (150 g brutto)
- 2 Äpfel (195 g)
- 1 Apfelsine (145 g brutto)
- 50 g saure Sahne
- 14 Pistazien

Vorher: 1,5 - 2 Tage vorher Mungbohnen zum Keimen ansetzen.

Abends: Buchweizen und Sonnenblumenkerne zusammen über Nacht in Wasser einweichen (nicht im Kühlschrank).

Morgens: Geschälte Banane, Mungbohnen, Äpfel und eingeweichten Buchweizen/Sonnenblumenkerne zusammen pürieren (Thermomix 1 Minute Stufe 4, 13 Sekunden Stufe 8). Auf zwei Schüsselchen verteilen. Apfelsine schälen, halbieren, in Scheiben schneiden. Die halben Scheiben auf den Rand des Müslis legen, in die Mitte jeweils 25 g saure Sahne verstreichen, mit je 7 Pistazien belegen.

Pink-Panzer

S	—	—	M+K	S	2
Süß	Roh	Vegan	Geräte	Schrot	Person
Tag 14					

- 6 Esslöffel Einkorn
- 150 ml Wasser
- 40 g Erdnüsse
- 3 kleine Äpfel (260 g)
- 100 g Hokkaido-Kürbis
- 1/2 geschälte Zitrone
- 1 geschälte Banane (180 g brutto)
- 1 mittelgroße pinke Grapefruit
- 35 g flüssiger Honig
- 4 g Johannisbrotkernmehl

Abends: Einkorn grob schroten und im Wasser über Nacht einweichen (nicht im Kühlschrank). Erdnüsse getrennt einweichen.

Morgens: Apfel halbieren. Kürbis grob zerteilen und in einer Küchenmaschine mit Hackmesser raffeln. Äpfel, Zitrone und Banane hinzugeben, alles zusammen pürieren. Obstpüree unter das Getreide mischen. Auf zwei Schüsselchen verteilen und die Oberfläche glatt streichen. Abgetropfte Erdnüsse darauf verteilen. Grapefruit auspressen, Saft, eventuell Fruchtfleisch, Honig und Johannisbrotkernmehl miteinander verrühren und mit einem Löffel auf das Müsli auftragen. Nach einer Weile wird der Grapefruitsaft geleeartig.

Fruchtcreme

S	—	—	M+T	S	2
Süß	Roh	Vegan	Geräte	Schrot	Person
Tag 15					

- 5 Esslöffel Sechskorngetreide
- 1 Esslöffel Gerste
- 150 ml Wasser
- 6 getrocknete Aprikosen (45 g)
- 1 Banane (210 g brutto)
- 2 kleine Äpfel (180 g)
- 1 Mandarine (145 g brutto)
- 1/2 geschälte Zitrone
- 20 g Walnusspaste
- 45 g Sahne
- 1 Kiwi

Abends: Getreide grob schroten und über Nacht im Wasser einweichen (nicht im Kühlschrank).
Aprikosen getrennt in Wasser einweichen.

Morgens: Geschälte Banane, 1 1/2 Äpfel, geschälte Mandarine, Zitrone, Walnusspaste und Sahne zusammen pürieren (Thermomix: 1 Minute Stufe 4, 10 Sekunden Stufe 7). Unter das Getreide rühren. Kiwi schälen, in Stücke schneiden, abgetropfte Aprikosen würfeln und beides unter das Müsli heben. Auf 2 Schüsselchen verteilen. Halben Apfel in 6 Spalten schneiden, fächerartig auf dem Müsli anrichten. Soll das Müsli etwas später gegessen werden, die Apfelschnittstellen mit Zitronensaft bestreichen, damit sie nicht so schnell braun werden.

Wintersonne

S	—	V	M	S	2
Süß	Roh	Vegan	Mühle	Schrot	Person
Tag 16					

- 6 Esslöffel Dinkel
- 150 ml Wasser
- 300 g Ananas (brutto)
- Saft von 1/2 Zitrone
- 1 Banane (200 g brutto)
- 1 kleiner Apfel (90 g)
- 1 Mandarine (130 g brutto)
- 1 Teelöffel Mohn

Abends: Dinkel grob schroten und über Nacht im Wasser einweichen (nicht im Kühlschrank).

Morgens: Ananas schälen und in zwei dicke Scheiben schneiden. Je eine Scheibe auf einen großen flachen Teller legen und sternförmig in Stücke schneiden (ich lasse das Mittelstück immer drin), dabei aber die Form zusammenhalten. Zitronensaft unter den Schrot rühren, Banane und Apfel würfeln und ebenfalls unterziehen. Das Müsli um die Ananas legen. Mandarine schälen, die Stücke jeweils senkrecht in den Brei stecken. Den Rand mit Mohn bestreuen.

Yellow Brick Roadly

S	R	—	F+T	F	2
Süß	Roh	Vegan	Geräte	Flocken	Person
Tag 17					

- 6 Esslöffel Nackthafer
- 1/2 geschälte Zitrone
- 6 g Ingwer (ungeschält)
- 30 g Kokoscreme (Coconut Butter)
- 300 g Ananas (geschält)
- 1 Apfelsine (230 g brutto)
- 1 Mandarine (140 g brutto)
- 30 g Sonnenblumenkerne
- 16-32 g Honig

Morgens: Hafer flocken. Zitrone mit Ingwer (in Scheiben), Kokoscreme, grob zerteilter Ananas (30 g beiseite legen), geschälter und geviertelter Apfelsine und geschälter Mandarine pürieren (z.B. Thermomix: 1 Minute Stufe 4, 10 Sekunden Stufe 6). Zusammen mit den Sonnenblumenkernen unter die Flocken mischen. Auf zwei Schüsselchen verteilen, das Reststück Ananas in 6 Scheibchen schneiden und je drei als Dekoration auf die Oberfläche legen. Wer gerne süß isst, gießt etwa 16 g flüssigen Honig über das Ganze.

Glühmüsli

S	—	—	M+T	S	2
Süß	Roh	Vegan	Geräte	Schrot	Person
Tag 18					

- 6 Esslöffel Sechskorngetreide
- 150 ml Wasser
- 1/2 geschälte Zitrone
- 200 g geschälte Mandarinen
- 50 g eingeweichte Rosinen (Gewicht nach Einweichen)
- 1 Banane (130 g brutto)
- 70 ml Rotwein
- 1 Teelöffel Spekulatiusgewürz
- 60 g Honig
- 170 g geschälte Ananas
- 6 Walnüsse

Abends: Getreide grob schroten und über Nacht im Wasser einweichen (nicht im Kühlschrank).

Morgens: Zitrone, Mandarine, abgetropfte Rosinen, geschälte Banane, Rotwein, Spekulatiusgewürz und Honig pürieren (Thermomix: 1 Minute Stufe 4, 13 Sekunden Stufe 8). Auf zwei Suppenteller verteilen. Ananas fein schneiden (Scheiben von etwa 3 mm, die wiederum quer schneiden) und mit den geviertelten Walnüssen unter das gequollene Getreide rühren. Mit den Händen daraus zwei Klöße formen und in die Rotweincreme setzen.

Verhafertes Sauerkraut

—	—	V	F	F	1
Süß	Roh	Vegan	Flocker	Flocken	Person
Tag 19					

- 3 Esslöffel Hafer
- 1 Esslöffel Olivenöl
- 2 Esslöffel Wasser
- 1 Clementine
- 100 g Thymian-Sauerkraut
- 10 g Sonnenblumenkerne
- 50 g rote Paprika
- 6 grüne Oliven

Morgens: Hafer flocken und mit Öl und Wasser verrühren. Clementine schälen und in Stücke schneiden, unter die Flocken rühren. Sauerkraut, Sonnenblumenkerne und gewürfelte Paprika ebenfalls unterziehen. Oberfläche glatt streichen. Oliven längs halbieren, 8 Hälften am Rand auslegen, 4 in der Mitte anordnen.

Fruchtiger Scheiterhaufen

S	R	V	—	G	1
Süß	Roh	Vegan	Geräte	Getreide	Person
Tag 20					

- 3 Esslöffel Hafer
- 1 Esslöffel Sonnenblumenkerne
- 7 Esslöffel Wasser
- 1 Apfelsine (180 g brutto)
- 2 kleine Äpfel (190 g)
- 6 runde kleine Datteln
  (oder 3 große, halbiert)

Abends: Hafer und Sonnenblumenkerne zusammen im Wasser einweichen.

Morgens: Apfelsine quer durchschneiden. Eine Scheibe abschneiden und den Rest in Würfeln auf das eingeweichte Getreide häufeln, Äpfel kleinschneiden und auf die Apfelsine häufeln. Die Apfelsinenscheibe in die Mitte legen, die Datteln regelmäßig auf dem Rand verteilen. Da aufgeschnittene Äpfel mit dem Luftsauerstoff oxidieren und braun werden, sollte das Frühstück nicht länger stehen, sondern gleich aufgetischt werden.

Apfellos

S	—	V	M+Z	S	2
Süß	Roh	Vegan	Geräte	Schrot	Person
Tag 21					

- 6 Esslöffel Sechskorngetreide
- 150 ml Wasser
- 1 Grapefruit (brutto 300 g)
- 1 Birne (230 g)
- 2 Mandarinen
- 3 Esslöffel Kokosraspeln

Abends: Getreide grob schroten und über Nacht im Wasser einweichen (nicht im Kühlschrank).

Morgens: Grapefruit schälen und in Stücke, Birne in Scheiben schneiden und zusammen grob pürieren (Zerkleinerer), unter das Getreide rühren. Mandarinen schälen, 4 Segmente beiseite legen. Rest in Stücke schneiden, unter das Müsli ziehen. Auf 2 Schüsselchen verteilen, mit Kokos bestreuen, in die Mitte je zwei Mandarinensegmente legen.

Die schnelle Orange

S	R	V	M	S	2
Süß	Roh	Vegan	Mühle	Schrot	Person
Tag 22					

- 2 Esslöffel Roggen
- 1 Esslöffel Naturreis
- 5 Esslöffel Wasser
- 10 Mandeln
- 2 Mandarinen geschält (90 g netto)
- 1 geschälte Apfelsine (150 g)
- 75 g geschälte Ananas
- 1 Esslöffel Mandelöl

Abends: Roggen und Reis grob schroten und über Nacht im Wasser einweichen (nicht im Kühlschrank). Mandeln getrennt einweichen.

Morgens: Obst kleinschneiden, mit Mandelöl und abgetropften Mandeln unter das eingeweichte Getreide rühren.

Clementinado

S	R	V	F	F	1
Süß	Roh	Vegan	Flocker	Flocken	Person
Tag 23					

- 3 schwarze Feigen (ca. 30 g)
- 3 Esslöffel Dinkel
- 210 g Clementinen (geschält)
- 10 g Sonnenblumenkerne

Abends: Feigen mit Wasser bedeckt über Nacht einweichen.

Morgens: Dinkel flocken und mit 6 Esslöffel von der Feigeneinweichflüssigkeit mischen. Clementinen kleinschneiden und mit den Sonnenblumenkernen unterziehen. Oberfläche glätten. Feigen abtropfen lassen, längst halbieren und mit der Schnittfläche nach oben am Rand verteilen.

3385

S	—	—	M+Z	S	1
Süß	Roh	Vegan	Geräte	Schrot	Person
Tag 24					

- 3 Esslöffel Sechskorngetreide
- 6 Esslöffel Wasser
- 20 g Erdnüsse
- 1/2 geschälte Zitrone
- 45 g Ananas (netto)
- 1 Birne (120 g)
- 1 Mandarine (brutto)
- 2-3 Esslöffel Sahne
- 1 Teelöffel Carob

Abends: Getreide schroten, 12 Std. im Wasser einweichen (nicht im Kühlschrank). Erdnüsse getrennt einweichen.

Morgens: Zitrone vierteln, Ananas, Birne und Mandarine (bis auf zwei Stückchen) grob zerkleinern und zusammen mit der Sahne pürieren (Zerkleinerer). Unter den Schrot rühren. Carob darüber sieben, Erdnüsse abtropfen lassen und am Rand entlang legen. Die zwei Mandarinenstücke in die Mitte platzieren.

Der Name „#3385" stammt von dem kleinen Aufkleber, der auf dieser Mandarine klebte.

Ein-Weihnachts-Korn

S	—	—	F	F	1
Süß	Roh	Vegan	Flocker	Flocken	Person
Tag 25					

- 30 g Erdnussmus
- 40 g Sahne
- 1 Esslöffel Honig (35 g)
- 1/2 gestrichener Teelöffel Zimt
- 1 Mandarine (brutto 150 g)
- 1/2 geschälte Zitrone
- 2 Äpfel (180 g)
- 3 Esslöffel Einkorn

Morgens: Erdnussmus, Sahne, Honig und Zimt gut miteinander verschlagen (z.B. im Zerkleinerer). In ein kleines Schüsselchen umfüllen.
Mandarine schälen, das Obst grob zerkleinern, vom Apfel ein Viertel zur Seite legen. Das restliche Obst im selben Behälter pürieren, in dem auch die Soße hergestellt wurde. Einkorn flocken und mit dem Obstpüree mischen. In eine Glasschüssel füllen, Oberfläche glattstreichen. Apfelviertel in 4 Spalten schneiden, diese in den Rand des Müslis drücken. Beides zusammen auftragen.

Schmandender Rotkohl

—	—	—	M	S	1
Süß	Roh	Vegan	Mühle	Schrot	Person
Tag 26					

- 3 Esslöffel Sechskorngetreide
- 1 Esslöffel Sonnenblumenkerne
- 100 ml Wasser
- 1 Esslöffel Schmand (30 g)
- 1 kleiner Apfel (90 g)
- 100 g Rotkohl

Abends: Getreide schroten und mit den Sonnenblumenkernen über Nacht im Wasser einweichen (nicht im Kühlschrank).

Morgens: Schmand mit dem Schrot verrühren. Apfel in ganz feine Streifen schneiden, Rotkohl kleinschneiden und alles miteinander mischen. Ein paar Apfelstreifen in die Mitte legen.

Dattelgrube

S	R	V	M+Z	S	1
Süß	Roh	Vegan	Geräte	Schrot	Person
Tag 27					

- 3 Esslöffel Sechskorngetreide
- 6 Esslöffel Wasser
- 1 Mandarine (80 g brutto)
- 10 Mandeln
- 2 kleine Äpfel (195 g)
- 1 Esslöffel Mandelöl
- 6 Datteln ohne Stein (40 g)

Abends: Getreide fein schroten und über Nacht im Wasser einweichen (nicht im Kühlschrank).

Morgens: Mandarine schälen, mit den Mandeln und den halbierten Äpfeln raffeln (Zerkleinerer). Mandelöl und Obst unter den Getreideschrot rühren. Oberfläche glatt streichen, dabei die Ränder hochziehen, sodass sich in der Mitte eine Kuhle ergibt. Datteln in Ringe schneiden und in die Kuhle geben.

Grünes Mützchen

S	—	—	M	S	1
Süß	Roh	Vegan	Mühle	Schrot	Person
Tag 28					

- 2 Esslöffel Sechskorngetreide
- 1 Esslöffel Hirse
- 6 Esslöffel Wasser
- 1 kleine Birne (130 g)
- 1 kleiner Apfel (105 g)
- 20 g Kürbiskernmus
- 15 g saure Sahne (1 guter Teelöffel)
- 2 Esslöffel süße Sahne
- 1 Teelöffel Zitronenmelissenhonig
- 25 g frische Ananas
- 8 Kürbiskerne

Abends: Sechskorngetreide grob schroten und zusammen mit der Hirse über Nacht im Wasser einweichen (nicht im Kühlschrank).

Morgens: Birne und Apfel fein würfeln und unter das Getreide mischen. Oberfläche glattstreichen. Kürbiskernmus, saure und süße Sahne sowie Honig miteinander verrühren, bis sich das ganze Nussmus gelöst hat. Von der Mitte ausgehend kreisförmig auf der Oberfläche des Getreide-Obstgemisches verstreichen. Ananas in vier Stücke schneiden und an den Rand legen. Jeweils einen Kürbiskern auf ein Ananasstück legen, die restlichen vier Kürbiskerne in die Mitte legen.

Frühstückiger Friesenpelz

S	—	—	M	S	1
Süß	Roh	Vegan	Mühle	Schrot	Person
Tag 28					

- 3 Esslöffel Sechskorngetreide
- 6 Esslöffel Wasser
- 50 g Friesenfutter (ähnlich wie Studentenfutter, mit hochwertigem und hohem Nussanteil)
- 1 Apfel (100 g)
- 1 Banane (brutto 125 g)
- 1 Prise Kardamom
- Saft von 1/2 Zitrone
- 1 Esslöffel Sahne

Abends: Getreide grob schroten und über Nacht im Wasser einweichen (nicht im Kühlschrank).
„Friesenfutter" (oder eine Mischung aus gleichen Teilen Rosinen und Nüssen) mit Wasser bedeckt ebenfalls über Nacht stehen lassen.

Morgens: Apfel vierteln, ein Viertel zurückbehalten und den Rest in feine Stifte schneiden, Banane würfeln. Schrot mit kleingeschnittenem Obst, Kardamom, Zitronensaft und Sahne verrühren. Oberfläche glattstreichen, Friesenfutter abtropfen lassen und darauf verteilen. Das Apfelviertel in drei oder vier Spalten schneiden und mit der Schalenseite nach oben am Rand des Müslis eindrücken.

Gerstenkeimuhr

S	—	V	—	K	1
Süß	Roh	Vegan	Geräte	Keime	Person
Tag 30					

- 3 Esslöffel Nacktgerste
- 1 Apfelsine (200 g brutto)
- 1 kleiner Apfel (82 g)
- 1 Esslöffel Mandelöl
- 1 Esslöffel Kokosraspeln
- 12 Mandeln

Vorher: Nacktgerste 3,5 Tage keimen lassen.

Morgens: Gerstenkeime nochmals abspülen und abtropfen lassen. Apfelsine schälen, würfeln. Apfel ebenfalls würfeln.

Obst und Mandelöl unter die Keime rühren. Oberfläche glätten, in die Mitte die Kokosraspeln streuen und die Mandeln bei den „Uhrzeiten" an den Rand stecken.

Silvesterspeku

S	R	—	M+T	S	1
Süß	Roh	Vegan	Geräte	Schrot	Person
Tag 31					

- 3 Esslöffel Sechskorngetreide
- 75 g Wasser
- 2 getrocknete Aprikosen (16 g)
- 16 g Rosinen (1 Esslöffel)
- 16 g Datteln (2 Stück)
- 1 kleine Banane (114 g brutto)
- 1 Apfel (100 g)
- 12 Mandeln
- 1 Esslöffel Mandelöl
- 1/2 Teelöffel Spekulatiusgewürz
- 1 Teelöffel Orangeat

Abends: Getreide grob schroten und im Wasser über Nacht einweichen (nicht im Kühlschrank). Trockenobst mit Wasser bedeckt ebenfalls über Nacht quellen lassen.

Morgens: Geschälte Banane, geviertelten Apfel, Mandeln, Mandelöl, Spekulatiusgewürz und Schrot zusammen grob pürieren (Thermomix: 1 Minute Stufe 4). In eine Schüssel füllen. Trockenobst abtropfen lassen, Aprikosen und Datteln kleinschneiden. Trockenobst an den Rand des Müslis legen, in die Mitte einen Klecks Orangeat geben.

Begriffe, Erklärungen und Hinweise

Abkürzungen (habe ich nur verwendet, wenn der Platz nicht reichte):
EL = Esslöffel
gem. = gemahlen
ger. = gerieben
gestr. = gestrichen
Min = Minute(n)
Sek = Sekunde(n)
Std = Stunde(n)
TL = Teelöffel

Ananas: Frische Ananas schäle ich, den Strunk verwende ich aber mit!

Ananaschips: Getrocknete Ananas aus dem Rohkostspezialhandel.

Anis: Gibt es gemahlen oder als Ganzes.

Bertram: Ein altes Gewürz, habe ich nur einmal in einem Bioladen gesehen (und auch gleich gekauft).

Brutto: Kurzer Ausdruck dafür, dass Gemüse und Obst vor der Verarbeitung (z.B. Schälen) gewogen wurden.

Carob: Kann statt Kakao verwendet werden, hat nicht die „anregenden Suchtstoffe" des Kakaos und ist ein bisschen süßer. Erhältlich in Naturkostläden und Reformhäusern.

Cointreau: eine bekannte Orangenlikörmarke

Delifrut: Eine Gewürzmischung für Süßspeisen, von der Firma Brecht (das herzhafte Gegenstück ist „Delikata"); erhältlich in größeren Reformhäusern.

Einweichwasser: Beim Einweichen von Trockenobst bleibt süßliches Wasser über, dass sich gut für die Weiterverarbeitung eignet (siehe auch „Basisrezepte").

Erdnüsse: Wenn nicht anders erwähnt, bedeutet „Erdnüsse" in den Rezepten immer: ungesalzen, ungeröstet, geschält. Gibt es z.B. in Asia-Läden. Erdnüsse sind nur aus Spezialläden Rohkost.

Getreidekaffeepulver: Hier ist immer das Instant-Pulver gemeint.

Honig: Sogenannter Industriehonig ist mit Zucker hergestellt. Bei Honig ist unbedingt darauf zu achten, dass er kaltgeschleudert ist.

Honigmarzipan: Entweder aus der eigenen Herstellung oder aus dem Naturkostladen/Reformhaus. Vor Weihnachten finden sich auch schon mal günstige „normale" Angebote für Honigmarzipan.

Ingwer: Vorzugsweise ist frischer Ingwer zu nehmen, den heute die meisten Supermärkte anbieten. Ich halte ihn problemlos über mehrere Wochen im Kühlschrank, einfach in einem Türfach, ohne Verpackung.

Johannisbrotkernmehl: Pflanzliches Dickungsmittel für warme und kalte Speisen. Anderer Name: Biobin.

Kokoscreme – Coconut Butter: Ein Rohkostprodukt, 100 % Kokosnuss.

Kokosmilch: Gibt es in größeren Supermärkten, Naturkostläden und Asia-Läden.

Kokosstreifen: Kokosfrucht in Streifen geschnitten und getrocknet. Wenn sie bei entsprechend niedriger Temperatur getrocknet werden, sind sie rohköstig. Zu unterscheiden von den normalen im Biohandel erhältlichen Kokosflocken und Kokoschips, die keine Rohkostqualität haben.

Mandelöl: Ein Nussöl, das ich wesentlich charakteristischer im Geschmack finde als Haselnuss- oder Walnussöl. Gibt es im Naturkostversand oder auch in

Ölspezialgeschäften ebenso wie in gut geführten Reformhäusern.

Mandelstifte / Gestiftelte Mandeln: Fertig gekaufte gestiftelte Mandeln sind nur als Dekoration empfehlenswert, da sie durch ihre Bearbeitung nicht wirklich akzeptabel sind.

Nackthafer: Keimfähige Haferart, die als nackt bezeichnet wird, weil die Spelze beim Dreschen vollständig abfällt. Aufgrund seines höheren Gehalts an Fett und Bitterstoffen im Verhältnis zum „normalen" Hafer hat er einen hohen Stellenwert in der vollwertigen Ernährung. Mancher Hafer wird bitter, wenn er feucht verabeitet wird und länger steht: vorher ausprobieren!

Netto: Kurzer Ausdruck dafür, dass Gemüse und Obst nach der Verarbeitung (z.B. Schälen) gewogen wurden.

Nüsse: Die Angaben in den Rezepten gelten stets für unbehandelte, ganze Nüsse. Achtung: gemahlene oder andere zerkleinerte Nüsse aus dem Handel sind immer behandelt, sonst würden sie ranzig.

Öl: Als Vollwertlerin verwende ich nur natives, kaltgepresstes Öl.

Pfefferminz: Getrocknet zum Beispiel in türkischen Lebensmittelläden erhältlich.

Rohkostqualität: Als Rohkost zählt nur, was im Laufe seiner Verarbeitungskette niemals über 43 °C erhitzt wurde. 43 °C ist die Grenze, an der Eiweiß seine Struktur verändert, also „abstirbt". Deshalb sind Cashewnüsse aus dem normalen Handel nicht rohkostfähig, weil sie blanchiert werden, damit sie besser halten. Es gibt auch Rohköstler, die tiefgekühlte Lebensmittel nicht mehr für akzeptabel halten.

Rosenwasser: Eine ganz typische Zutat für Marzipan. Erhältlich in Reformhäusern, vorwiegend in der Vorweihnachtszeit. In Apotheken auch ganzjährig.

Rosinen: Ich verwende Rosinen auf die gleiche Weise wie Sultaninen oder Weinbeeren, je nachdem, was ich gerade in der Küche habe. Es gibt aber angeblich Unterschiede, schmecken tue ich sie nicht. Wer wirklich unverfälschte Früchte haben möchte, achtet darauf, ungeölte Ware zu kaufen (recht selten zu bekommen, am ehesten noch für Korinthen).

Sahne: In den vorliegenden Rezepten bedeutet „Sahne" (ohne Zusatz) stets „süße Sahne".

Schmand: Art Sauerrahm mit 24% Fett; ggf. durch Creme fraiche ersetzen.

Schokolade 100 %: In Spezialgeschäften erhältlich, besteht nur aus Kakao. Ist zwar mechanisch verarbeitet, aber immerhin enthält sie keinen Zucker. Ich halte sie daher in Maßen für vertretbar in vollwertigen Gerichten.

Sternanis: Biologisch eine andere Pflanzengattung als Anis, vom Geschmack her ähnlich wie Anis.

Sultaninen: siehe Rosinen.

Trockenfrüchte: Beim Kauf ist darauf zu achten, dass sie ungeschwefelt, unbegast usw. und möglichst auch ungeölt sind. Billigprodukte aus dem Supermarkt meiden wir hier besser

Vanille gemahlen: Ist gerade für Konfekt leichter zu handhaben als Vanille aus Stangen. Gibt es in Reformhäusern und Naturkostläden und ist erstaunlicherweise auch preiswerter als die entsprechende Menge Vanillestangen.

Walnussöl: Rohkostqualität hier sehr selten! Also Vorsicht.

Weinbeeren: siehe Rosinen.

Rezepte

Ein Wort über mich

Von Beruf bin ich Fachübersetzerin für Medizin und Pharma. Der Weg dorthin war ähnlich verschlungen wie mein Weg zu einer gesunden Ernährung: Nach dem Abitur habe ich Grafik-Design in Wuppertal studiert, danach Islamwissenschaften in Köln. In meiner Kölner Zeit habe ich in verschiedenen Instituten und Übersetzungsbüros gearbeitet. In diesen Jahren traf ich Eric Mark Charlton, mit dem ich 1984 die Firma „Charlton & Wilkesmann: Fachübersetzungen Medizin, Pharma, Chemie" gegründet habe. Wir sind bis heute Partner in diesem erfolgreichen Unternehmen.

Früher war ich eine „ganze normale Esserin", Kochen und Backen waren für mich immer schon interessant. Dennoch hatte ich nur wenige Kenntnisse von den Zusammenhängen der Nahrung mit den Zivilisationskrankheiten. Erste Gallenkoliken zwangen mich auch in Bezug auf meine Ernährung zum Nachdenken und brachten mich auf einen erstaunlichen Weg des Erkennens. Den ebneten mir die für mich ebenso revolutionären wie gleichzeitig so logisch nachvollziehbaren Veröffentlichungen von Dr. Max O. Bruker.

Ab Mitte 2004 habe ich Weißmehl und Industriezucker aus meinem Leben gestrichen und einen Brotbackautomaten gekauft. Ein erster wichtiger Schritt! Etwa ein Jahr später habe ich die vitalstoffreiche Vollwertkost nach Bruker konsequent eingeführt: Als Süßungsmittel gibt es nur noch Honig und Trockenobst, ich habe reichlich gesunde Fette in die Ernährung aufgenommen, täglich esse ich Frischkornmüsli mit selbst gemahlenem Getreide, frische Salate, Gemüse aus dem Bioladen oder direkt von einem Bauern.

Was hat sich bei mir geändert durch die neue Ernährung? Ich esse leckerer als je zuvor, von den feinsten Süßigkeiten bis zu den herrlichsten Hauptgerichten. Ich bin gesünder und leistungsfähiger denn je, und ich schlafe besser. Nervenstärke und Gelassenheit sind angenehme Begleiterscheinungen gesunder Ernährung. Erkältungen werden zu einer Rarität. Meine Haut ist elastisch und Wunden heilen viel besser.

Tiereiweißfreie Vollwertkost, bei der Produkte mit zu vernachlässigenden Tiereiweißanteilen wie Butter, Sahne und Schmand erlaubt sind, ist mein heutiger Weg. Ich bemerke auch den Trend bei mir, im Gegensatz zur „klassischen" Vollwertkost doch die Fette sparsamer zu benutzen und die Tierprodukte noch stärker zu meiden, nachdem ich das Buch „The China Study" von T. Colin Campbell gelesen habe.

Es gibt einige Bücher, die einen wesentlichen Einfluss auf mein Leben hatten:

- Unsere Nahrung, unser Schicksal, Dr. Max O. Bruker, 38. Auflage 2005
- The China Study: The Most Comprehensive Study of Nutrition Ever Conducted and the Startling Implications for Diet, Weight Loss and Longterm Health, T. Colin Campbell, 2006
- Die Billig-Lüge, Franz Kotteder, 2005
- Beweglich sein, ein Leben lang, Thomas Hanna, 2003
- Alles bio oder was? Der schöne Traum vom natürlichen Essen, Hans-Ulrich Grimm, 2002
- Vom Werden des neuen Arztes: Erkenntnisse und Bekenntnisse, M. Bircher-Benner, 1949
- Gesünder durch weniger Eiweiß: Tatsachen zur Eiweißfrage, Ralph Bircher, 1980

Da ich eine kritische Testerin an meinem Lieblingstestobjekt bin, nämlich mir selbst :-) dürfen meine Leser sicher sein, dass die Rezepte, die ich (fast täglich) auf meiner Webseite http://www.vollwertkochbuch.de einstelle, auch wirklich nachvollziehbar sind, denn jedes Rezept habe ich während der Zubereitung dokumentiert und fotografiert.

Angeregt durch die vielen Besucher auf meiner Webseite habe ich dann 2007 begonnen, Bücher zu schreiben. Dort finde ich die Gelegenheit, mit Kochen und Backen das zu kombinieren, was mir Freude macht: verbal und graphisch gestalten.

Als eigene Bücher sind bisher erschienen:

- Brötchen statt Brot: Von Rohkost über vegan bis vollwertig Backen, 2007 BOD, ISBN 978-3833497704
- Konfekt statt Sünde: 100 Naschereien aus der Vollwertküche, 2007, BOD, ISBN 978-3837009637
- OneBBO's Castle lädt ein: Schau uns über die Schulter, 2007 BOD, ISBN 978-3833470493 (Belletristik)
- Rohkost statt Fasten: Ein Rohkosttagebuch für Normalos, 2007 BOD, ISBN 978-3833491221

Außerdem pflege ich seit etwa zwei Jahren eine Vollwertecke auf der Zypernseite http://www.nordzypern-insider.net/buntes.html